SAINT-MARC GIRARDIN

COURS

DE LITTÉRATURE

DRAMATIQUE

OU

DE L'USAGE DES PASSIONS DANS LE DRAME

NOUVELLE ÉDITION

Revue et corrigée

TOME TROISIÈME

PARIS

G. CHARPENTIER ET Cⁱᵉ, ÉDITEURS

13, RUE DE GRENELLE, 13

1886

COURS

DE LITTÉRATURE

DRAMATIQUE

—

III

Paris. — Imp. G. ROUGIER et Cⁱᵉ, rue Cassette, 1.

COURS

DE

LITTÉRATURE DRAMATIQUE.

XXXVII.

De toutes les passions du cœur humain, l'amour
est la passion qui a le plus changé de caractère et
d'expression, en passant de la société et de la littérature antiques dans la société et dans la littérature
modernes. Aussi, avant d'étudier en détail les diverses
nuances de cette passion, j'ai cru devoir examiner
les trois grandes influences qui ont donné à l'amour
un caractère tout particulier. Ces trois grandes
influences sont le christianisme, la chevalerie et
la doctrine de l'amour platonique [1]. Maintenant
que nous savons d'où procède le caractère nouveau que l'amour a dans la littérature moderne et
qui le distingue de l'amour antique, malgré l'éternelle ressemblance de la passion, je dois rechercher
aussi comment et à l'aide de quels changements
dans la société, l'amour, au seizième et au dix-
septième siècle, finit par donner le ton à toute la

[1] Voyez les trois derniers chapitres du deuxième volume.

littérature. C'est par là que j'achèverai l'histoire générale des changements qu'a éprouvés l'expression de l'amour. Je pourrai ensuite examiner à mon aise comment la littérature représente les traits divers de cette passion.

L'entrée des femmes dans le monde, ou, pour parler plus exactement, dans la bonne compagnie, qui se forme à mesure que se répand le goût des lettres et de la conversation, est l'événement le plus important de l'histoire de l'amour au seizième siècle. Voyons, dans les mémoires et dans les écrits du temps, ce qui se rapporte à cet événement ; nous verrons après comment la littérature en a ressenti l'influence.

La doctrine de l'amour platonique, telle que j'ai essayé de l'exposer[1], a beaucoup aidé à établir la prépondérance des femmes au seizième siècle et à faire de l'amour le sujet privilégié de la littérature. Le christianisme avait donné à l'âme humaine quelque chose de plus tendre ; mais il avait tourné cette tendresse vers Dieu. La chevalerie avait essayé de se servir de l'amour comme d'un encouragement aux belles et nobles actions ; mais cette tentative, qui avait mieux réussi dans les romans que dans le monde, ne donnait pas encore à l'amour un ascendant général sur le monde et sur la littérature. L'amour se renfermait entre le chevalier et sa dame. Dans le platonisme, au contraire, l'amour, devenu une sorte de doctrine savante et grave, pouvait servir d'entretien dans le monde, sans exciter de craintes ou

---

[1] **Voyez** le dernier chapitre du deuxième volume.

de scrupules; et, comme il gardait en même temps le charme qui s'attache au sentiment le plus vif du cœur humain, il avait de quoi animer et de quoi autoriser du même coup les entretiens amoureux. Si les femmes n'avaient pas eu déjà dans la société le pouvoir qu'elles tenaient de leur rang dans le christianisme et dans la chevalerie, il aurait été possible que l'amour platonique servît de texte seulement aux controverses des académies et qu'il n'entrât pas dans les conversations du monde. Mais, avec la prépondérance déjà reconnue des femmes, l'amour platonique ne pouvait pas revenir aux écoles de philosophie et s'y renfermer. Les femmes devaient s'en servir pour régner dans le monde lettré du seizième siècle, comme elles s'étaient servies de la chevalerie pour régner dans le monde féodal du moyen âge; et, tout en prenant la doctrine platonique comme une autorité qui leur était favorable, elles devaient aussi adoucir cette doctrine, la plier aux usages du monde élégant qu'elles allaient fonder, et lui ôter son caractère académique pour en faire une science de bonne compagnie. Elles devaient enfin, en mêlant ensemble les idées de la chevalerie et de l'amour platonique, composer une science ou un art nouveau qui s'appela la galanterie et qui garda longtemps son sens honnête et grave.

Cette prépondérance croissante des femmes, qui commence au seizième siècle et qui s'accomplit vers le milieu du dix-septième, a, pour ainsi dire, trois degrés principaux marqués par trois grands romans qui ont eu une grande influence sur les idées et sur le ton du monde : l'*Amadis*, qui représente l'amour chevaleresque qui s'adoucit et même s'effémine; l'*Astrée*, qui mêle l'amour platonique à l'amour chevaleresque sous le nom d'amour pastoral; la *Clélie* enfin, qui est le code de la galanterie honnête et qui marque l'apogée de la prépondérance des femmes dans le monde et dans la littérature. J'examinerai ces trois romans; mais je veux d'abord raconter comment les femmes au seizième siècle assurent leur prépondérance dans le monde nouveau qui vient de naître. Cette révolution se fait pendant les guerres d'Italie et sous l'influence de la doctrine de l'amour platonique.

Le voyage et le séjour de Louis XII à Gênes sont une véritable scène de féerie et de séduction. Armide ne met pas plus d'art et de coquetterie pour recevoir et pour charmer Renaud, que la belle cité italienne pour recevoir Louis et ses chevaliers. C'étaient partout et tous les jours des fêtes, des bals, des repas exquis. Dans ces fêtes, les plus belles femmes et les mieux parées s'empressaient autour du roi et de ses principaux capitaines. « Grands et petits faisaient la vie aux anges [1]. » Parmi ces belles dames de Gênes, il y en avait une, Thomassine Spinola, qui était gracieuse, éloquente entre toutes, honnête et vertueuse; « si bien qu'il n'y avait homme, si grand, si beau ou si riche qu'il fût, qui, la voyant ou l'entendant, ne désirât être aimé d'elle [2]. » Ce fut Louis XII qu'elle aima.

Louis XII n'était peut-être pas le plus beau des

[1] Jean d'Anton, t. II, p. 226.
Jean d'Anton, t. III, p. 141.

chevaliers de sa cour; mais il était roi. C'est à lui
que Thomassine adressa ses plus gracieux regards.
Bientôt même, « après plusieurs regards, elle s'en-
hardit à parler et lui dit plusieurs douces paroles;
ce que le roi, comme prince très-humain, prit à gré
volontiers, et souvent devisèrent ensemble de plusieurs choses, par honneur. » Dans ces conversations
de Louis XII et de la belle Thomassine, il était, je
pense, question de l'amour platonique, de celui qui
fait que la vertu plait d'autant plus qu'elle se montre
à nous sous les traits de la femme que nous aimons.
Enfin Thomassine pria le roi qu'elle fût son *intendio*,
et lui le sien. L'*intendio* italien était ce que les chevaliers appelaient la dame de leurs pensées. Louis
octroya ce don à la belle Thomassine [1], qui en fut
si heureuse et si fière « qu'elle mit tout autre homme
en oubli, » et même son mari, avec qui elle ne voulut
plus vivre que comme avec un frère, « ne voulant
être la bienvenue que du roi seulement. »

Il y avait bien, même à la cour, des médisants
et des railleurs qui doutaient de l'innocence de ces
passions sentimentales [2]. Les dames de France surtout n'aimaient guère à entendre parler de ces *sœurs
d'alliance*, que leurs maris ou leurs amants avaient en
Italie. Les dames de Gênes et de Milan leur semblaient
déjà assez redoutables par leur beauté, sans ces subti-

---

[1]
  Or l'avois-je pour *intendio* prise,
 Et elle moi, de quoi mieux je me prise.
    (Jean d'Anton, *Complainte sur la mort de
   Thomassine*, t. III, p. 114.)

[2] **Jean** d'Anton, t II, p. 237.

lités d'amour qui n'étaient qu'un attrait et un péril
de plus[1]. Peu à peu, cependant, elles s'apprivoisèrent
elles-mêmes avec cette métaphysique amoureuse, en
l'employant à leur usage. Elles devinrent les *sœurs
d'alliance* des chevaliers, comme elles étaient autrefois les dames de leurs pensées. Si parfois même un
poëte avait l'audace d'aimer une princesse et surtout
de s'en faire aimer, ces noms de frères et sœurs de
pensée autorisaient ou cachaient leurs amours. C'est
sous ce nom que Marot déclarait sa passion à la sœur
de François Ier, la belle et spirituelle Marguerite de
Valois. Mais, à la cour voluptueuse de François Ier,
les alliances de pensée ne pouvaient guère avoir la
gravité et l'élévation un peu pédantesque de l'amour
que la belle Thomassine Spinola ressentait pour
Louis XII. Quand Marot prit Marguerite de Valois
pour son *intendio*, ce fut un mardi gras, dans un bal

---

[1] Voyez dans Jean Marot, père de Clément, les deux voyages de
Gênes et de Venise, c'est-à-dire les deux expéditions de Louis XII en
Italie. Il y est sans cesse parlé de la beauté des dames italiennes et des
dangers de cette beauté pour la vertu ou la fidélité des jeunes chevaliers :

> Œillades doulcettes
> Aux amants tendaient;
> Chevaliers honnêtes
> Ravis d'amourettes
> De voir telles fillettes,
> Comme les mouchettes (petites mouches)
> Au feu se brûlaient.
>
> (Poésies de Jean Marot, dans les OEuvres de
> Clément, t. V, p. 178.)

Voyez aussi, même volume, l'Épitre des dames de Paris aux courti
sans de France *étant pour lors en Italie*, p. 214.

masqué, en dansant avec elle. C'est alors que son
amie .

>   . . . . à voix baissée
> Me dit : Je suis ta pensée féale,
> Et toi la mienne, à mon gré cordiale.
> Notre alliance ainsi fut commencée
> Un mardi gras [1].

C'est sous le règne de François Ier que les femmes
commencèrent à fréquenter la cour de plus en plus et
que s'accomplit ce changement, qui fut plus favorable
à l'élégance de l'esprit qu'à la pureté des mœurs.
Sous Louis XI, les femmes ne paraissaient point à la
cour, ou plutôt il n'y avait point de cour. Louis XI est,
en amour comme en politique, grand partisan de la
roture : « Je veux gens qui ne soient point seigneurs, »
disait-il quand il choisissait ses ministres et ses conseillers [2]. Il suivait aussi cette devise quand il se mêlait d'aimer. Tout changea quand, sous Louis XII,
Anne de Bretagne appela les dames à la cour. Mais
Anne de Bretagne tenait sévèrement sa cour et son
mari. Sous François Ier les dames furent plus que jamais appelées et retenues à la cour : « Point de cour
sans dames, disait-il. Mais le roi était jeune, fort
sujet à son plaisir, et avait une femme fort fâcheuse,
à laquelle les passe-temps du mari ne plaisaient point.
C'est pourquoi le roi menait toujours avec sa femme
sa sœur, qui était de joyeuse vie et qui était la meilleure compagnie qu'il était possible, toutefois sage
et femme de bien [3]. » L'alliance difficile du plaisir,

---

[1] Tome II, p. 407, des Œuvres de Clément Marot.
[2] Brantôme, *Hommes illustres*, t. II, p. 39.
[3] *Contes de la reine de Navarre*, p. 36, édit. Jacob, 1841.

de l'esprit et de la vertu, telle était donc la prétention de Marguerite de Valois, sœur de François 1er, qui donnait le ton à la cour.

« Sous Henri II, la cour, dit Brantôme, était toujours pleine de femmes et des plus jolies [1]. » Catherine de Médicis veillait elle-même à ce qu'elles fussent toujours bien parées [2]. « Qu'il faisait beau voir les filles d'honneur de la reine, dit encore Brantôme, aux processions générales de la Fête-Dieu ou des Rameaux, portant leurs palmes et rameaux d'une si bonne grâce, et le jour de la Chandeleur, portant de même leurs flambeaux [3]!... En ces trois processions, qui sont fort solennelles, on n'y remarquait que toute beauté, toute bonne grâce, tout beau port, tout beau marcher, si bien que les voyants en demeuraient tout ravis... Il faisait beau voir aussi quand la reine allait par pays, fût en sa litière, fût à cheval : vous eussiez vu quarante à cinquante dames ou damoiselles la suivre, montées sur de belles haquenées toutes bien harnachées, et elles se tenant à cheval de si bonne grâce que les hommes n'y paraissaient pas mieux, leurs chapeaux tout garnis de plumes, ce qui enchérissait encore leur grâce, si bien que ces plumes volitantes en l'air semblaien demander amour ou guerre [4]. »

Cette description gracieuse et vive, qui met au même rang, dans les occasions de plaire, les proces-

---

[1] *Hommes illustres*, t. II, p. 338.

[2] *Dames illustres*, p. 64.

[3] « Dont les feux contendaient avec les leurs, » ajoute Brantôme avec le mauvais goût de la poésie du temps.

[4] *Femmes illustres*, p. 78.

sions et les voyages, peint la vie des dames de ce temps. Mêlées à tous les plaisirs de la cour, bonnes cavalières[1] et aimant la chasse avec ardeur, assistant aux tournois, aux duels même, et surtout les causant, elles menaient une vie brillante, pleine de passions, d'aventures et de périls. Il y avait, en effet, dans cette cour licencieuse et élégante, un vieux fonds de férocité qui éclatait de temps en temps par le meurtre : tantôt c'était le mari qui tuait sa femme, tantôt la femme qui tuait son mari pour se venger d'avoir été trahie[2]. Ce genre de meurtre n'inspirait aucun scrupule, et on s'en faisait volontiers honneur: « Et, si votre mari vous trompait, que feriez-vous? dit Nomerfide à Longarine. — Je l'aime tant que je crois que je le tuerais et me tuerais après; car mourir après une telle vengeance me serait chose plus agréable que vivre loyale avec un déloyal[3]. »

Cette présence des femmes à la cour corrompit non seulement les mœurs, mais même la morale. A prendre l'opinion du temps, la beauté vaut la vertu, et surtout elle en dispense. Brantôme, qui peint si bien les vices de son siècle, parce qu'il les aime et les regarde comme des qualités, Brantôme n'hésite pas à dire que Jeanne de Naples était si belle qu'elle méritait l'absolution que lui donna le pape Clément V[4]. Les dames illustres

---

[1] Brantôme, t. V, p. 54, 242, 313.

[2] Létoile, *Journal de Henri III*, p. 89 et 90, édit. Michaud. — Villequier tue sa femme adultère. — Mademoiselle de Châteauneuf tue son mari.

[3] *Contes de la reine de Navarre*, p. 191.

[4] Brantôme, t. V, p. 161.

dont il nous a conservé la vie sont illustres par la
beauté plutôt que par la vertu, qui, selon lui,
ne convient qu'aux femmes de petite naissance ou
aux laides. Il sied aux belles et grandes dames d'être
inconstantes en leurs amours, et « elles doivent ressembler le soleil, qui répand de sa lueur et de ses
rayons à un chacun dans le monde, si bien que
chacun s'en ressent [1]. » L'admiration que Brantôme
a pour la beauté de Marie Stuart le rend éloquent à
nous décrire, soit son départ de France, soit sa mort
lamentable; et quand il parle de Marguerite, fille
de Henri II et femme de Henri IV, l'adoration qu'il a
pour sa beauté devient presque platonique, ce qui est
merveilleux, eu égard aux mœurs de Brantôme [2]. Il ne
comprend même pas comment la France n'a point sacrifié la loi salique à la beauté de Marguerite, comment
elle ne l'a point proclamée reine après la mort de
Henri III, et il s'écrie dans son enthousiasme : « Ah!
que ne vivent maintenant nos braves et vaillants
paladins de France, un Roland, un Renaud, un
Ogier, un Olivier, un Dudon, un Griffon, un Ivon
et une infinité d'autres braves, desquels la profession et la gloire étaient de secourir les dames en
leurs afflictions et traverses, pour défendre le droit
de notre reine Marguerite [3]! »

Voyant le pouvoir qu'avait leur beauté, les dames
étaient tentées de se servir de ce pouvoir dans l'intérêt de leur ambition ou de leur politique. Marguerite,

---

[1] Brantôme, t. V, p. 284.
[2] Tome V, p. 171.
[3] Tome V, p. 174.

qu'admire tant Brantôme, ne se faisait pas scrupule d'employer la séduction pour gagner à son frère, le duc d'Alençon, la forteresse de Cambrai. Arrivée à Cambrai, elle jette un coup d'œil sur les hommes de la suite de l'évêque, « habits et apparences de vrais Flamands, » dit-elle gaiement dans ses Mémoires, c'est-à-dire fort grossiers ; un autre coup d'œil sur la citadelle, « une des plus belles et des plus achevées de la chrétienté ; » puis un troisième enfin sur le gouverneur de cette bonne forteresse, M. d'Inchy. « Celui-là, en grâce et en toutes belles parties requises à un parfait cavalier, n'en devait rien à nos plus parfaits courtisans. » M. d'Inchy plut donc à Marguerite : la forteresse, je pense, n'y gâta rien. « Le soir, l'évêque s'étant retiré avant le bal, pour être d'humeur cérémonieuse et espagnole, M. d'Inchy étant le plus apparent de la troupe, il le laissa pour m'entretenir durant le bal et me mener après à la collation de confitures, imprudemment, ce me semble, vu qu'il avait la charge de la citadelle... Voyant la belle occasion qui m'était offerte, je ne la laissai pas perdre et employai tout ce que Dieu m'avait donné d'esprit à rendre M. d'Inchy affectionné à la France. Dieu permit qu'il me réussît, si bien que, se plaisant en mon discours, il délibéra de me voir le plus longtemps qu'il pourrait et de m'accompagner tant que je serais en Flandre, et, pour cet effet, demanda congé à son maître de venir avec moi jusqu'à Namur..... Ce Flamand espagnolisé fut si mal advisé que le lui permettre. Pendant ce voyage, qui dura dix ou douze jours, il me parla le plus souvent qu'il pouvait, montrant ou vertement qu'il avait le cœur tout français [1]. »

Il y a dans ce récit un mélange de coquetterie féminine et d'habileté politique qui le rend charmant. Marguerite, aussi bien, ne se servit pas cette seule fois de sa beauté pour prendre les forteresses en séduisant les gouverneurs : c'est ainsi qu'elle s'empara d'Usson, en Auvergne ; et ce qu'il y eut de piquant dans cette conquête, c'est qu'elle commença par être prisonnière à Usson. Elle était du parti de la Ligue, et elle avait été prise par le marquis de Canillac, qui était du parti du roi et qui la conduisit à Usson ; mais il fit la faute de s'enfermer avec sa prisonnière, et il en devint amoureux. « Elle, dit Brantôme, qui ne songe en aucunes délices d'amour, ains en son honneur et sa liberté, joue son jeu si accortement qu'elle se rend la plus forte, s'empare de la place et en chasse le marquis, bien ébahi d'une telle surprise et ruse militaire [2]. »

Ces aventures représentent la vie des femmes au seizième siècle, vie mêlée d'affaires et de plaisirs, souvent aussi exposée à toutes sortes de hasards. Il y a une lutte piquante entre la force que les femmes sentent qu'elles ont maintenant dans le monde, et la rudesse des vieilles mœurs, qui ne permet pas toujours aux femmes d'exercer cette puissance nouvelle. De là mille difficultés où les femmes ont à faire usage de leur finesse. Un voyage, par exemple, est encore pour une femme une aventure : il lui faut une escorte ou avoir beaucoup de ruse et de courage.

[1] *Mémoires de Marguerite*, dans la collection Michaud, t. X, p. 427.
[2] *Dames illustres*, t. V, p. 182.

Nous voyons, dans les *Mémoires* du maréchal de Vieilleville, que madame la maréchale de Montejean, après la mort de son mari en Savoie, veut revenir à Paris. Quoi de plus simple en apparence? Mais madame de Montejean était jeune, belle et fort riche, toutes causes de dangers pendant une si longue route, où elle pouvait être arrêtée par quelque seigneur et forcée de l'épouser. Madame de Montejean était honnête et adroite; voici comme elle se tira d'embarras. Le marquis de Saluces, qui allait aussi de Turin à Paris, lui offrit son service, « à quoi elle fit semblant d'entendre... Il se tenait fort assuré de son mariage avec elle, et par les chemins il en raillait et ordonnait tout ainsi que s'ils eussent déjà été fiancés ou en ménage... Elle, si prudente et si avisée qu'il ne lui échappa jamais parole qui la pût ni dût obliger, cependant si accorte qu'elle s'aidait fort dextrement de l'occasion. » Ils arrivèrent ainsi près de Paris. Là, madame de Montejean ordonne à sa maison de se séparer doucement de celle du marquis et de remonter vers la porte Saint-Jacques, laissant les gens du marquis entrer par la porte Saint-Marceau. Quand le marquis vit les gens de la maréchale qui prenaient vers la porte Saint-Jacques, « pensant qu'ils s'égaraient, demande où ils vont. A quoi madame la maréchale, en s'arrêtant, répond : Monsieur, ils vont bien et là où ils doivent aller; car votre logis est à l'hôtel des Ursins, au cloître Notre-Dame, et le mien à l'hôtel Saint-Denis, auprès des Augustins; et mon honneur me commande de ne loger pas avec vous et de m'en séparer, qui est cause que je prends congé de vous pour cette heure, qui ne sera sans vous remercier très-humblement, monsieur, de la bonne compagnie qu'il vous a plu me faire. Quant à la dépense du voyage pour ce qui me touche, je l'ai tout par écrit. Votre maître d'hôtel et le mien videront bien cela, qu'auparavant huit jours nous en demeurerons quittes. J'entends pour le regard de l'argent; car, quant à l'obligation, elle me sera perpétuelle, et ne pense pas m'en pouvoir jamais acquitter. Et là-dessus, elle le quitta en lui disant : Adieu, monsieur; nous nous verrons demain au logis du roi. Le marquis demeura si éperdu de cette subite mutation, qu'il ne lui fut possible de proférer une parole [1]. »

Cette piquante histoire témoigne à la fois des périls que la femme pouvait courir en voyage, et des ressources nouvelles que les idées du temps offraient aux femmes. Cent ans auparavant, le marquis de Saluces eût accompagné madame de Montejean comme un maître impérieux. En 1540, il l'accompagnait en chevalier courtois et respectueux; il se piquait de discrétion et d'honneur. Les courtisans de François Ier se moquèrent de cet Italien trompé par une Française; mais ils l'eussent mis au ban de la cour et de la chevalerie, s'il eût été violent et tyrannique pour éviter d'être dupe. Que fallait-il donc que fît le pauvre marquis de Saluces? Il fallait qu'il se fît aimer. Mais comment aimer « un homme mal aisé de sa personne, poissardement gros, malpropre, noir, basané et de fort mauvaise grâce [2]?» Il n'était bon qu'à servir d'escorte.

[1] *Mémoires de Vieilleville,* année 1540, chap XXVI et XXVII, p. 24-25, édit. Michaud.

[2] *Mémoires de Vieilleville,* p. 27.

L'influence des femmes dans le monde et l'idée nouvelle qu'on se faisait de l'amour, de ses formes et de son langage, ne sont nulle part mieux exprimées que dans les prologues et les épilogues des *Contes de la reine de Navarre*

Les *Contes de la reine de Navarre* [1] ne sont licencieux que dans les éditions qui ont supprimé les prologues et les épilogues, et qui se sont bornées aux récits. Quand on lit ces *Contes* dans l'ancienne édition, on voit qu'ils ont la liberté du vieux langage et qu'ils expriment la grossièreté des vieilles mœurs; mais ils ont pour but de la corriger. Ils ont la prétention de prêcher une morale plus honnête et plus douce que celle du temps. La morale qu'ils prêchent n'est point la morale chrétienne : c'est une morale mondaine, mais la morale d'un monde élégant et poli. L'amour, tel qu'il le peignent, n'est plus seulement l'amour chevaleresque, quoiqu'il en garde les meilleurs traits : il est plus fin et plus lettré, il aime la causerie spirituelle, il sert même à l'animer. Ce n'est plus une doctrine enthousiaste et mystique qui s'enseigne dévotement, dût-elle n'être pas pratiquée très-sévèrement : c'est un plaisir qui doit rester honnête et qui sied aux hommes du monde, à mesure que le monde s'étudie à avoir bon goût et bon ton.

Les prologues et les épilogues des *Contes de la reine de Navarre* ressemblent parfois, d'une façon imprévue, aux conversations de métaphysique amoureuse de l'hôtel de Rambouillet ou de la *Clélie* de

mademoiselle de Scudéry. L'amour y touche au raffinement ; il a même la prétention de toucher à la
dévotion et d'y préparer : « Et encore ai-je une opinion, dit Parlamente, que jamais homme n'aimera
parfaitement Dieu, qu'il n'ait parfaitement aimé
quelque créature en ce monde. — Qu'appelez-vous
parfaitement aimer? dit Saffredant ; estimez-vous
parfaits amants ceux qui sont transis et qui adorent
les dames de loin, sans oser montrer leur volonté.
— J'appelle parfaits amants, répond Parlamente,
ceux qui cherchent en ce qu'ils aiment la perfection,
soit la bonté, la beauté ou la bonne grâce, toujours
tendant à la vertu [1]. »

Il y a, dans les prologues et dans les épilogues
des *Contes de la reine de Navarre*, différents avis
sur l'amour. Les diverses opinions qui se dispu-
taient le seizième siècle, et, puisque nous ne
parlons que de l'amour, les diverses sortes d'a-
mour : l'amour chevaleresque de l'ancienne France
et surtout des anciens romans de chevalerie; l'amour
platonique, tel que l'Italie du quinzième siècle
l'avait renouvelé en l'altérant ; l'amour frivole
et moqueur, tel que le comprenait le vieil esprit
français; l'amour élégant et poli enfin, tel que le
concevait la société nouvelle et que Marguerite de
Navarre voulait le prêcher, l'amour qui n'excluait pas
le péché, mais qui le corrigeait, je devrais dire, qui le
parait par le bon ton, — voilà quelles sont les diverses sortes d'amour qui se débattent entre les inter-

---

[1] *Contes de la reine de Navarre*, IIe journée, 19e nouvelle; édit.
Jacob, 1841, p. 168 et 169.

locuteurs des prologues et des épilogues. Marguerite ne montre pas seulement les bons côtés des divers amours qu'elle met en scène : elle en montre aussi les mauvais. Ainsi elle indique en plusieurs endroits le danger et le faux de l'amour romanesque [1], qui commence par le dévouement et la pureté, et qui finit par les misères de la passion. L'amour platonique, vivement défendu par un des interlocuteurs, est aussi vivement attaqué par un autre [2]. Dagoucin, qui est l'Amadis ou le Céladon de l'*Heptaméron*, s'écrie : « Si nous pensions les dames être sans amour, nous voudrions être sans vie; car qui penserait que les femmes n'aimassent point, il faudrait, au lieu d'hommes, se faire marchands, et, au lieu d'acquérir honneur, ne penser qu'à amasser du bien [3]. » Mais Hircan, un des adversaires de Dagoucin, rejette hardiment ces maximes : « Ainsi, dit-il, s'il n'y avait point de femmes, vous voulez dire que nous serions tous méchants, comme si nous n'avions cœur que celui qu'elles nous donnent [4]. » Les chevaliers de l'*Heptaméron*, il faut l'avouer, ressemblent plus en général à Hircan qu'à Dagoucin, et ils n'ont pas l'air d'être dupes des doctrines de la chevalerie et du respect que les preux professaient pour leurs dames : « Quand nos maîtresses, dit Saffredant, tiennent leur rang en chambres ou en salles, assises à leur aise comme

---

[1] Voir l'*Histoire de Florinde et d'Amador*, nouvelle 10e.

[2] Voir, p. 109 et 110, la conversation entre Dagoucin et les autres personnages de l'*Heptaméron*.

[3] Page 452.

[4] Page 452.

nos juges, nous sommes à genoux devant elles, et nous semblons être tant craintifs de les offenser et tant désirant de les servir, que ceux qui nous voient ont pitié de nous... Mais, quand nous sommes à part, où l'amour seul est juge de nos contenances, nous savons très-bien qu'elles sont femmes et nous hommes; et de là le proverbe est dit :

> A bien servir et loyal être,
> De serviteur on devient maître[1]. »

Ce n'est donc plus sur le respect hypocrite des chevaliers que les femmes, dans l'*Heptaméron*, fondent leur puissance. Elles visent à une égalité plus sérieuse, et elles la réclament hardiment, non pas seulement en prêchant l'honnêteté et surtout l'élégance des mœurs, mais en opposant la loi de Dieu, qui condamne également l'infidélité du mari et de la femme, à la loi du monde, qui ne condamne que l'infidélité de la femme. Elles ne raisonnent plus en dames châtelaines; elles raisonnent comme des chrétiennes et comme des philosophes. Elles aiment mieux être les égales de l'homme que ses idoles, et elles ont raison : le pouvoir que donne la superstition est toujours précaire[2].

---

[1] Pages 97-98

[2] Voyez dans la 15ᵉ nouvelle, le discours éloquent d'une femme à son mari. Idées et langage, tout y est nouveau. Ce sont presque les sentiments du dix-huitième siècle et presque aussi le langage du dix-septieme

XXXVIII.

« Quand on est longtemps avec des femmes, dit Amilcar, un des principaux personnages de la *Clélie* de Mlle de Scudéry, il faut de nécessité leur parler ou de l'amour qu'elles nous donnent, ou de celui qu'elles donnent aux autres, ou de celui qu'elles ont donné, ou de celui qu'elles peuvent donner : car je suis assuré que même les plus prudes et les plus sévères des matrones romaines, quand elles ont été jeunes, se seraient ennuyées avec de fort honnêtes gens, si on ne leur avait jamais parlé que du culte des dieux, des cérémonies des vestales, des lois du royaume, de la conduite de leur famille ou des nouvelles de la ville [1]. » Ce badinage de Mlle de Scudéry a son côté sérieux. Une fois les femmes entrées dans le monde, l'amour est devenu le sujet nécessaire de la conversation et de la littérature. La poésie surtout a dû en recevoir l'empreinte, parce que la poésie, toute originale qu'elle paraisse être, est le genre de littérature qui se prête le plus à l'expression des sentiments généraux de la société. Le poëte solitaire et indépendant, qui ne chante que ses propres sen-

[1] *Clélie*, tome II, p. 1140.

timents et non ceux du monde qui l'entoure, est une fiction des poëtes. Dans les temps féodaux, la poésie est féodale ou chevaleresque, et représente dans les chansons de *Geste* les mœurs et les habitudes des châteaux du moyen âge. Quand la science se répand peu à peu des écoles dans le monde, la poésie devient subtile et allégorique : c'est le temps du *Roman de la Rose*. Il n'est donc pas étonnant qu'au moment où la conversation, sous l'influence des femmes, tournait à la galanterie, la poésie ait tourné du même côté et se soit empressée d'exprimer les diverses nuances de l'amour.

L'amour n'a pas eu toujours la même expression dans la poésie pendant le seizième siècle. L'amour, tel que l'exprime Villon à la fin du quinzième siècle, n'est pas le même que celui qu'exprime Marot sous François 1er; et l'amour tel que le chantent Ronsard et du Bellay ne ressemble pas à l'amour de Marot. Régnier enfin et Malherbe, à la fin du seizième siècle, donnent encore à l'amour une autre expression, qui changera elle-même sous l'influence du roman d'*Astrée*. Ce sont ces diverses expressions de la poésie amoureuse que je veux étudier rapidement.

La vie et la condition de Villon ne le portaient guère à l'amour élégant et raffiné des chevaliers et des savants. Il est pauvre et de pauvre race ; on ne voit point de couronnes ni de sceptres sur les tombeaux de ses aïeux. Il aurait pu peut-être réparer sa pauvreté en étudiant pendant sa jeunesse: il aurait maintenant *bonne maison et couche molle*; mais quoi! dans l'enfance, il fuyait l'école comme font les mauvais enfants. Il le regrette aujourd'hui, et il le regrette surtout, parce que, s'il avait bonne maison et bonne couche, il serait amoureux *à son aise*. Pour bien aimer, il ne faut pas avoir le cœur triste et le *ventre affamé*. Villon, en effet, n'a aucun goût pour les amours d'idylle. En vain Gauthier et sa compagne Hélène se vantent *de coucher sous les rosiers en fleurs et de s'endormir au chant des oiseaux*; Villon aime mieux dormir dans un *bon lit cotoyé de chaises, comme un gras chanoine*. N'était l'argent qui lui a manqué toute sa vie, Villon eût donc été un voluptueux de bon ton. Réduit à être un libertin de mauvaise compagnie, il s'en console par une gaieté qui touche au cynisme, et par une mélancolie mêlée d'ironie. Il est cynique quand il s'écrie, au nom de ses compagnons de débauche : *Nous aimons le désordre, et le désordre nous aime ; nous fuyons l'honneur, et l'honneur nous fuit*. Cette fuite de l'honneur risqua de conduire loin le pauvre Villon : il fut mis en prison et condamné à être pendu. Il n'eût pas mieux demandé, disait-il, que de mourir pour satisfaire à la justice ; mais à quoi cela pouvait-il servir qu'il fût dans la bière ou qu'il fût sur pied? le monde ne changera pas pour un pauvre hère de plus ou de moins ici-bas. Cette prière insouciante toucha les protecteurs de Villon, et il obtint sa grâce. Redevenu libre, il n'en fut ni moins pauvre ni plus triste. Il sentait que sa jeunesse s'en était allée sans qu'il se fût aperçu de son départ; il était à l'entrée de la vieillesse et peut-être près de la mort ; mais, comme il avait déjà vu de près la mort, cette idée ne l'effrayait ou ne l'affligeait guère plus que celle de sa pauvreté, et c'est là surtout que se montre cette mélancolie ironique qui est un des traits du génie de Villon. « Après tout, dit-il, quand j'aurais été grand seigneur ou grand savant, je n'en mourrais pas moins : tout meurt. » Et, se demandant alors où sont tant de dames renommées par leur beauté, par leur rang ou par leur courage, il répond par ce refrain charmant : *Mais où sont les neiges d'antan ?* (de l'année dernière). Ou bien, ce qui pour les belles dames est pire que la mort, elles deviennent vieilles et laides. Alors, assises près du feu, elles murmurent contre le bon Dieu qui les a fait naître trop tôt, et Dieu se garde bien de leur répondre, « car à babil de femme qui a perdu la beauté, il n'y a ni fin ni réponse. » Est-ce qu'en leurs jeunes ans elles étaient toujours riantes et gaies ? Non ! Elles avaient des amants qui les battaient ; mais elles étaient aimées : c'était le bon temps. Villon aussi, quand il était jeune, avait une amie qui le trompait et l'abusait à plaisir : c'était aussi le bon temps.

Cette manière leste et moqueuse de traiter de l'amour et des femmes est bien loin de l'amour chevaleresque et de l'amour platonique ; mais elle est naturelle à l'esprit humain, et surtout à l'esprit français. Toujours, à côté des amants qui faisaient de l'amour une passion ou une doctrine, il y a eu des amants qui en faisaient un plaisir et un jeu. Toujours aussi, dans le moyen âge, la satire s'est moquée des femmes. Aimez, disait la chevalerie : quiconque aime en vaut mieux. Gardez-vous d'aimer, disait la Raison dans le *Roman de la Rose* :

Homme qui aime ne peut bien faire.

Les amoureux ne sont bons ni à la peine, ni à la discipline, ni à la science. Gardez-vous donc de prendre les femmes pour vos institutrices; ne les prenez même pas pour épouses :

> Je ne tiens pas pour homme sage
> Qui femme prend par mariage.

Elles sont coquettes, et ne songent qu'à la parure; elles tendent toujours à la liberté, et sont dans le ménage comme les moines au couvent, c'est-à-dire regrettant *leur franchise* perdue. En vain vous essaierez de les surveiller :

> Nul ne peut mettre femme en garde,
> Si elle-même ne se garde.

Valent-elles mieux comme maîtresses que comme épouses? Ne le croyez pas. Femme qui aime a toujours soin d'avoir plusieurs amis, les uns jeunes, les autres vieux; et elle doit tâcher de les ruiner tous :

> Folle est qui son ami ne plume
> Jusques à la dernière plume ;
> Car qui mieux plumer le saura,
> C'est celle qui meilleur l'aura.

Voilà les conseils que les vieilles donnent aux jeunes; voilà les mœurs que peint la satire et qu'elle oppose à la doctrine sentimentale des romans de chevalerie.

Ce n'est pas seulement le *Roman de la Rose* qui parle des femmes avec cette irrévérence. Partout, dans les fabliaux du moyen âge, mêmes traits de satire et de médisance. Il semble, à entendre les poëtes de ce temps, que le mal en ce monde vient uniquement de la femme. Voulez-vous savoir pourquoi il y a des animaux apprivoisés et pourquoi il y a des animaux sauvages ? cela tient à la différence de leurs origines : Adam, l'homme, a créé les uns ; Ève, la femme, a créé les autres.

> Lorsque Dieu eut de paradis
> Adam et Ève dehors mis
> Pour ce qu'ils avaient trépassé
> Ce qu'il leur avait commandé,
> Pitié le prit, et leur donna
> Une baguette, et leur montra,
> Lorsque de rien [1] besoin auraient,
> De la verge en mer frapperaient.
> Adam prit la verge en sa main,
> En mer frappa devant Évain ;
> Sitôt que la mer eut féri,
> Une brebis lors en sailli.
> Lors, dit Adam, dame, prenez
> Cette brebis et la gardez.
> Elle donra [2] lait et fromage...
> Évain en son cœur pourpensait
> Que s'elle encore une en avait,
> Plus belle estrait [3] la compagnie.
> Elle a la baguette saisie :
> En la mer frappa rudement ;
> Un loup en sault, la brebis prend...
> Quand Ève vit qu'elle a perdue
> Sa brebis, s'elle n'est secourue,
> Elle crie fortement : ha ! ha !
> Adam, la verge reprise a,

[1] Quelque chose.
[2] Donnera.
[3] Serait.

Frappe en la mer en murmurant :
Un chien en sault hâtivement[1].

Et le chien reprit la brebis. Adam et Ève continuent ainsi, pour peupler le monde, à frapper de leur baguette sur la mer ; et toujours, quand Adam frappe, il naît un animal bon et utile ; quand Ève frappe, un inimal méchant et sauvage. Ce que le vieil auteur résume par ces deux vers d'une précision malicieuse :

Les Évain asauvagisaient ;
Et les Adam apprivoisaient[2].

Il y a donc, dans la littérature du moyen âge qui traite de l'amour et des femmes, deux écoles distinctes et opposées : l'école chevaleresque, qui prêche l'amour comme une vertu et vante les femmes comme les meilleures institutrices de la vertu ; l'autre qui, par un contraste singulier, tient à la fois de l'esprit de l'Église et du vieil esprit français, et est en même temps moqueuse et sévère. Elle est moqueuse dans la satire mondaine, parce qu'elle observe les mœurs de la femme et y trouve beaucoup à médire ; elle est sévère dans le sermon, parce qu'elle se souvient toujours du péché de notre première mère. Ève, disent les Pères et les docteurs de l'Église, Ève a perdu l'humanité ; Marie l'a sauvée[3]. De là, au moyen âge, deux

[1] *Roman du Renard.*

[2] Ceux que créait Ève étaient sauvages, et ceux que créait Adam étaient apprivoisés.

[3] « Heva lacrymas, Maria gaudium in ventre portavit, quia illa peccatorem, ista edidit innocentem. Audite igitur quemadmodum tympanistria nostra cantaverit : Ex hoc beatam me dicent omnes generationes, quia fecit mihi magna qui potens est. Causam igitur invalescentis errati

types de la femme : Ève et Marie ; l'un, censuré et maudit, parce qu'il représente la femme telle que la nature l'a faite, c'est-à-dire prompte à sentir et à inspirer le péché ; l'autre, respecté et béni, parce qu'il représente la femme telle que l'a faite la grâce de Dieu.

L'Église, grâce à ces deux types d'Ève et de Marie, est à son aise pour beaucoup louer et pour beaucoup blâmer la femme. Seulement la femme louée par l'Église est surtout celle qui se dérobe au monde. La femme qui reste dans le monde et dans le mariage est, comme Ève, exposée au mal et à la censure.

La lutte entre les deux écoles s'est prolongée jusqu'au commencement du seizième siècle. A ce moment, la reine Anne de Bretagne, qui était belle, fière et vertueuse, et qui ne pouvait souffrir que les femmes fussent censurées par les théologiens et raillées par les poëtes, favorisa les écrivains qui prenaient en main la défense des dames et qui tâchaient de prouver que, même au temps d'Ève, c'était l'homme qui avait fait tout le mal [1]. Mais ses efforts ne changèrent pas l'allure prise à cette époque par l'esprit français. La poésie amoureuse eut avec Marot plus d'élégance et de grâce ; elle n'eut pas plus de gravité ; et ce ton de gaieté malicieuse se transmit de Marot à Regnier, et de Regnier à La Fontaine.

Le langage de l'amour dans Marot ressemble aux conversations de l'*Heptaméron*. C'est la même finesse

---

miraculum novi partus evicit, et Hevæ planctum Mariæ cantus exclusit. » S. Aug. serm. 18, *de Sanctis* ; et 22, *de Assumpt.*)

[1] Voir, à la fin du volume, une note sur les poëtes du quinzième siècle qui prirent part à cette querelle.

et le même enjouement, avec un peu moins de délicatesse dans le sentiment, sinon dans l'expression :
car la naïveté de la langue du seizième siècle donne
aux pensées de Marot une grâce de plus. Ne demandez pas au poëte l'enthousiasme et l'exaltation des
amoureux de romans : son génie et la langue du
temps ne s'y prêtent pas. Mais il excelle à peindre
l'amour fin et gracieux ; il sait tout ce qu'ont de
charmes, dans la langue des amoureux, le oui, le
non, et surtout le nenni :

> Le doux nenni avec un doux sourire [1],

qui vaut mieux que le oui. La science du nenni,
voilà le mérite et la gloire de Marot :

> Et tant que ouy et nenny se dira
> Par l'univers, le monde me lira [2],

dit-il hardiment de ses vers, et il a raison. L'amour
en France n'avait pas encore parlé ce langage ingénieux et touchant. Voyez, quand il explique le plaisir
qu'il y a à s'écrire entre amants :

> Le plus grand bien qui soit en amitié,
> Après le don d'amoureuse pitié,
> Est s'entrescrire ou se dire de bouche,
> Soit bien, soit deuil, tout ce qui au cœur touche :
> Car si c'est deuil, on s'entrereconforte,
> Et si c'est bien, sa part chacun emporte [3].

---

[1] Tome III, p. 107.
[2] Tome II, p. 221.
[3] Tome Ier, p. 343.

Ou bien quand, pour obéir à sa maîtresse, il brûle la lettre que celle-ci lui avait écrite :

> Aucunes fois au feu je la boutoye
> Pour la brûler ; puis soudain l'en otoye ;
> Puis la remis, et puis l'en reculai ;
> Mais à la fin à regret la brûlai,
> En disant, lettre, après l'avoir baisée,
> Puisqu'il lui plaît, tu seras embrasée ;
> Car j'aime mieux deuil en obéissant,
> Que tout plaisir en désobéissant.
> Voilà comment poudre et cendre devint
> L'aise plus grand qu'à moi oncques advint [1].

Sa tendresse est souvent délicate, parfois même elle a sa part de mélancolie, mais d'une mélancolie douce et malicieuse. Ainsi, quand il dit adieu à sa maîtresse :

> Adieu, amours ; adieu, gentil corsage,
> Adieu, ce teint ; adieu, ces friands yeux.
> Je n'ai pas eu de vous grand avantage ;
> Un moins aimant aura peut-être mieux [2].

Ou bien, quand on l'avertit que sa maîtresse le trompe :

> Je le sais bien, mais point ne veux le croire,
> Car je perdrais l'aise que j'ai reçu.

Si par hasard il cherche à s'élever jusqu'à l'amour pur et mystique, son esprit lui fournit encore de

---

1. Tome Ier, p. 11*.
2. Tome II, p. ***.

jolis traits; mais ces raffinements de passion ne lui vont pas longtemps. Il a beau dire à son amie

> Qu'il aime mieux la servir en tristesse,
> Qu'aimer ailleurs en joie et en liesse [1];

il est mal à son aise avec ces ritournelles d'amour contemplatif. Aussi les oublie-t-il volontiers pour revenir aux amours frivoles de la cour, ou parfois même à des amours de plus bas étage. Au reste, s'il est léger dans ses amours, ne l'en accusez pas : c'est la faute du temps. Il avait vocation pour aimer comme on aimait au bon vieux temps; mais le mauvais exemple l'a perdu, et il aime comme on aimait de son temps, tout prêt pourtant à reprendre l'usage du bon vieux temps, si on peut y retourner [2].

Si Ronsard et du Bellay, les deux grands poëtes de l'école pédantesque, n'ont pas en amour l'élégant

[1] Tome Ier, page 351.

[2]
> Au bon vieux temps un train d'amour régnoit
> Qui sans grand art et dons se démenoit,
> Si qu'un bouquet donné d'amour profonde
> C'estoit donner toute la terre ronde :
> Car seulement au cœur on se prenoit.
> Et si par cas à jouyr on venoit,
> Sçavez-vous bien comme on s'entretenoit?
> Vingt ans, trente ans; cela duroit un monde
>   Au bon vieux temps.
> Or est perdu ce qu'amour ordonnoit;
> Rien que pleurs fainctz, rien que change on n'oyt.
> Qui vouldra donc qu'à aymer je me fonde?
> Il fault premier que l'amour on refonde,
> Et qu'on la meine ainsi qu'on la meinoit
>   Au bon vieux temps.
>   (T. II, p. 420.)

badinage de Marot, c'est moins la faute de leur génie que de leur système. Ils ont voulu relever la poésie de ce qu'ils appelaient sa faiblesse originelle. Ils ont dédaigné la grâce naïve de leur devancier ; ils ont visé à la grâce raffinée de Pétrarque, et ils sont tombés dans la recherche et dans l'affectation, défauts plus grands avec une langue encore faible et imparfaite, qu'avec une langue déjà formée. Rien, en effet, n'enlaidit plus l'enfance que de grimacer l'âge mûr. Il y a dans Ronsard et dans du Bellay deux personnages différents : le poëte lettré et savant, qui imite les anciens et les Italiens ; l'homme qui, dans ses amours ou dans sa manière de les exprimer, se laisse aller au penchant naturel de son esprit et de l'esprit français. L'esprit français est peut-être plus propre à causer de l'amour qu'à le chanter ; parfois même il excelle à se moquer de l'amour constant. Ronsard et du Bellay l'ont fait souvent. Voyez Ronsard, par exemple, quand, au lieu de prendre la mythologie au sérieux, il la prend, comme a fait Ovide, en badinant, et chante, parmi les amours faciles de l'Olympe, ceux de Vénus et de Mars.

> Puis, en quittant les amours de ce dieu,

la déesse, dit Ronsard,

> Alla choisir Adonis en son lieu ;
> Puis, se fâchant d'Adonis, fut éprise
> D'un pastoureau, du Phrygien Anchise....
> Puis, en laissant ce pasteur phrygien,
> Aima Pâris de la même contrée.
> . . . .
> Elle fit bien d'avoir de tous pitié.
> Rien n'est si sot qu'une vieille amitié !

Du Bellay n'est pas moins gai et moins piquant lorsqu'il se moque des amants mélancoliques qui prétendent sans cesse qu'ils meurent d'amour :

. . . .
Je ris souvent, voyant pleurer ces fous
Qui mille fois voudraient mourir pour vous,
Si vous croyez de leur parler si doux
    Le parjure artifice.
Mais, quant à moi, sans feindre ni pleurer,
Touchant ce point, je puis vous assurer
Que je veux sain et dispos demeurer
    Pour vous faire service.

Voilà Ronsard et du Bellay tels qu'ils sont quand ils ne relèvent que d'eux-mêmes et de leur génie naturel, au lieu de relever de leur école. Lorsque, au contraire, ils se mettent à faire de la grande poésie, quand ils sont poëtes de dessein prémédité, alors ils tombent dans tous les défauts qu'ils raillaient tout à l'heure : alors leurs amours sont raffinés, subtils, langoureux ; alors ils imitent Pétrarque[1], les Italiens du seizième siècle, et surtout l'antiquité ; mais ils l'imitent en pédants et non en poëtes. C'est ainsi que Ronsard a fait trois livres d'amours, dont le plus mauvais est le premier, parce que ce premier

---

[1] Du Bellay semble avoir voulu caractériser tous les défauts de son école dans les vers suivants :

    Nos bons ayeux qui cet art devinaient (l'art d'aimer),
    Pour en parler, Pétrarque n'apprenaient...
    Mais aussitôt qu'amour s'est fait savant,
    Lui qui était Français auparavant,
    Est devenu flatteur et décevant
      Et de thusque nature (Toscan).

livre, intitulé *Cassandre*, du nom de la fille du roi
Priam, est plein d'imitations grecques, latines, italiennes. Il ne manque pas de faire, au nom troyen de
sa Cassandre, de savantes allusions : « Il a, dit-il, été
brûlé de plus de feux que la vieille Troie [1]. » Pourquoi Cassandre le traite-t-elle si mal? Parfois ses
yeux lui donnent de l'espoir; mais ses yeux sont
perfides comme l'était son aïeul Laomédon [2]. Je ne
puis guère m'intéresser à des amours si érudits, et
je ne regrette pas que, dans le second livre, Ronsard
change de maîtresse et quitte Cassandre pour Marie.
Je n'ai même pas besoin des excuses qu'il donne
à ce sujet. Je ne les prends que comme un témoignage du vieux génie français, toujours moqueur et
libre, qui ne s'assujettit pas longtemps aux affectations de la mode. Si quelque dame, dit-il, me reproche que je n'aurais pas dû oublier Cassandre,

« Et que le bon Pétrarque un tel péché ne fit,

. . . .

Qui fut trente et un ans amoureux de sa dame
Sans qu'un autre penser lui pût échauffer l'âme,
Réponds-lui, je te prie, que Pétrarque sur moi
N'avait l'autorité de me donner sa loi...

Et pour l'amour (ton amour) j'ai receu plus de feux
Que ne fit Troie incrédule.

Le vers justement reproché à la jeunesse de Racine,

Brûlé de plus de feux que je n'en allumai,

n'est donc qu'un dernier écho de l'école de Ronsard, quand Ronsard
imite Pétrarque et les Italiens.

Tes yeux courtois me promettent le don
Qu'à demander je n'eusse pris l'audace;
Mais j'ai grand peur qu'ils tiennent de la **race**
De ton ayeul le roi Laomédon.

Nous connaissons maintenant le vrai Ronsard, et le faux Ronsard : l'un qui s'inspire de son génie naturel et des amours de son temps, ou bien qui se mêle des querelles du jour et prend à partie les docteurs huguenots ou déplore les malheurs de la France ; qui, dans la poésie légère ou dans la polémique, c'est-à-dire dans les deux genres de littérature où l'homme met le plus du sien, parle une langue simple et vive, alerte et ferme ; l'autre qui s'inspire de son école et de son système, imite à outrance l'antiquité, non-seulement dans les sentiments, ce qui est fort bon, mais aussi dans les mots et dans les tournures ; qui veut du même coup donner à la France un nouveau dictionnaire et une nouvelle littérature, et qui alors échoue et voit bientôt,

> . . . . . par un retour grotesque,
> Tomber de ses grands mots le faste pédantesque.

Ronsard aurait vécu, s'il n'avait eu que ses qualités naturelles ; il est tombé par les qualités qu'il a cherchées. Le chef d'école a perdu le poëte.

Desportes est de l'école de Ronsard. Seulement, dans ses poésies amoureuses, il vise au joli, tandis que Ronsard visait au grand. L'afféterie chez lui a remplacé la pompe : c'est Ronsard efféminé. Même goût des concetti italiens, même recherche de l'antithèse et de l'épigramme. Comme Ronsard, il a trois livres d'amour dédiés à trois dames différentes : le premier à Diane, le second à Hippolyte, le troisième à Cléonice. Mais si l'amant est volage, le poëte est fort monotone : il chante ses trois maîtresses de la même manière. Elles ont aussi vraisemblablement le même genre de beauté; car, excepté que Cléonice est brune et que Diane est blonde, toutes les trois ont des yeux qui *sont des astres*, des cheveux qui *sont des lacs où se prennent les cœurs*. Quant à l'amant, il *s'abreuve de pleurs*; dans la nuit, *sa solitude n'est éclairée que par le feu qui lui consume le cœur*, et il ne sait s'il *est mort ou vivant* :

> Suis-je mort ? Non : j'ai trop de sentiment,
> Je suis trop vif et passible au martyre.
> Suis-je vivant ? Las ! je ne puis le dire,
> Loin de vos yeux par qui j'ai mouvement.

Voilà les amours de Desportes, amours qui ne touchent personne, quoiqu'il dise que chacun de ses vers lui a coûté mille larmes. Les amours étaient alors un genre de littérature où chaque poëte s'exerçait à son tour, Ronsard, du Bellay, Desportes. Mais les amours de leur muse ne touchaient point aux amours de leur vie. Ils pouvaient dans leurs livres être des amants enthousiastes, raffinés, délicats, et dans leur vie être le contraire de tout cela. Marot, quand il chante l'amour, semble chanter ce qu'il a ressenti; Ronsard, du Bellay, Desportes chantent ce qu'ils imaginent, et un poëte de leur école, qui s'intitulait *l'amant parfait*, nous a donné le secret de toutes ces passions de tête, quand il dit à ses lecteurs :

> Vous qui voyez mes vers où je peins tant de feux,
> De passions d'amour, de peine et de martyre,
> Qui voyez bien souvent que je pleure et soupire,
> Ne croyez pour cela que je sois amoureux.

> Je chante bien souvent les traits de deux beaux yeux
> Que je ne vois jamais et que je ne désire
> De les voir seulement ; mais c'est que je veux rire
> Et me moquer de ceux qui font les langoureux [1].

Avec Regnier et avec Malherbe, l'amour redevint simple et naturel. Plus de ces grandes passions exaltées qui n'étaient qu'un effort d'imagination ; plus de Cassandre ni de Cléonice : tout cela fut renvoyé aux romans. Ce n'est pas que Malherbe n'ait été tenté aussi d'avoir une maîtresse en l'air à qui dédier ses vers : elle devait s'appeler Nérée, et il eût immortalisé son nom [2]. Mais quoi ! Nérée n'eut peut-être pas la patience d'attendre que le poëte eût poli à son aise et à sa guise les vers qu'il faisait pour elle. De plus, à prendre une maîtresse poétique, Malherbe eût suivi la mode de l'école qu'il venait de réformer. Il a donc condamné à l'oubli, comme vers de l'ancienne école, ses vers de jeunesse et d'amour,

> Quand le sang, bouillant dans ses veines,
> Lui donnait de jeunes désirs ;

et s'il a aimé dans son âge mûr, quand il était maître de son génie et de sa langue,

> Siérait-il bien à mes écrits,

dit-il,

> D'ennuyer les races futures

---

[1] *Biblioth. française*, t. XIII, p. 419.

[2]
> Celle à qui, dans mes vers sous le nom de Nérée,
> J'allais bâtir un temple éternel en durée,
> Si sa déloyauté ne l'avait abattu.

(Malherbe, édit. de M. de Latour, p. 13.)

> Des ridicules aventures
> D'un amoureux en cheveux gris [1].

Ainsi, point de vers d'amour dans Malherbe : car, lorsqu'il était jeune, il n'était point poëte, ou il l'était selon l'ancienne école; et, quand il était poëte, il n'était plus jeune.

Quant à Regnier, il chante volontiers l'amour, mais l'amour comme il l'a ressenti, l'amour facile et gai, l'amour français, celui que chantait Marot. Je me trompe : Marot aimait une grande dame; Regnier fuit, dit-il, *plus que la mort*, l'amour des grandes dames :

> Aimer en trop haut lieu une dame hautaine,
> C'est aimer en souci le travail et la peine,
> C'est nourrir son amour de respect et de soin.
> Je suis soûl de servir le chapeau sur le poing [2].

Comme Regnier avait pris pour devise :

> De vivre sans nul pensement,
> Se laissant aller doucement
> A la bonne loi naturelle [3],

il suivait un peu aussi en amour cette règle commode et se *laissait aller au caprice* :

> Et content de mon mal, je me tiens trop heureux
> D'être, comme je suis, en tous lieux amoureux [4].

Il a mille causes pour aimer : la laide, il l'aime si

---

[1] Malherbe, même édit., p. 181.
[2] Regnier, édit. Viollet Le Duc, p. 292-293.
[3] Regnier, p. 375.
[4] Regnier, p. 94

elle est spirituelle; la sévère, parce qu'il espère l'adoucir; la coquette, parce qu'il se sent attiré, quoique se sachant trompé; la savante, parce qu'il aime la science; et l'ignorante, parce qu'il aime la naïveté. Ainsi, dans toute femme

> . . . . . . quelque chose lui plait,
> Et ne sais point comment, ni pourquoi, ni que c'est.

Voilà comment chez Régnier les inspirations amoureuses viennent de l'homme au poëte. Il en est de plus élevées et de plus délicates; mais au moins les siennes, toutes vulgaires qu'elles sont, sont propres à l'homme. Il les a prises dans sa vie et non pas dans ses livres. Cela me fait souhaiter qu'il eût mieux vécu; cela ne me fait pas souhaiter qu'il ait chanté 'autres passions que celles qu'il a eues.

XXXIX.

La poésie exprime quelques-uns des sentiments
que le monde croit être de mise dans l'amour, sentiments qui varient selon les temps; mais la poésie
n'exprime pas complétement l'idée qu'un siècle se
fait de l'amour. C'est aux romans qu'il est réservé
de faire le tableau de l'amour tel que la société
l'imagine. Ne pouvant pas dans le monde le trouver
tel qu'elle le rêve, elle le cherche et le représente
dans la fiction. Les romans sont dans chaque siècle
l'idéal de l'amour, et c'est là qu'on peut voir, mieux
que dans la poésie et mieux que dans les mémoires, ce
que chaque siècle a pensé ou rêvé de l'amour. L'histoire ne dit que ce que fait l'humanité; le roman dit
ce qu'elle espère et ce qu'elle rêve. C'est toujours
le plus beau côté de la vie.

Trois grands romans, l'*Amadis* au milieu du seizième siècle, l'*Astrée* au commencement du dix-septième, le *Cyrus* et la *Clélie* avant Racine et Boileau,
représentent successivement l'idéal que la société se
faisait de l'amour. Nous examinerons tour à tour ces
trois grands romans. Mais, avant de commencer
cet examen, qu'il me soit permis de dire quelques

mots du roman en général, ce genre de littérature
qui a une si grande place dans l'histoire littéraire
des sociétés modernes.

L'homme aime le merveilleux, mais il n'est pas
toujours capable d'aimer le même merveilleux. Il y
a un merveilleux qui semble appartenir à l'antiquité : c'est le merveilleux qui fait le fond de
l'épopée ou des légendes. Plus la société est ancienne et primitive, plus le grand merveilleux y
fleurit. Il y a un autre merveilleux qui appartient à
la société moderne : c'est le romanesque. Ce merveilleux nouveau, qui ne s'est développé entièrement
que dans la société moderne, existait cependant
aussi dans la société ancienne : la *Cyropédie* est un
roman, l'*Ane d'or* est un roman, et, depuis Xénophon
jusqu'à Apulée, l'antiquité a lu des romans. Seulement, dans l'antiquité, le grand merveilleux faisait
tort au petit : l'*Iliade* discréditait les fables milé-
siennes; mais elle ne les discréditait qu'auprès des
esprits d'élite, et la foule, soyons-en sûrs, aimait
mieux l'*Ane d'or* que l'*Iliade*.

Le merveilleux sous la forme du roman ne ressemble guère au merveilleux sous la forme de l'é-
popée. Il y a pourtant, entre ces deux genres de
merveilleux, des signes de parenté : ils ont de
commun le dédain de la vraisemblance. Le roman,
en effet, ne respecte pas la vérité plus que ne le fait
l'épopée; je ne sais même pas s'il ne la méprise point
d'une manière plus insolente. L'épopée, en effet,
loin de chercher à nous surprendre, nous avertit
qu'une fois que nous mettons le pied dans le cercle
du merveilleux, nous ne devons plus nous étonner

de rien ; elle nous transporte dans le domaine des enchantements et des prodiges ; elle nous fait entrer en commerce avec les dieux : il ne faut donc plus chercher autour de nous la vérité et la vraisemblance. L'épopée s'adresse franchement à notre imagination ; elle veut nous plaire et nous ravir ; elle ne veut pas nous duper. Tel n'est pas le roman : il n'est pas fabuleux, il est faux, ce qui est bien différent. Il ne s'élève pas aux choses surnaturelles ; il reste dans le cercle des choses humaines ; mais il les défigure. C'est dans l'humanité qu'il met l'invraisemblance, et c'est par là qu'il nous égare. Il exagère à plaisir la proportion de nos vices et de nos vertus ; il change les hommes en dieux et en démons, mais sans le dire et en leur laissant la figure et l'attitude humaines.

Même métamorphose quant aux événements : chaque monde, et je dirais volontiers chaque génération, a ses événements à sa taille. Les événements du monde des dieux ne sont pas les événements du monde des hommes. Les événements des générations barbares et héroïques ne ressemblent pas aux événements des générations civilisées. Le roman ne change pas cette proportion essentielle entre les hommes et les événements ; seulement, comme il a fait des hommes invraisemblables, il fait aussi des événements impossibles : les biens et les maux de ce monde ne gardent plus la mesure qu'ils ont dans la vie. Le héros est-il heureux, son bonheur touche à la béatitude ; est-il malheureux, ce sont des peines et des chagrins au-dessus des forces de l'âme humaine. Les exploits militaires s'y changent en prouesses de la cheva-

lerie errante, la paix et la simplicité des champs en
l'innocence des idylles. C'est dans l'amour surtout,
c'est-à-dire dans le sentiment le plus capable d'excès.
que l'exagération du roman s'est donné carrière.
L'amour volage s'est personnifié dans les don Juan,
l'amour fidèle dans les Amadis et les Céladons; mais
ni les don Juan ni les Céladons ne sont de ce monde..
Tous, qui que nous soyons, nous aimons mieux
que don Juan; tous, qui que nous soyons, nous
aimons moins bien et moins longtemps qu'Amadis et
que Céladon. Mais don Juan et Céladon, s'ils étaient
dieux ou héros comme Jupiter ou comme Hercule,
c'est-à-dire s'ils étaient fabuleux, ne nous trompe-
raient pas et ne nous feraient pas croire qu'ils peuvent
être égalés par nous : ils ne nous trompent que parce
qu'ils sont hommes et qu'ils ont la prétention de représenter fidèlement les sentiments de l'humanité.

On voit que l'homme n'a pas beaucoup gagné au
nouveau merveilleux qu'il a créé, c'est-à-dire au roman : car, s'il y figure plus qu'il ne figurait dans
l'épopée, s'il y a plus grande part, il n'y figure pas
tel qu'il est, il y figure en mieux ou en pire.

Ce mieux et ce pire, que le roman impose à tous
ses personnages, font, pour ainsi dire, deux classes
de romans qu'il est important de distinguer.

Il y a des romans que je louerais volontiers d'avoir
dédaigné la vraisemblance, parce qu'ils ne dédaignent la vraisemblance que pour chercher l'idéal ; il
y en a d'autres que je blâme de ce dédain, parce
qu'ils ne s'éloignent du vraisemblable que pour chercher le monstrueux. Or, l'idéal et le monstrueux sont
deux choses également en dehors de la nature humaine;

seulement l'une est au-dessus, l'autre est au-dessous.

Quand un romancier veut montrer comment les bons sentiments du cœur de l'homme pourraient garder ici-bas toute leur pureté et toute leur force, il fait que les événements leur soient favorables et commodes : point de contrariétés, point d'obstacles; l'amour n'a point à lutter contre le devoir; la vertu n'a point à surmonter le malheur. Tout va de soi-même, les événements comme les sentiments, sans effort et sans contrainte. L'invraisemblance est visible alors dans les événements. Dirons-nous qu'elle est visible aussi dans les sentiments et dans les caractères? oui, si nous mesurons la vraisemblance sur la réalité; car ces beaux caractères et ces pures affections ne sont pas de ce monde. Nous sentons cependant que, quoique invraisemblables, ils ne sont pas faux : ils sont l'image de l'homme tel qu'il serait, si les obstacles de la vie et du monde ne froissaient pas sans cesse son âme et ne l'endurcissaient pas. Ils expriment, non pas la vertu, c'est-à-dire la lutte difficile du bien . contre le mal, lutte d'où le cœur de l'homme sort toujours avec quelques cicatrices; ils expriment l'innocence, c'est-à-dire l'élan naturel que l'homme se sent vers le bien. Dans ces personnages, qui sont des fictions sans être des mensonges, la générosité est plus délicate et plus grande que nous ne le voyons dans le monde, la loyauté plus complète, le courage plus entreprenant et plus persévérant, la sensibilité moins fugitive et la douleur ou la pitié moins passagère, parce que les obstacles qui gênent nos bons instincts ont été écartés par le romancier, et qu'il nous a remis pour un moment dans notre vieil

Éden, c'est-à-dire dans notre état de bonheur et d'innocence. Nous savons gré au romancier de nous rendre un instant cet Éden regretté; nous aimons à voir comment l'arbre porte ses véritables fruits, aussitôt qu'on lui fait une saison plus douce et un plus beau climat. Ce tableau même n'est pas sans une sorte d'efficacité morale : en voyant ce que nous pourrions être, nous nous sentons encouragés à être un peu mieux que nous ne sommes. Cela plaît à l'imagination, et cela, du même coup, soutient et rafraîchit l'âme. Que de fois, en voyant les arbres plantés à grands frais au sein des villes, desséchés par la poussière, jaunis par les vapeurs du gaz, dévorés par la chaleur et la soif, pâles, chétifs, rabougris, que de fois je me suis mis à penser combien ils seraient heureux et beaux, quel feuillage et quelle ombre ils auraient, si, au lieu d'être captifs à la ville, ils vivaient et grandissaient dans l'air libre et pur des campagnes! Ce que nous pensons des arbres emprisonnés dans nos villes, le romancier nous le fait penser de l'homme, quand il l'affranchit des mille et une contraintes de la vie, et qu'il le refait noble et bon à son aise.

Je ne nie point que les romans, même les bons, et surtout ceux-là peut-être, n'aient un défaut inévitable : ils inspirent l'esprit romanesque, c'est-à-dire ils font croire la vie héroïque ou la vie innocente trop facile; mais ils tendent, par cet appât même, à nous en rapprocher, et ce n'est certes pas un mal, tant il y a de choses qui tendent à nous en éloigner! L'*Amadis*, l'*Astrée*, la *Clélie*, *Clarisse Harlowe*, *Grandisson*, *Paul et Virginie*, tous les romans enfin qui ont vivement ému leur siècle, ne l'ont ému qu'en lui montrant un idéal supérieur, quoique analogue aux pensées et aux sentiments du temps. Les prouesses d'Amadis sont plus grandes que celles des capitaines de François Ier et de Henri II, et ses amours surtout sont plus pures. Aussi les récits que faisait le romancier ravissaient le siècle sans trop le dépayser : ils enseignaient la loyauté et l'honneur dans la guerre, à un siècle dans lequel la guerre commençait à se mêler à la politique; la fidélité et l'honnêteté dans l'amour, à un temps qui commençait à se piquer de galanterie, mais qui ne savait pas séparer la galanterie de la licence. Qu'on rie de l'amour héroïque d'Amadis pour la belle Oriane; qu'on raille la tendresse pastorale de Céladon pour Astrée, j'y consens; mais *Amadis* a contribué, pour sa part, à polir les mœurs et à discréditer la licence grossière ; il a mis à la portée du grand nombre les qualités de l'élite. Ne dédaignons donc pas ces romans du vieux temps, qui, tout invraisemblables qu'ils étaient, ont eu après tout une heureuse influence. Songeons combien de sentiments délicats et élevés, combien d'idées fines et justes, combien d'émotions honnêtes et consolantes ils ont, je ne dis pas créés, mais répandus et accrédités dans la foule! Prenons la cour sous Henri IV, et rapprochons l'*Astrée* du Louvre; prenons, même sous la Fronde, la conversation encore grossière de la bourgeoisie, et comparons avec ce langage la parole précieuse de la *Clélie*[1]. De quel côté est la

---

[1] Jusque vers 1630 le mot de *précieuse* est encore pris dans un bon sens.

pureté des mœurs, des idées et du langage? qu'est-ce qui vaut le mieux, du monde ou du roman? qu'est-ce qui a même le moins de pas à faire pour se rapprocher de la morale chrétienne? Le roman ressemble au monde; mais il y ressemble en beau. C'est là son mérite et son attrait : il est ce que le monde voudrait **être.**

Jusqu'ici je ne parle que des bons romans, de ceux qui mettent l'idéal dans le bien et au-dessus de l'homme pour l'y attirer. Mais il y a des romans qui **ont** la prétention pernicieuse de mettre l'idéal hors du bien. Cette prétention est ordinairement celle des siècles dans lesquels la corruption passe du cœur à l'esprit, et où les passions cessent d'être des emportements des sens pour devenir des doctrines. Alors l'amour aime mieux être coupable que légitime, et les amants se piquent d'être des Lovelaces plutôt que des Céladons. Lovelace est le premier né des mauvais héros de roman, je veux dire des personnages qui troublent et qui déconcertent la conscience humaine. Don Juan n'était qu'un libertin; dans Lovelace, le sophiste s'ajoute au libertin. Le plaisir ne suffit plus : il faut le scandale, et le scandale poussé jusqu'à une sorte de victoire sur la morale, grâce à l'ébahissement des badauds qui trouvent fier ce qui n'est qu'insolent.

Je ne crains pas beaucoup dans les romans l'invraisemblance des événements. Je puis même, au besoin, m'en amuser, comme dans les contes de fées. L'invraisemblance des caractères ou le pervertissement des sentiments est la seule chose dangereuse. Quand la vraisemblance morale est har-

diment violée, quand l'innocence primitive du cœur
humain est systématiquement défigurée, c'est alors
que la fiction devient pernicieuse. L'imagination de
la foule se laisse séduire à l'idée d'imiter ces êtres
méchants et invraisemblabes qui lui sont donnés
pour grands. La petitesse et la banalité visent à la
grandeur et à la singularité ; les nains veulent être
des géants ; efforts. ridicules, quand ils ne deviennent pas criminels : car le crime et le vice finissent
par être aussi une manière de se grandir, et, voulant à toute force sortir de la foule, les prétentieux
ne s'inquiètent pas s'ils en sortent par en haut ou
par en bas.

Ce qui rend plus pernicieux encore ces êtres invraisemblables, c'est que souvent le romancier les
place dans un cadre d'événements possibles ou vraisemblables. Cette vraisemblance extérieure trompe les
esprits faibles ou malsains, et fait qu'ils croient plus
aisément à la possibilité de créatures qui vivent dans un
monde où rien au dehors ne semble sentir la fiction,
tandis que tout en procède au dedans. Les contes de
fées sont innocents, parce que tout y est franchement invraisemblable, hommes et choses. Mais prendre aux contes de fées leurs sorciers et leurs démons,
et les transporter dans le monde réel ; leur laisser
leur pouvoir surnaturel, mais leur donner le visage,
la parole et le costume de l'homme ; leur ôter leur baguette merveilleuse, mais la leur rendre en billets de
banque ou en audace, afin que tout leur soit possible,
soit qu'ils se vouent à faire le bien, soit qu'ils se
vouent à faire le mal : — voilà ce qui me paraît moins
innocent que les contes de fées.

Si ces réflexions sont justes, la vraisemblance morale des caractères et des sentiments, pourvu que surtout cette vraisemblance penche vers le bien plutôt que vers le mal, est la condition principale des bons romans. A prendre cette idée pour règle, le roman d'*Amadis* est-il un bon roman? y a-t-il, à côté de l'invraisemblance des événements, invraisemblance qui tient au genre, cette vraisemblance des caractères et surtout ce goût des bons sentiments que je demande aux romans?

Brantôme blâme l'*Amadis*, et il voudrait, dit-il, « avoir autant de centaines d'écus qu'il y a eu de belles, tant du monde que de religieuses, que la lecture de l'*Amadis* a perdues[1]. » Si Brantôme veut dire que la lecture de l'*Amadis* est moins édifiante que celle d'un sermon, il a raison, mais il ne faut pas demander au drame et au roman les vertus de la chaire. Le drame et le roman n'ont pas pour but de dompter ou d'éteindre les passions humaines, mais de s'en servir comme d'un spectacle agréable à l'homme, parce qu'il l'émeut à l'aide des émotions et des aventures d'autrui. Le devoir du drame et du roman est seulement de ne point rendre l'image de la passion plus corruptrice que la passion elle-même, de n'y pas mêler le sophisme ou l'exagération, et de ne pas changer le plaisir en poison.

L'amour d'Amadis pour Oriane est l'amour tel que l'enseignait la chevalerie, l'amour honnête, fidèle, persévérant, qui excite l'homme aux grandes actions, qui fait qu'animé d'un regard de sa dame, le che-

---

Brantôme, *Dames galantes*, t. VII, p. 330.

valier dans les combats oublie ses blessures et « devient plus qu'un homme [1]. » Quand Amadis doit
rencontrer en champ clos le géant Ardan-Canile, « si
d'adventure, tu trouves Oriane, dit-il à son écuyer
Gandolin, dis-lui qu'elle me fasse tant de bien de se
mettre en lieu que je puisse la voir à mon aise en
combattant ; car j'aurai par elle, en la voyant, plus
de puissance sans comparaison que hors sa présence [2]. » Si, au contraire, il est banni de la présence de sa dame, le chevalier perd aussitôt sa force
et son courage. Oriane, croyant Amadis infidèle, ne
veut plus le voir. Dès ce moment, « Amadis vaut
moins qu'un homme mort, et il n'y a si mauvais
chevalier dans la Grande-Bretagne qui ne le défit
aisément, tant il est malheureux et désespéré [3] ! »
En vain Gandolin, qui tient du bon sens de Sancho
Pança, veut le tirer de son désespoir ; en vain il lui
représente que les querelles des amants finissent
toujours par des réconciliations ; qu'Oriane un jour
reconnaîtra qu'elle a eu tort, et lui demandera « pardon et amen ; » qu'il faut donc, en attendant, s'efforcer
de manger, afin de conserver la vie, « qui est le
moyen d'avoir encore honneur et bonheur en ce
monde [4]. » Ce bon sens irrite Amadis, qui menace le
pauvre Gandolin de lui couper la tête pour le punir
d'avoir osé penser qu'Oriane a pu avoir tort. Les dames, en effet, sont des divinités infaillibles ; leurs
paroles sont des arrêts du destin. Aussi Amadis, ado-

[1] *Amadis*, 1er vol., p. 111, édit. de 1557.
[2] Tome II, p. 371,
[3] Tome II, p. 58.
[4] Tome II, p. 80,

rant sa punition, quoiqu'il ne sache pas son crime, se jette dans un désert affreux et devient ermite. C'est alors qu'il est appelé *le beau Ténébreux*.

Voilà quelques-uns des traits de l'amour d'Amadis pour Oriane. Ces traits exagérés et romanesques, qui étaient peut-être ceux qui plaisaient le plus au seizième siècle, ne sont pas, selon moi, les plus intéressants. Les romans qui ne savent faire parler à l'amour que le jargon du temps passent vite : ils sont punis d'avoir pris le costume pour le caractère, et le masque pour le visage. Ceux, au contraire, qui savent peindre l'amour tel qu'il est, c'est-à-dire toujours le même pour le fond et toujours nouveau pour la forme, ceux-là sont les bons romans.

L'*Amadis* a souvent ce genre de mérite : l'amour y est peint fidèlement, non pas seulement comme une mode du jour, mais comme une passion du cœur humain, avec ces traits vifs et délicats qui décèlent la passion, ces mouvements de joie et d'enthousiasme qui l'accompagnent, cet enchantement de deux cœurs qui s'entretiennent de leur amour et qui oublient le monde entier. Oriane a donné rendez-vous à Amadis, la nuit, à sa fenêtre, et celui-ci vient, « non moins attendant qu'attendu. » Il frappe ; à ce bruit, Oriane, qui était avec Mabille, cousine d'Amadis, dit à celle-ci : « Je crois que votre cousin frappe à cette fenêtre. » — « Mon cousin? répondit Mabille, il peut bien être ; mais vous avez plus de part en lui que toute sa parenté ensemble [1]. » Voilà

___
[1] Tome 1er, p. 120.

le premier entretien où, sous l'œil enjoué de Mabille,
la plus pénétrante, mais en même temps la plus
discrète des confidentes, s'échangent leurs serments
de s'aimer toujours, et l'aveu, plus doux encore,
qu'ils s'aimaient depuis longtemps sans se le dire.
Lorsque enfin ils sont unis, après bien des épreuves,
comme leur passion est ardente et enthousiaste!
Comme ils aiment à se raconter, maintenant qu'ils
sont heureux et dans cette douce extase qui suit et
qui prolonge le bonheur, Oriane, les peines qu'elle
a souffertes, attendant ce jour; Amadis, « tous les
travaux qu'il avait supportés, les tenant aujourd'hui
pour bien heureux et trop bien récompensés! » Dans
cet entretien amoureux, « distraits de tout autre souvenir, ils ne sentaient pas le temps, ni ne
leur souvenait de jour, ni de nuit, ni à peine
d'eux-mêmes; et quand même Gandolin ne fût
jamais survenu, ni la damoiselle de Danemark
éveillée, ils ne s'en fussent jamais souciés ni avisés [1]. »

Il y a dans le **caractère** d'Oriane un trait que je
dois indiquer, parce qu'il est curieux et touchant.
Tant qu'elle est la dame des pensées d'Amadis, elle
est jalouse, impérieuse et hautaine; elle commande,
elle punit en reine inquiète et capricieuse. Un mot,
un regard d'Amadis, adressé à une autre dame,
l'outrage et l'irrite. Mais, à peine devient-elle l'épouse
d'Amadis, elle abjure ce pouvoir despotique et om-
brageux; et, lorsqu'Amadis, comme étant toujours
le plus loyal des amants, lui parle encore « de lui

obéir en tout ce qu'elle lui commandera, Oriane, ayant devant les yeux le devoir auquel se doit mettre toute femme d'honneur et sage envers son mari, lui répond : Monsieur, vous me faites tort, ce me semble ; et je vous soupplie que désormais vous parlie? à moi comme à votre humble femme et servante, et non ainsi qu'avez fait dans le passé, quand je n'étais autre que votre amie[1]. » Curieux passage de la maîtresse à l'épouse, et de l'héroïne de roman à la mère de famille ! Le pouvoir que l'amour conférait aux dames était, même sous le règne de la chevalerie, un pouvoir incertain, quoique absolu, exposé à toutes les inconstances de la passion, exercé avec hauteur, mais avec incertitude. Les droits de l'épouse sont moins impérieux, mais ils sont plus sûrs et ils s'appuient sur ses devoirs. Il faut que la maîtresse commande toujours, car elle n'a de pouvoir que celui qu'elle usurpe. L'épouse, au contraire, peut beaucoup obéir, parce que les lois et les mœurs lui font une part d'autorité qu'elle n'a pas besoin d'augmenter pour la conserver[2].

Oriane et Amadis ne sont pas dans le roman les seuls types de l'amour. Il y a d'autres genres d'amour : l'amour volage, par exemple, si gaiement repré-

[1] Tome IV, p. 290.

[2] Je trouve la même doctrine dans la *Diane de Montémayor*, ou plutôt dans la suite de ce roman pastoral par Gil Polo. Sylvan veut, par déférence, laisser Selvage, sa femme, répondre la première à la prêtresse Félicia. Selvage lui dit : « Il n'est pas temps, mon ami Sylvan, d'user de cette courtoisie tant malséante à mon endroit... Car combien qu'en commun cela soit louable envers toutes les femmes, cela ne l'est pas néanmoins, en particulier, envers sa femme propre, et trouve malséant au mari de faire tel honneur à la femme, qu'il la veuille préférer à soi-

senté par Galaor, le frère d'Amadis. Amadis, beau et vaillant, est souvent courtisé par les dames ; mais, fidèle à Oriane, il renvoie à son frère Galaor les bonnes fortunes qu'il rencontre[1]. La légèreté de Galaor a fait école dans les romans de chevalerie, à côté de la loyauté d'Amadis, et elle produit un contraste piquant. Au surplus, à mesure que, dans la famille des Amadis, nous passons d'une génération à une autre, d'Amadis de Gaule à Esplandian, son fils, d'Esplandian à Lisvart, et de Lisvart à Amadis de Grèce, la constance amoureuse des héros semble diminuer. Amadis de Gaule avait résisté à l'amour de Briolanie et de Grassinde, deux belles reines qui s'étaient éprises de lui : son second fils, Perion, n'a pas le même héroïsme contre l'amour que la duchesse d'Autriche prend pour lui[2], et il oublie la fidélité qu'il doit à sa dame, la princesse Gricilerie. Florestan, troisième fils d'Amadis de Gaule, épris de la princesse Griliane, qui a été mariée contre son gré à je ne sais plus quel chevalier, se console de son chagrin, « espérant, s'il perd le nom de mari, recouvrer avec le temps celui d'ami[3]. » Enfin Amadis de Grèce, l'arrière-petit-fils d'Amadis de Gaule, a

même. Car depuis que la femme se met en puissance de l'homme, et lui en possession d'elle, aussi lui engage-t-elle, par le doux lien du mariage, le droit et juridiction de sa liberté. J'estimerai donc que vous m'aimerez de bon cœur, si vous usez des justes lois du mariage, en laissant les superstitieuses vanités de l'amour illicite. » (*Diane de Montémayor*, t. II, Ier livre, p. 5. Traduction de Gabriel Chapuys, édition de 1587 ; Paris.)

[1] *Amadis*, t. I, p. 257

[2] Tome VI, p. 166.

[3] Tome VI, p. 201.

deux dames qu'il aime en même temps, Lucile, princesse de Sicile, et Niquée, princesse de Thèbes. Quand il est près de combattre, il les invoque toutes les deux, ne sachant à laquelle adresser particulièment sa passion, « et ainsi léger et inconstant plus qu'une girouette, aimait aujourd'hui l'une et demain l'autre [1]. »

Les héroïnes ont part aussi a cette décadence de la fidélité chevaleresque. Elles deviennent coquettes et infidèles ; elles visent à plaire, même aux chevaliers mariés. Ce sont surtout les Amazones qui ont ces prétentions déloyales. La reine des Amazones, Zahara, aime Lisvart, fils d'Esplandian. Lisvart est marié à Onolorie, princesse de Trébizonde, et l'aime tendrement. Zahara cependant ne perd pas l'espoir, et voici comment elle arrange les choses : « Si Lisvart, dit-elle, a l'esprit aussi bon comme le cœur, je pourrai tant gagner sur lui avec le temps, qu'Onolorie et moi nous nous le partagerons, demeurant elle pour sa femme et moy pour son amye [2]. »

A côté de ces types d'inconstance et de coquetterie, il y a dans l'*Amadis* des héroïnes destinées à représenter l'amour malheureux et résigné. Telles sont Carmelle et Gradafilée, deux personnages qui excitent à la fois la pitié et l'admiration, et qui méritent d'être comptés parmi les plus belles créations du génie romanesque.

Carmelle était attachée à la cour d'Arcabonne, grande magicienne, qui persécutait la famille d'A-

<hr>

[1] *Amadis*, t. VII, p. 174.
[2] *Amadis*, t. VIII, p. 160.

madis. Arcabonne ayant vu périr, sous les coups
d'Esplandian, fils d'Amadis, le géant Matroco, le
dernier de ses enfants et de ses défenseurs, se jette
dans la mer de désespoir. Carmelle jure de venger
sa maîtresse; et comme, le même jour, elle rencontre Esplandian qui dormait dans une caverne,
son épée placée à côté de lui, elle s'approche pour le
tuer. Jusque-là, elle n'avait pas vu son visage et ne le
reconnaissait qu'à ses armes. Mais quand elle le voit
si jeune et si beau, sa haine se change en amour [1],
et elle se met à l'aimer d'un amour que rien ne las-
sera, ni le temps, ni même la froideur et les rebuts
d'Esplandian. Esplandian, en effet, qui aime la princesse Léonorine, ne paye Carmelle d'aucun retour.
Celle-ci alors, voyant bien qu'elle « ne serait jamais ni
sa femme ni son amÿe, » se réduit à demander d'être
son page, « demeurant toujours avec lui, le servant
en tout ce qu'il lui commandera, chose qu'il ne
peut lui refuser par raison; car fasse ce qu'il voudra, tant que l'âme lui résidera au corps, elle ne
l'abandonnera, si force ne l'y contraint. » Les chevaliers qui accompagnent Esplandian et son grand-
père maternel, le roi Lisvart, approuvent la requête
de Carmelle et prient Esplandian de la prendre pour
« sa loyale servante. Je le ferai, répond Esplandian,
et ainsi je vous le promets, dit-il à Carmelle, laquelle,
se jetant à ses pieds, les lui baisa [2]; » sorte d'hommage où les formes de la féodalité couvrent l'ardeur
de la passion.

---

[1] *Amadis*, t. V, p. **[illisible]**.
[2] *Amadis*, t. V, p. **[illisible]**.

Esplandian, du reste, ne ménage guère Carmelle; car il la charge de porter ses lettres d'amour à Léonorine. Le dévouement amoureux de Carmelle résiste à toutes les épreuves. Il y a plus : quand Léonorine répond froidement aux lettres d'Esplandian, Carmelle console celui-ci et lui explique spirituellement le cœur des femmes : « Les femmes, dit-elle, sont toujours en crainte que l'on n'aperçoive leurs passions amoureuses, de sorte qu'elles nient ordinairement de paroles, de gestes et de contenance, ce qu'elles ont le plus imprimé en leur cœur et en leur esprit. Allez la voir, et elle vous deviendra, à l'instant, plus amie qu'elle ne fut jamais. » Esplandian hésite et doute encore; il craint d'être dédaigné, d'être haï, que sais-je? — « Monsieur, dit Carmelle, je suis femme et je connais mieux le naturel des femmes que vous ne faites, ni tous les hommes du monde ensemble. Je vous supplie, croyez-moi et l'allez voir[1]. » Il y a ici, ne l'oublions pas, plus que la finesse d'une confidente : il y a la résignation d'une femme qui sert généreusement l'amour de sa rivale.

La reine Gradafilée a, près de Lisvart de Grèce, le même rôle que Carmelle près d'Esplandian. Seulement ce rôle est plus élevé. Carmelle n'est qu'une simple demoiselle, qui peut, sans déroger, avoir près d'Esplandian un rôle subalterne que son dévouement ennoblit et relève. Gradafilée est la fille du roi de l'île Géante; de plus, c'est une héroïne guerrière. Aussi les services qu'elle rend à Lisvart ne sont point

[1] *Amadis*, t V, p. 130-131.

de porter ses messages ou de consoler ses chagrins
d'amour. Elle le délivre de prison, elle combat pour
lui et le sauve de la mort. Voilà comment elle témoigne à Lisvart un amour qui, comme celui de Carmelle, a commencé aussi par la haine, ce qui montre fort justement que les passions, et celles même
qui semblent le plus contraires, s'appellent et s'introduisent l'une par l'autre. Le père de Gradafilée était
ennemi des Amadis, et Gradafilée, à l'aide d'une
ruse, a fait tomber Lisvart entre les mains de la sorcière Mélie, qui ne veut rien moins que brûler son
prisonnier. Mais Gradafilée, depuis qu'elle a vu le
beau chevalier, l'aime; et, une nuit, elle se fait introduire auprès de lui et lui apporte des vêtements de
femme. Il s'en couvre à la hâte, et, sous la conduite
de Gradafilée, traverse les gardes, sort du camp ennemi; et, lorsqu'il est dehors : « Reprenez vos vêtements, lui dit Gradafilée, et vous souvienne du danger
auquel je me suis mise pour vous. — Ah ! madame,
répondit-il, il faut bien que je confesse toute ma
vie qu'après Dieu je n'ai la vie que de vous; et partant, en quelque lieu où je sois, vous vous pouvez
tenir sûre que vous avez en moi un esclave prompt
à vous obéir et servir [1]. »

Lisvart veut bien être l'esclave de Gradafilée; mais
il ne peut pas être son chevalier, car il aime la princesse Onolorie et il est déjà fiancé avec elle. De même
que Carmelle, Gradafilée ne sera donc point aimée;
elle ne s'en dévoue pas moins à celui qu'elle aime;
elle devient son bon génie et son sauveur dans le

péril, ne pouvant être son amie. A Trébizonde,
Lisvart est accusé du crime de lèse-majesté et il doit
être brûlé, à moins qu'il ne trouve un chevalier qui
le vienne défendre et combattre ses accusateurs [1].
Les chevaliers de la cour de Trébizonde, ses anciens
amis, n'osent pas s'armer pour sa défense. Tout à
coup parait dans la lice un chevalier inconnu, qui
combat les accusateurs de Lisvart, les vainc, délivre
le chevalier accusé et s'éloigne avec lui. Lisvart
demande instamment à son libérateur de lui dire qui
il est. « Vous avez devant vous, répond le chevalier
inconnu, celui qui vous a, par deux diverses fois,
délivré de mort, et néanmoins vous le méconnaissez
ainsi qu'un étranger... — Pardonnez-moi, sire chevalier, dit Lisvart, je vous supplie : car je vous jure
Dieu que je ne sais pas qui vous êtes. Mais, moitié
par amour et l'autre par force, je vous verrai maintenant au visage ; — et, avançant le bras et désar-
mant de tête le chevalier, reconnut Gradafilée, dont
les larmes lui vinrent aux yeux, la voyant pour lui
en tel équipage... Aussi l'embrassa-t-il, lui disant:
« Hé Dieu ! ma grande amye, croyez que je ne mé-
connais pas de cœur, si je l'ai fait des yeux, celle à
qui je suis tant redevable et obligé. Plût au roi Jésus
qu'il fût en ma puissance vous faire dame et maitresse
de moi !... Assurez-vous que je n'en épouserais jamais
d'autre que vous... » Et, pendant qu'il parlait ainsi, il

---

[1] **Dans** les combats judiciaires, l'accusé ne pouvait se défendre lui-
même, quand il s'agissait du crime de lèse-majesté. Ainsi Lisvart, à
Trébizonde, ne peut défendre ni Onolorie, sa coaccusée, ni lui-même,
« parce qu'il est défendu à tout accusé de lèse-majesté de maintenir
son fait propre. » (T. VIII, p. 44.)

voyait Gradafilée qui fondait en larmes, « dont il souffrait telle peine, considérant cette grande amitié et
force d'amour, que, contraint par l'affection qu'il lui
portait, lui dit : Ma grand'amye, je me sens vaincu
par vous, et si vous pouvez oublier le passé, je vous
jure maintenant que j'obéirai entièrement à ce que
vous me commanderez, encore que je fisse contre le
devoir que je dois à madame Onolorie. »

Ainsi, à force de reconnaissance, Lisvart est prêt
à devenir infidèle à sa dame. C'est à ce moment pé-
rilleux que le caractère de Gradafilée se montre avec
toute sa pureté et toute sa grandeur. « En bonne foi,
mon amy, dit Gradafilée à Lisvart, vous êtes bien
déçu et vous me faites tort de croire que vous dimi-
nuez ma peine en m'offrant de forfaire à mon honneur et au vôtre. Je vous prie, beau sire, n'avoir
jamais votre Gradafilée en telle opinion, que l'amour
puisse en elle l'emporter sur la vertu. Aussi ce que
je pleure, n'est point me voir frustrée de mon inten-
tion : je pleure sur la contrariété de vos amours; mais
je veux garder le mien aussi intact que mon honneur,
ne cherchant plus grand bien que votre continuelle
présence et compagnie... Ainsi je vous supplie que
cette honnête amitié et ordinaire compagnie que je
désire avec vous ne me soit refusée, mais que vous
me permettiez vous suivre à jamais, bien assurée que
la loyauté que vous devez à madame votre femme
n'en sera en rien altérée. » Lisvart alors, plein d'une
sorte d'enthousiasme chevaleresque en se voyant « si
parfaitement aimé de la plus sage, belle et chaste
princesse de la terre; » et, n'oubliant pas non plus
l'amour qu'Onolorie a aussi pour lui, puisque Grada-

filée le lui a remis en mémoire par sa vertu, Lisvart s'écrie que ni la renommée d'Amadis de Gaule, son aïeul, ni l'effort et la hardiesse d'Esplandian, son père, ne se peuvent égaler au bonheur qu'il sent en lui, jouissant de l'amour honorable des deux plus hautes dames de la terre; » puis embrassa derechef Gradafilée : « Et, quant à ce que vous me demandez, dit-il, et dont moi-même vous devrais requérir, je le vous accorde de très-bon cœur, réputant votre compagnie si avantageuse pour moi, que je ne vous abandonnerai de ma vie, contre votre gré, si force ou prison ne m'y contraint [1]. »

J'aime Gradafilée, j'aime cette passion ardente et résignée, qui s'avoue et qui se maîtrise du même coup; et je voudrais, puisque nous sommes dans le monde romanesque, que la vertu fût récompensée par le bonheur, c'est-à-dire que Gradafilée pût enfin épouser Lisvart. Il vient un jour où elle le peut. Lisvart perd sa femme, la princesse Onolorie, et, quoiqu'il ait juré d'abord de ne jamais se remarier, il se remarie, et ce n'est point avec Gradafilée. Il y a dans le roman une impératrice de Babylone, la princesse Abra, qui s'est aussi éprise de Lisvart. Son amour rebuté ne s'est point tourné, comme celui de Gradafilée, en amitié chaste et dévouée : il s'est changé en haine. Puisque Lisvart ne l'aime pas, il faut qu'il meure. Abra est une héroïne de la famille d'Hermione ou de Roxane. Elle excite donc contre Lisvart les chevaliers les plus vaillants et les enchanteurs les plus redoutables. Toujours vaincue dans ses entre-

---

[1] *Amadis*, t. VIII, p. 52-54.

prises, toujours elle recommence, sans jamais être
touchée des périls de Lisvart. Si elle parvenait à le
faire périr, elle périrait elle-même et ne supporterait
pas de lui survivre; mais elle ne supporte pas davantage qu'il vive pour une autre que pour elle. Telle est
l'impératrice Abra. C'est elle que Lisvart épouse après
la mort d'Onolorie, et c'est Gradafilée elle-même qui
fait ce mariage. Après une grande victoire qu'elle a
aidé Lisvart à remporter sur l'impératrice Abra, celle-
ci étant vaincue et prisonnière, Gradafilée s'approche tour à tour de Lisvart et d'Abra, et requiert
un don de l'un et de l'autre, et, comme ils le
lui octroient, elle leur demande de s'unir en mariage. Que veut Gradafilée en renonçant encore
une fois à l'amour de Lisvart? veut-elle, comme elle
le dit, garder intacte la gloire qu'elle s'est acquise
par sa chasteté? Peut-être aussi, ayant une haute
idée de l'amour, a-t-elle senti que, puisqu'elle n'a
eu jusqu'ici de Lisvart que le don d'amitié, malgré
la loyale assistance et la fidèle compagnie qu'elle
lui a faite, elle n'aurait encore en lui, si elle l'épou-
sait, qu'un ami et non pas un amant tel qu'elle veut
l'imaginer. Elle le cède donc à l'impératrice Abra,
plus passionnée et moins délicate. Que la pure et gé-
néreuse Gradafilée ait ce raffinement de cœur, j'y
consens: cela sied à son caractère; mais j'en veux
à Lisvart d'y consentir si aisément, et de prendre la
femme ardente et passionnée au lieu de la femme
patiente et dévouée.

Ce qui plaisait au seizième siècle dans le roman
d'*Amadis,* c'était l'invraisemblance merveilleuse
des événements et les dissertations amoureuses, ce

qui était de la mode enfin. Ce qui m'en plait aujourd'hui, et ce qui fait que j'ai essayé de renouveler le souvenir de ce roman trop oublié, c'est que j'y trouve en beaucoup d'endroits la peinture fidèle du cœur humain. Il représente l'amour tel que le rêvait le seizième siècle, et par là il a pour nous un intérêt historique; mais il représente aussi l'amour

tel qu'il est toujours, et c'est là ce qui fait son intérêt moral et littéraire.

XL

Dans l'*Amadis*, les rudes chevaliers du moyen âge
étaient devenus des amoureux sans cesser d'être
grands batailleurs. Dans l'*Astrée*, les amoureux de
l'*Amadis* deviennent des bergers spirituels et galants.
Ces bergers, au besoin, sont des preux par leurs faits
d'armes. Cependant la guerre né remplit plus leur
vie; elle n'en est que la distraction ou l'accident;
l'amour est leur grande occupation. Ils ne sont bergers, en effet, que pour aimer plus à loisir et dans un
séjour plus gracieux et plus propre à l'amour que ne
l'étaient les camps ou la cour. Dans la *Clélie*, enfin,
les bergers, rentrant à la ville et dans les salons,
prennent un nom nouveau, celui d'honnête homme,
et s'occupent plus que jamais d'amour, qui, sous le
nom de galanterie, devient la grande science du
monde et la règle de la bonne compagnie désormais
fondée.

Peu de romans ont eu de leur temps plus de vogue que l'*Astrée*, et cependant l'*Astrée* aujourd'hui
est oubliée. L'*Astrée* n'eut pas seulement beaucoup
de lecteurs; elle eut parmi ses approbateurs de pieux

évêques, Pierre Camus, par exemple, évêque de Belley [1], qui disait de l'*Astrée* : « Quiconque considérera bien l'*Astrée* et en jugera sans passion, reconnaîtra qu'entre les romans et livres d'amour, c'est possible l'un des plus honnêtes et des plus chastes qui se voyent, l'auteur étant l'un des plus modestes et des plus accomplis gentilshommes que l'on se puisse figurer [2]. » Ainsi approuvée par des évêques, l'*Astrée* était adoptée dans le monde comme le manuel de la bonne compagnie, et, en 1624, l'auteur, Honoré d'Urfé, reçut une lettre signée de vingt-neuf princes ou princesses, dix-neuf grands seigneurs ou dames d'Allemagne, qui, ayant pris les noms des personnages de l'*Astrée*, avaient formé, sous le nom d'*Académie des vrais amants*, une réunion pastorale à l'imitation de celles de ce roman. Cette lettre, datée du carrefour de Mercure [3], le 10 mars 1624, priait d'Urfé de vouloir bien prendre pour lui le nom de Céladon, qu'aucun des membres de cette académie n'avait eu l'audace d'usurper dans le sentiment de son imperfection [4].

L'*Astrée* garda pendant longtemps sa réputation. Huet, évêque d'Avranches, qui l'avait lue dans sa jeunesse, en avait été si pénétré qu'il évitait plus

---

[1] Il est vrai que Pierre Camus a fait beaucoup d'histoires dévotes qui sont de petits romans; mais c'était, dit-il, par le conseil de saint François de Sales, qui le lui conseilla de la part de Dieu. (*Esprit de saint François de Sales,* par Pierre Camus.)

[2] *Esprit de saint François de Sales.*

[3] Un des lieux célèbres de l'*Astrée.*

[4] *Les d'Urfé, souvenirs historiques du Forez,* par M Aug. Bernard, 1839, p. 166 et 167

tard de rencontrer ce livre et de l'ouvrir, craignant de se trouver forcé de le relire par une espèce d'enchantement [1]. Boileau, La Fontaine, Fénelon en faisaient grand cas. Jean-Jacques Rousseau lisait l'*Astrée* et s'en trouvait charmé. Étant à Lyon, il voulait aller dans le Forez et y chercher le Lignon; mais, tout en causant avec son hôtesse, il apprit que le Forez «était un bon pays de ressource pour les ouvriers; qu'il y avait beaucoup de forges et qu'on y travaillait fort bien en fer. » Cet éloge calma tout à coup, dit-il, sa curiosité romanesque, et il ne jugea pas à propos d'aller chercher des Dianes et des Sylvandres chez un peuple de forgerons [2]. Le voisinage des forges et des manufactures n'a rien ôté au Lignon du charme de ses rives [3]. Enfin n'oublions pas, en dernier témoignage de la vogue qu'a eue l'*Astrée*, qu'un des personnages de ce roman, Céladon, est devenu le

[1] Lettre de Huet à mademoiselle de Scudéry touchant Honoré d'Urfé et Diane de Châteaumorand. Voir les *Études sur l'Astrée* par Bonnafous.

[2] *Confessions*, 1re part., liv. IV.

[3] Allant de Clermont à Montbrison, je me souviens d'avoir cotoyé le Lignon de Saint-Thurin à Boën. J'étais ravi de la beauté de cette petite rivière, dont je ne savais pas le nom. Je le demandai au postillon : C'est le Lignon, monsieur, répondit-il. Le Lignon ! Ce fut la première fois que je pensai à l'*Astrée*, et je me mis à la lire aussitôt revenu à Paris. Si alors je ne goûtai pas beaucoup ce roman, je sais bien pourquoi. J'étais jeune, et les jeunes gens sont si naturellement égoïstes dans leurs lectures, comme dans tout le reste, si préoccupés d'eux-mêmes et de leurs sentiments, qu'ils ne peuvent lire que le genre d'amour qu'ils conçoivent ou qu'ils ressentent. Ils ne pensent pas qu'on puisse aimer autrement qu'ils n'aiment eux-mêmes. Quelque livre que lisent les jeunes gens, ils s'y cherchent toujours, et ils ne manquent pas de s'y trouver. Plus tard. on commence à chercher et à trouver autrui dans ses lectures. C'est alors seulement que les lectures profitent à l'esprit.

type de l'amour toujours pur et toujours constant.

Avant d'examiner l'*Astrée* et d'apprécier d'une manière détaillée l'influence que ce roman a eu sur la société et sur la littérature, au commencement du dix-septième siècle, disons un mot de l'auteur, Honoré d'Urfé.

Patru, dans sa jeunesse, s'en allant en Italie, rencontra d'Urfé à Turin, cour toute française alors, où celui-ci s'était retiré. D'Urfé était le plus grand nom de la littérature et le plus accrédité parmi les jeunes gens, puisqu'il avait chanté l'amour. Aussi Patru l'aborda avec une sorte de vénération passionnée, et étant à la fois enthousiaste et curieux[1], il lui demanda de lui expliquer l'*Astrée*. En effet, on ne voulait pas que l'*Astrée* fût seulement un roman : on voulait que ce fût aussi l'histoire de l'auteur et celle de son temps. La manie de chercher le héros du roman dans l'auteur n'est pas nouvelle, comme on le voit. De nos jours, seulement, cette manie, au lieu d'être une des curiosités du public, est devenue une des prétentions des auteurs. Ils font d'abord le héros à leur image, ou plutôt à l'effigie de leur imagination ; mais une fois le héros créé, ils s'efforcent, et c'est là proprement la maladie de nos jours, de régler leur vie et leur destinée sur la vie et la destinée de leur héros imaginaire.

---

[1] « D'Urfé avait cinquante ans et davantage, dit Patru, et je n'en avais que dix-neuf. Mais la disproportion de nos âges ne me faisait point de peur. Bien loin de cela, je le cherchais comme on cherche une maîtresse... Dans nos entretiens, il me parlait de diverses choses ; mais, pour moi, je ne lui parlais que de l'*Astrée*. » (Biblioth. des Romans, tome I, page 210.)

Selon les beaux esprits du temps, d'Urfé était Céladon, et Diane de Châteaumorand, sa femme, était Astrée. On contait qu'il avait aimé Diane quand il était jeune; mais Diane était destinée à son frère aîné, Anne d'Urfé. Honoré avait donc été forcé de quitter sa maîtresse, et, dans son désespoir, il s'était fait chevalier de Malte. Mais bientôt son frère Anne ayant obtenu du pape la cassation de son mariage, Honoré s'était fait lui-même dispenser de ses vœux, et, revenant en France, il avait épousé enfin cette belle Diane qu'il avait tant aimée et tant regrettée. On alléguait, pour rendre l'explication plus vraisemblable, le premier ouvrage d'Honoré d'Urfé, le poëme de *Sireine*. Sireine est un berger des bords de l'Éridan, forcé de quitter sa maîtresse. Pendant l'absence, les parents de celle-ci la marient à un vieillard riche et laid. Sireine revient, mais trop tard. Désespéré, il se plaint à sa maîtresse :

> Le devoir, belle, n'a pouvoir,
> Dit le berger pour l'émouvoir,
> Où l'amour parfait a pris place.
> L'amour, répond-elle, est au cœur ;
> Mais, s'il n'y vit avec l'honneur,
> La honte incontinent le chasse.

Ainsi un amour contrarié, mais toujours constant, une maîtresse toujours fidèle, mais sévèrement attachée à la loi du devoir, voilà l'histoire du berger Sireine, plus tard du berger Céladon; et c'était aussi, disait-on, l'histoire d'Honoré d'Urfé.

Le conte était beau et fait pour plaire au jeune Patru. Voyons l'histoire.

Honoré d'Urfé, quand il était jeune, n'aima pas Diane de Châteaumorand, qui avait sept ans de plus que lui ; et, quand il l'épousa, après la cassation du mariage d'Anne d'Urfé, son frère aîné, ce ne fut point pour remplir les premiers engagements de son cœur, mais pour ne pas laisser sortir de la famille des d'Urfé les grands biens qu'y avait apportés Diane de Châteaumorand. Diane avait été fort belle dans sa jeunesse ; mais elle était devenue très-grosse ; de plus, elle était acariâtre et malpropre, ayant toujours dans sa chambre à coucher et sur son lit cinq ou six grands chiens qui ne la quittaient pas. Honoré s'en sépara au bout de six ans. On lui conseillait de faire rompre aussi son mariage par le pape, comme l'avait fait son frère aîné et comme il avait fait rompre lui-même ses vœux de chevalier de Malte. « Non, dit-il, les d'Urfé ont assez occupé le pape. » Et, quittant sa femme sans autre formalité, il alla vivre à Turin. C'est là qu'il fit son roman pour se consoler de son histoire, au lieu de faire son roman à l'image de son histoire.

Dans ce roman, tout est beau, tout est charmant. Les amants sont vifs et honnêtes, les dames tendres et fidèles ; les chaumières sont élégantes et propres, habitées par des bergers de bonne compagnie et par des bergères d'une humeur douce et gracieuse. Personne n'y vieillit et n'y prend d'embonpoint, quoique les amours y durent longtemps ; tout cela, enfin, dans le plus beau pays du monde et aux bords de la plus charmante rivière qui se puisse imaginer, c'est-à-dire dans le pays de l'auteur, mais un pays quitté de bonne heure et dont les bois, les prés et les eaux s'embel-lis-

saient pour d'Urfé de tous les souvenirs de la jeunesse et de l'enfance.

D'Urfé, outre les désappointements de la vie domestique, connut aussi les désappointements de la vie
politique. A son retour de Malte, il s'était fait ligueur
et s'était attaché à la fortune du duc de Nemours,
frère utérin des Guise, et qui, après la défaite du duc
de Mayenne et l'entrée de Henri IV à Paris, essaya de
se faire souverain des provinces dont Lyon est la mé-
tropole. Mais d'Urfé trouva l'injustice et la disgrâce
dans la petite cour de l'usurpateur, et, dégoûté de la
Ligue, mais emprisonné d'abord comme ligueur par
les royalistes, et plus tard comme royaliste par les li-
gueurs, il eut recours à la philosophie : pendant sa cap-
tivité à Montbrison, en 1594, il fit des *Épîtres morales*,
qu'il acheva à Turin en 1596. La philosophie suffit à
le consoler des échecs de la politique ; mais, pour le
consoler des échecs de la vie domestique, il lui fallait
l'imagination, et c'est alors qu'il fit l'*Astrée*. J'aime ce
progrès : les faux chagrins de la politique sont con-
solés par les sèches maximes de la philosophie ; les
dépits du cœur sont charmés par l'imagination, c'est-
à-dire par le rêve et la fiction d'une vie meilleure et
plus heureuse que celle qu'on a menée. Ce genre de
rêve apaise l'âme, sans l'amortir.

Ne cherchons pas dans les romans la vie des romanciers ; cherchons-y plutôt le contre-pied : nous
risquerons moins de nous tromper. Mais Patru ne se
payait pas de ces raisons empruntées à l'expérience
de la vie : il demandait à d'Urfé s'il était vrai qu'il
fût Céladon et que le grand Euric fût Henri le Grand.
Il prétendait même connaître déjà quelques vérités

de l'*Astrée*, parce que son frère, qui était alors assez
dans le monde, lui avait appris ce qui s'en disait.
Ainsi le prince de Condé était Calidon et la princesse
de Condé était Célidée; Marguerite de Valois, première femme de Henri IV, était Galatée; Gabrielle
d'Estrée était Daphnide. Il pressait d'Urfé de lui
avouer tout cela; mais d'Urfé lui répondait que
c'était bien peu que dix-neuf ans pour lui confier
tant de secrets d'une si haute importance; et le bon
Patru, ne voyant pas que d'Urfé se moquait doucement de lui, « ne se laissait pas rebuter par les
refus et revenait toujours à son point. Enfin, une
après-dinée, dit Patru, que je le pressais avec toute
la chaleur que vous pouvez vous imaginer : « Je
vous promets, me dit-il, qu'à votre retour je vous
donnerai tout ce que vous souhaitez. — Et toutefois,
lui répondis-je, je n'aurai alors que vingt ans. —
Cela est vrai, reprit-il en m'embrassant; mais avec
les lumières et les inclinations que vous avez, ce n'est
pas peu qu'une année de l'air de l'Italie. Et d'ailleurs,
vous étonnerez-vous, si, avant de mourir, je veux vous
voir au moins encore une fois? »

Quand Patru revint d'Italie, d'Urfé était mort[1].
Mais il eût retrouvé d'Urfé vivant, qu'il n'eût pas été
plus avancé. D'Urfé, en effet, n'avait pas de secret à
lui révéler. Comme tous les grands romanciers, il
avait emprunté son roman à l'expérience. Il avait
peint les passions, les mœurs et les caractères du
monde qu'il avait vu; mais il n'avait pas cherché à
faire des portraits. Il se défend lui-même de cette

En 1625, à Villefranche, en Piémont.

idée dans la préface de l'*Astrée* : « Si tu te trouves, dit-il à son livre, parmi ceux qui font profession d'interpréter les songes et de découvrir les pensées les plus secrètes d'autrui, et qu'ils assurent que Céladon est un tel homme et Astrée une telle femme, ne leur réponds rien, car ils ne savent pas ce qu'ils disent. » Ne cherchons donc point dans d'Urfé l'historien romanesque de la fin du seizième siècle ; cherchons-y un historien du cœur humain.

Je ne veux pas faire l'analyse de l'*Astrée*. Je veux cependant faire connaître ce roman, qui donna à l'amour une forme et une expression nouvelles et qui eut sur la littérature une influence toute-puissante. Je chercherai d'abord à caractériser ce qui fait l'intérêt général du roman ; j'examinerai ensuite ce qui tient à l'expression des sentiments et à l'invention des caractères.

D'Urfé n'a point inventé le roman ou le poëme pastoral. Le *Pastor fido* de Guarini et l'*Aminta* du Tasse, en Italie, avaient déjà donné à l'idylle antique un tour et un développement nouveaux [1]. Mais d'Urfé a agrandi la scène du drame pastoral, augmenté le nombre des personnages, accru l'intérêt et varié les sentiments et les caractères. Il a changé enfin l'idylle en roman, et c'est là son mérite. Il avoue lui-même que ses bergers sont des personnages de convention, et le titre nous dit que dans l'*Astrée*, « sous personnages de bergers et d'autres, sont déduits les divers effets de l'honnête amitié. » Ne cherchons donc pas dans ce roman de vrais bergers : il n'y en a pas même

[1] Voyez plus loin le chapitre sur la pastorale italienne

dans les idylles de Théocrite et de Virgile. Le berger d'églogue a été de tout temps une fiction. D'Urfé dit lui-même quels bergers et quelles bergères il a voulu créer : « Si l'on te reproche, dit-il à Astrée à qui il adresse sa préface, que tu ne parles pas le langage des villageois, et que toi ni ta troupe ne sentez guère les brebis ni les chèvres, réponds-leur, ma bergère, que tu n'es pas, ni celles aussi qui te suivent, de ces bergères nécessiteuses qui, pour gagner leur vie, conduisent les troupeaux aux pâturages ; mais que vous n'avez toutes pris cette condition que pour vivre plus doucement et sans contrainte [1]. »

On voit bien, en effet, en lisant le roman, que ces bergers-là ne le sont que par goût, et qu'en mettant l'amour à la campagne, d'Urfé, comme les poëtes pastoraux de l'Italie, a voulu seulement lui donner plus de charme et plus de liberté. Ses bergers et ses bergères vont « se promenant ensemble, cherchant les fraîches ombres et les agréables sources des fontaines, parce que, n'ayant nul troupeau à garder, ils n'emploient le temps qu'à passer leur vie le plus doucement qu'il leur est possible [2]. » Ce ne sont pas gens du village : ce sont gens qui font la *villégiature*. Ils ont le loisir que donne l'aisance ; ils sont de noble naissance ; ils sont enfin « aussi discrets et aussi civils » que les meilleurs courtisans ; vrais chevaliers enfin de l'école d'*Amadis*, sauf qu'ils portent la houlette au lieu de la lance, et qu'ils préfèrent aux tournois les jeux du village.

[1] **Préface de l'*Astrée*.**
[2] **L'*Astrée*, t. II, liv III, p. 188.**

J'ai voulu indiquer l'idée que d'Urfé se faisait de ses bergers, afin que, sur ce point, nous ne fussions pas plus dupes que l'auteur ne l'a voulu. D'Urfé a voulu représenter l'amour tel qu'il le concevait dans la bonne compagnie, et s'il a préféré les champs aux salons, c'est que, d'une part, il n'y avait guère encore de salons, et que, d'une autre part, la pastorale étant, dans l'usage du temps, consacrée à l'amour, il lui semblait naturel de donner à ses récits amoureux la forme pastorale.

D'ailleurs, il y a dans l'*Astrée* d'autres personnages que des bergers : il y a aussi, malgré la répugnance de d'Urfé pour les tournois[1], il y a des chevaliers, et ces chevaliers ont des défis et des combats singuliers. Les mœurs guerrières de ce genre de personnages font contraste avec les mœurs douces et paisibles de l'*Astrée*. D'Urfé, quoiqu'il fît un roman tout nouveau, n'osait pas rompre entièrement avec les romans de chevalerie, qui avaient eu tant de vogue au commencement du seizième siècle, et que l'*Amadis*, au milieu du siècle, avait de nouveau accrédités en les adoucissant. Il y a donc dans l'*Astrée*, si nous examinons la forme, deux choses qui sont vieilles : la pastorale et la chevalerie, l'une empruntée à l'Italie, au Tasse et au Guarini, l'autre empruntée à nos romans français. Mais si nous venons à ce qui fait le vrai fond des romans, c'est-à-dire aux sentiments

---

[1] D'Urfé blâme vivement les tournois, « ces exercices sanglants qui ressentent la violence, l'outrage et le meurtre. L'humanité, n'est-ce pas ce qui donne le nom à l'homme ? et les guerriers contraires à l'humanité ne sont-ils pas haïssables ? » (*Astrée*, 4ᵉ partie, livre II, page 91.)

et aux caractères, là tout est nouveau. L'amour surtout, qui est la passion principale du roman, y est exprimé d'une manière nouvelle. Ce n'est plus l'amour tel qu'il est dans les romans de chevalerie, inspirant des dévouements merveilleux et impossibles, poussant l'adoration de la femme jusqu'à l'idolâtrie, je ne dis pas jusqu'au respect. C'est un amour nouveau, l'amour tel qu'il doit être dans la bonne compagnie dont d'Urfé essaye de tracer le modèle, l'amour dont Marguerite de Navarre avait déjà donné l'idée dans les prologues et dans les épilogues de ses récits, l'amour élégant et fin, qui surtout sait causer; car le charme de la conversation fait la moitié du mérite de l'amour tel que le représentent et l'enseignent Marguerite de Navarre et d'Urfé. Remarquons, à ce propos, qu'en faisant en France l'histoire de l'amour, depuis le seizième siècle jusqu'à nos jours, nous ferons souvent du même coup l'histoire de la conversation : tant en France la conversation a de part dans l'amour !

Il y a dans l'*Astrée* diverses sortes d'amour, mais qui expriment toutes l'amour qui sied aux gens de bonne compagnie, l'amour honnête enfin, comme le dit le titre du roman. Il y a l'amour ingénu et naïf, qui convient particulièrement à la pastorale; il y a aussi l'amour qui prêche et qui disserte, représenté par Silvandre. Silvandre est un berger qui a étudié Platon et qui le commente éloquemment. C'est lui qui enseigne ce que c'est qu'aimer [1]; c'est lui qui

[1] « Ne savez-vous pas, dit Silvandre à Hylas, qu'en toutes sortes d'arts il y a des personnes qui les font bien et d'autres mal ? L'amour est de même : car on peut bien aimer comme moi et mal aimer comme vous,

définit ce que c'est que la beauté : la beauté est un rayon qui s'élance de Dieu sur toutes les choses créées [1]. C'est lui qui enseigne que l'amour a la puissance d'ajouter de la perfection aux âmes [2], et que les belles actions et les généreux desseins prennent naissance de l'amour [3]. Platon et ses disciples parlent-ils aurement ?

De tous les amants qui se rencontrent sur les bords du Lignon, Céladon est le plus exalté et le plus constant. C'est par là qu'il a mérité d'être le héros du roman. Céladon a l'avantage sur Silvandre, tout savant et tout spirituel qu'est Silvandre, parce qu'en amour le sentiment l'emporte sur la science, et qu'un cœur bien épris est la première qualité d'un amant. Or, à voir, non pas seulement ce que dit Céladon, mais ce qu'il fait, qui peut lui contester d'être le plus ardent et en même temps le plus respectueux des amants ? Astrée, dans un moment de dépit amoureux, l'a banni de sa présence, et Céladon, désespéré, s'est précipité dans le Lignon. Mais les flots l'épargnent ; il est jeté sur le bord de la rivière, et il y reste évanoui et à demi mort. La nymphe Galathée, qui se promenait sur les bords du Lignon avec ses dames [4], le rencontre et lui fait donner des soins qui le rendent à la vie. Quoique miraculeusement sauvé de la mort, Céladon n'en respecte pas moins l'arrêt

---

et ainsi on me pourra nommer maître et vous brouillon d'amour. » (T. I, p. 518.)

[1] Tome II, p. 135.

[2] Tome II, p. 21.

[3] Tome III, p. 134.

[4] Les nymphes, dans l'*Astrée*, désignent les princesses.

qu'Astrée a prononcé contre lui, et il n'ose plus
chercher sa présence. Ces amants, qui se tuaient pour
un caprice de leur maîtresse, ont été longtemps à la
mode dans les romans et dans les entretiens amoureux. Peu à peu cependant l'ironie fit justice, même
dans les romans, de ces suicides amoureux. De là
ce vieux couplet qui date des grands romans du milieu du dix-septième siècle, tous imités de l'*Astrée*,
mais qui en imitaient surtout les défauts :

Le berger Tircis,
Rongé de soucis
De voir sa Climène
Rire de sa peine,
Alla se percher
Sur un haut rocher,
Voulant finir son supplice
Dans un précipice.
Mais songeant que ce saut
Était bien haut,
Et qu'on mourait
Quand on voulait,
Mais qu'on vivait
Quand on pouvait,
Quelque volage et légère
Que fût sa bergère,
Il fit nargue à ses appas
Et revint au petit pas.

II.

Les rimeurs sylvains[1]
Des antres prochains

[1] Les rimeurs sylvains me semblent désigner les faiseurs de pastorales.

        Sur cette amourette
        Firent chansonnette,
        Pensant que la mort
        Eût fini son sort ;
    Même l'injuste Climène
        En était plus vaine,
    Pendant que ce berger,
        Loin du danger,
        Bien sûr était
        Qu'il ne mourrait,
        Mais qu'il vivrait
        Tant qu'il pourrait.
    Et, revenant vers la belle,
        Il se moqua d'elle,
        Et les sylvains étonnés
        En eurent un pied de nez [1].

Tircis a la sagesse des moqueurs. Mais, pour Céladon, cette sagesse est une impiété. Aussi, voyant qu'il est forcé de vivre, loin de revenir trouver sa belle, il se retire dans une caverne, et comme il y trouve une plume et de l'encre, il y fait des vers pour Astrée. Amadis, dans la roche ténébreuse, ne faisait que se désespérer. Céladon se désespère et fait des vers ; il est moins malheureux, car le cœur se soulage de tous les sentiments qu'exprime l'esprit. De plus, dans son enthousiasme amoureux, l'affreuse solitude où il est lui est douce. « Misérable état que celui d'un amant ! s'écrie Léonide, une des nymphes, c'est-à-dire une des dames de Galathée, voyant comment vit Céladon. — Tant s'en faut, répond incontinent le berger : misérable seulement celui qui n'aime

[1] Vaudevilles de Cour, 1665, p. 248.

point, puisqu'il ne peut jouir des biens les plus parfaits qui soient au monde[1] ! » Alors il exprime avec une vivacité charmante le plaisir qu'il y a à s'entretenir du souvenir de celle qu'on aime. « Et, continuait-il, si les contentements de la pensée sont tels, jugez de ceux de l'effet ! Comment, jouir de la vue de ce qu'on aime ! l'ouïr parler ! lui baiser la main ! avoir de sa bouche cette parole : Je vous aime ! Est-il possible que la faiblesse d'un cœur puisse supporter tant de contentement[2] ? »

Céladon est un dévot d'amour, qui s'humilie avec satisfaction sous les coups de sa maitresse, comme le dévot s'humilie sous la main de Dieu. Aussi, étonnée de cette ferveur amoureuse, Léonide, « après avoir été quelque temps muette, dit : J'avoue, berger, que, si c'est aimer que ce que vous faites, il n'y a que vous entre tous les hommes qui sachiez aimer[3]. » Cette réponse de la nymphe, mêlée du dépit de n'être pas aimée par un pareil amant, car elle aime quelque peu Céladon, est à la fois passionnée et fine. Le cœur humain y est curieusement observé et vivement exprimé.

A côté de Céladon et pour faire contraste à l'amour exalté et constant, d'Urfé a introduit le personnage d'Hylas, qui représente l'amour frivole et volage. Hylas est le type de ce genre d'amour qui s'allie si bien avec l'esprit français, moqueur et un peu grossier dans Villon, badin et élégant dans Marot. Hylas est aussi l'aïeul de don Juan et de Lovelace ; mais

---

[1] Tome II, p. 509.
[2] Tome II, p. 509 et 510.
[3] Tome II, p. 507.

il n'a pas la fougue et la forfanterie libertine de l'un,
il n'érige pas le vice en doctrine comme l'autre. Il
est naturellement volage, sans y mettre sa gloire ou
sa science. Cependant, comme les mauvais penchants
touchent de près aux mauvais principes, Hylas a déjà
des traits de don Juan et de Lovelace. Il est ennemi
du mariage, même avec celle qu'il aime, « lui semblant qu'il n'y a point de tyrannie si grande entre
les humains que celle du mariage [1]. » Il a presque,
comme don Juan, la liste des femmes qu'il a
aimées [2]. Il y a plus : lorsque Hylas quitte ses maîtresses, il les raille avec une sorte de fatuité outra-
geuse, qui fait en vérité que, des héros du libertinage naturel comme don Juan, ou du libertinage

[1] Tome II, p. 289. « D'un côté, Dorinde ne m'était point désagréable ; de l'autre, je ne pouvais souffrir que Téombre possédât Florice ; mais je ne voulais pourtant point l'épouser. » (*Histoire d'Hylas,
racontée par lui-même*, t. II, p. 290.)

[2] « Il faut que je vous dise une ambition d'amour qui m'est venue.
J'ai aimé des filles, des femmes et des veuves ; j'en ai cherché des moindres,
d'égales à moi et de plus grande qualité que je n'étais ; j'en ai servi de
sottes, de rusées et de bonnes ; j'en ai trouvé de rigoureuses, de courtoises
et d'insensibles à la haine et à l'amour ; j'en ai eu de vieilles, de jeunes
et d'autres qui étaient encore enfants ; je me suis plu à la blonde, à la
noire, à la claire-brune ; je me suis adressé aux unes qui n'avaient jamais
aimé, aux autres qui aimaient et à celles qui n'aimaient plus, à des trom-
peuses, à des trompées et à des innocentes. Bref, je puis dire n'avoir
rien laissé d'intenté en ce qui concerne l'amour, de quelque condition
ou humeur que puisse être une femme, sinon que je n'ai point encore
servi une druide ou une vestale ; et j'avoue qu'en cela je suis encore
novice, ne m'étant jamais rencontré à propos pour en faire l'appren-
tissage. » (T. II, 1014 et 1015.)

Que dites-vous de cette pointe d'impiété qu'Hylas mêle à son libertinage, en voulant essayer de se faire aimer d'une religieuse ? Cela n'en
fait-il pas vraiment l'aïeul de don Juan ?

machiavélique comme Lovelace, il n'en est aucun qui
ne puisse se vanter de quelque lien de parenté avec
Hylas [1].

Chose curieuse et qui montre la pente naturelle
de l'esprit français : nulle part l'inconstance n'est
plus spirituellement préconisée que dans ce roman
consacré à la gloire de l'amour honnête et fidèle.
Hylas est, de tous les bergers de l'*Astrée*, celui qui
a le plus d'esprit et de gaieté. Les discours de Silvandre sont pédants et obscurs; ceux de Céladon touchent parfois au galimatias ou à l'affectation; ceux
d'Hylas sont vifs et piquants. Nulle part le style de
d'Urfé n'a plus d'aisance et de mouvement que dans
la bouche d'Hylas. La cause que plaide Hylas, celle
de l'amour infidèle, est contraire aux intentions du
romancier, qui ne manque pas de lui faire toujours
perdre son procès; mais les plaidoyers d'Hylas, qui
ne persuadent jamais ses juges, risquent de persuader

---

[1] Voyez comment Hylas donne son congé à Dorinde, une de ses mai-
tresses : « Voulant la désabuser de l'amour qu'elle me croyait pour
elle, dit Hylas, je m'approchai d'elle, et, après quelques propos communs, je lui dis si haut que celles qui étaient à l'entour me purent
ouïr : Je connais à cette heure, Dorinde, que ce que l'on m'a dit de
vous est véritable. — Et quoi ? me dit-elle en souriant et attendant
tout autre réponse de moi. — Que vous avez, lui répliquai-je, meilleure
opinion de vous que personne du monde puisse avoir de soi-même. Elle
rougit alors et me demanda pourquoi je faisais ce jugement d'elle. —
Parce que, lui dis-je, vous pensez que chacun soit amoureux de vous,
et j'ai su que vous êtes en cette erreur de moi, croyant que j'en meurs
d'amour; mais je veux bien que vous sachiez que vous avez trop peu
de mérite pour me donner seulement la volonté de vous regarder... A
ces derniers mots, je m'en allai, la laissant la plus confuse personne
qui fût jamais. » (T. II, p. 300 et 301.)
Ici, je dois l'avcuer, Hylas me parait un brutal et non pas un railleur.

l'auditoire, et c'est un danger. C'est là surtout **que** se trouve cette raillerie légère et fine, qui est une des qualités du langage de la bonne compagnie, tel que d'Urfé essayait de l'inventer. « A quelle occasion aime-t-on, dit Hylas dans un de ses plaidoyers pour l'inconstance, sinon pour avoir du contentement. Mais quel plaisir peuvent avoir ces mornes et pensifs amants, qui vont continuellement serrés en eux-mêmes, se rongeant l'esprit et le cœur, de peur d'être taxés d'inconstance? Ah! mes amis, dites-moi quelle bête est-ce que cette inconstance? Qui a-t-elle dévoré ou bien quelle maladie cause-t-elle et qui est-ce qui en est mort? C'est une imagination, ou plutôt une invention de quelque fine amante qui, se voyant devenue laide ou prête à être changée pour une plus belle, mit en avant cette opinion et fit croire l'inconstance pour quelque chose de très-mauvais [1]. »

[1] Hylas ne défend pas moins bien l'inconstance dans ses vers que dans sa prose. Voyez ces stances, qui me semblent d'un tour vif et aisé. Il parle de Philis qu'il quitte :

. . . .

> J'honore sa vertu, j'estime son mérite
>   Et tout ce qu'elle fait;
> Mais veut-elle savoir d'où vient que je la quitte?
>   C'est parce qu'il me plait.
> Chacun doit préférer, au moins s'il est bien sage,
>   Son propre bien à tous.
> Je vous aime, il est vrai ; je m'aime davantage.
>   Si (ainsi) faites-vous bien, vous !

. . . .

> Qu'elle n'accuse donc sa beauté d'impuissance,
>   Ni moi d'être léger :

Molière et même l'honnête Richardson n'ont pas résisté à la tentation de faire admirer, l'un don Juan et l'autre Lovelace, malgré leurs vices. C'est là un grand mal : car ce qui corrompt le plus la conscience de l'homme, c'est d'admirer ce qu'il n'estime pas. Dans l'*Astrée*, il y a déjà un pressentiment de cette perversion. Les bergers et les bergères condamnent les doctrines d'Hylas ; ils les répudient dans leurs discours et dans leurs actions. Cependant ils en rient, ils s'en amusent Le mal n'y est pas encore changé en vertu ; mais il est déjà changé en plaisir. Le vice n'est pas encore la grandeur, mais il est déjà l'agrément. C'est le premier degré de la **décadence.**

L'Hylas de d'Urfé garde son caractère jusqu'à la fin. Au dénoûment, quand les bergers et les bergères du Lignon viennent se mirer dans la fontaine d'amour, fontaine merveilleuse où l'amante, en se regardant, voit paraître aussitôt l'image de son plus fidèle amant, la grande druidesse Amasis prie Hylas de faire, à son tour, l'épreuve de la fontaine, afin de savoir quelle est la bergère qu'il aime : « Madame, dit Hylas, cette fontaine est si petite que, si je m'y regardais, il serait impossible que j'y visse seulement la moitié des objets que j'ai aimés [1]. »

Je change, il est certain ; mais c'est grande prudence
   De savoir bien changer.
Pour être sage aussi, qu'elle en fasse de même :
   Égale en soit la loi.
Que s'il faut, par destin, que la pauvrette m'aime,
   Qu'elle m'aime sans moi !

Tome V, p. 982.

Si des bergers du roman nous passons aux bergères et aux nymphes, il est deux personnages surtout que je veux faire connaître, parce qu'ils servent de contraste l'un à l'autre, comme Céladon et Hylas : c'est Astrée et Galathée; Astrée, qui représente l'amour vertueux dans ce qu'il a de plus pur et de plus élevé; Galathée, qui représente l'amour frivole et violent, capricieux et égoïste.

« Je ne crois pas, dit le druide Adamas parlant d'Astrée, qu'il y ait un visage plus beau ni auquel il se lise une plus grande modestie d'amour ni une plus douce sévérité. Heureux le père qui a une telle enfant! heureuse la mère qui l'a élevée! heureux les yeux qui la voient! mais plus heureux celui qui, aimé d'elle, la possédera [1]! » Cette bergère modeste et sévère ressent pourtant dans son âme tous les sentiments qui accompagnent l'amour. Elle pleure de colère et de jalousie, quand elle croit Céladon infidèle, et alors, dans son dépit, elle le bannit de sa présence; alors aussi le berger désespéré se jette dans le Lignon. Astrée le croit mort, et, à ce moment même, elle apprend qu'il lui était fidèle. Quelle douleur ! et pourtant, à travers sa douleur, elle sentait, dit le romancier, je ne sais quel contentement, sachant que Céladon ne l'a-

[1] Tome II, p. 594. « Heureux, dit Télémaque parlant d'Antiope, heureux l'homme qu'un doux hymen unira avec elle ! Il n'aura à craindre que de la perdre et de lui survivre. » (*Télémaque*, liv. XVII.) L'expression de Fénelon est plus pure que celle de d'Urfé; mais c'est le même sentiment et surtout le même tour de phrase élégant et antique. Le style de d'Urfé a beaucoup de ces grâces faciles qui font penser à Fénelon

vait point trahie [1] ; si bien qu'aucune des plus secrètes émotions d'une âme amoureuse n'est étrangère
à Astrée, et que d'Urfé la fait à la fois vertueuse et
passionnée, la plus honnête et la plus belle des femmes, mais femme pourtant, pour nous la rendre aimable. Bientôt Astrée, dans la douleur qu'elle a de
la mort de son amant, veut se faire vestale ou druidesse ; « et, comme Chrysanthe, la grande druidesse, ne veut pas la recevoir sans le consentement
de ses parents [2], » alors, dit-elle, elle n'a plus qu'à
mourir, et elle y est résolue. Heureusement que, pour
calmer son désespoir, le grand druide Adamas prie
Astrée de vouloir bien recevoir dans sa chaumière
sa fille Alexis. Cette Alexis n'est autre que Céladon
lui-même, déguisé en fille, et qu'Adamas n'a pu
tirer de son désespoir qu'en l'engageant à revoir
Astrée, sans pourtant enfreindre l'arrêt qui défend à
Céladon de jamais se montrer à ses yeux. Selon Adamas, le déguisement suffit à tout. Céladon se laisse
aisément persuader, et, chose extraordinaire, Astrée elle-même s'y trompe de bonne foi. Seulement, comme elle trouve que la bergère Alexis
ressemble beaucoup à Céladon, elle se prend pour
Alexis de la plus vive amitié; et c'est ainsi que,
grâce à une invraisemblance d'aventures, qui heureusement ne fait pas tort à la vérité des sen-

[1] « Voyez quels sont les enchantements d'amour : elle recevait un
déplaisir extrême de la mort de Céladon, et toutefois elle n'était point
sans quelque contentement, au milieu de tant d'ennuis, connaissant
que véritablement il ne lui avait point été infidèle. » (t. I, p. 27.)

[2] Tome II, p. 617.

timents, les deux amants passent leur vie ensemble.

Il y a un charme infini dans la peinture de ce bonheur dû à une erreur dont les embarras et es tourments sont tous pour Céladon, et dont \strée jouit innocemment. On s'intéresse aux émo-;ions amoureuses de Céladon et d'Astrée; on sourit à voir comment Astrée s'étonne elle-même de se trouver si heureuse de l'amitié d'Alexis, et comment elle s'applaudit que cette amitié, sans lui faire oublier Céladon, lui en rende, au contraire, le souvenir plus fort à la fois et plus doux. Quels entretiens entre Alexis et Astrée, quand le soir, accoudés à la fenêtre de leur chaumière et leurs regards errant sur le cours délicieux du Lignon, Astrée montre au faux Alexis ces beaux lieux pleins pour lui de souvenirs chéris, mais qu'il aime à se voir montrer par Astrée! Quelle abondance et quelle variété de sentiments tendres et délicats! C'est dans ces conversations que d'Urfé excelle. Voyez aussi quand Diane, la bergère aimée de Silvandre, confie à Astrée l'amour qu'elle ressent pour ce berger. Mais Diane ne veut pas que Silvandre sache jamais qu'il est aimé; elle ne veut pas que Silvandre ose jamais lui déclarer son amour, et, s'il le fait, « je proteste, dit-elle, que jamais je ne lui permettrai de me voir... — Et vous, dit Astrée, que deviendrez-vous cependant? — Je l'aimerai sans doute; mais, en l'aimant et ne le voyant pas, je me punirai de la faute que j'aurai faite de l'aimer. — Je prévois, ajoute Astrée, que ce dessein vous prépare plus de peines et de mortels déplaisirs, que la vanité **qui**

le vous fait faire ne vous donnera jamais de faux
contentement [1]. »

Voilà cette honnêteté douce et sage qui n'exagère
rien, pas même le sentiment de l'honneur; qui donne
au cœur ce que le devoir et la vertu ne lui refusent
pas, et ce que la vanité seule veut interdire. En con-
seillant Diane de cette manière, Astrée fait, nous
le sentons, un secret retour sur elle-même. Elle a
cédé à la jalousie, comme Diane cède à la vanité, et
c'est ainsi qu'elle a perdu son amant. Aussi a-t-elle,
en parlant à Diane, la sagesse de l'expérience, et
elle en a aussi la douceur. C'est, en effet, un des
caractères de l'expérience de donner ses conseils avec
douceur. Ceux qui n'ont rien éprouvé conseillent
avec hauteur, croyant parler au nom de la raison,
qui s'étonne et s'irrite toujours des obstacles. Ceux
qui ont beaucoup vécu conseillent avec douceur,
parce qu'ils savent que tout est difficile, et qu'il l'est
surtout de suivre les conseils qu'on demande.

Astrée ne serait pas une héroïne de roman, si elle
était seulement une personne sensée et spirituelle : elle
a donc aussi les grandes aventures que le roman aime
à donner à ses héros. Ce que j'aime le moins dans
les romans, ce sont les aventures. Je ne les estime qu'à
cause des sentiments qu'elles mettent en jeu. Astrée et
Céladon, par suite de ces aventures que je passe volontiers sous silence, se trouvent tous deux condamnés
à mort. Alors, comme Olinde et Sophronie [2], ils se
consolent de leur mort prochaine en pensant qu'ils
mourront ensemble. Ils se sentent heureux de n'être

[1] Tome II, p. 488.
[2] *Jérusalem délivrée*, ch. II.

pas séparés dans ce suprême moment. Astrée croit
n'aimer qu'Alexis, c'est-à-dire une bergère comme
elle ; mais cette amitié a l'ardeur et l'enthousiasme
de l'amour. En vain Alexis la presse de ne plus
vouloir chercher à passer pour la fille d'Adamas,
puisque cette méprise va causer sa mort : « Non,
non, ma maîtresse [1], répond Astrée ; ne résistons
point à la volonté des dieux. S'ils voulaient que l'une
de nous demeurât en vie, ils conserveraient assurément celle de l'autre : car n'est-il pas vrai que, si je
mourais, vous ne sauriez vivre? — Il est vrai, répondit Céladon.—Or, Alexis, reprit Astrée, soyez encore
plus certaine de ma mort, au même moment que
vous ne vivrez plus.

« Alexis et Astrée ne cessèrent de toute la nuit de
se donner de nouvelles assurances de l'amitié qu'elles
se portaient, et, quoique le sujet en fût funèbre, si
est-ce que l'amour tirait même de leurs plus amères
larmes des consolations non pareilles. Alexis pensa
plusieurs fois qu'il était temps de se déclarer pour
tel qu'il était ; mais toujours quelque considération
l'en retint. Quelquefois il se disait en lui-même : A
quel temps réservons-nous de nous découvrir, puisque nous sommes aux portes de la mort? Mais,
reprenait-il, si cette reconnaissance lui déplaît, pourquoi voulons-nous, à la fin de notre vie, lui faire
ce déplaisir [2]? »

Je n'ai voulu rien supprimer des scrupules exagérés
de Céladon. Ils montrent le respect qu'il a pour sa

---

[1] C'est le titre qu'Astrée aime à donner à la fausse Alexis.
[2] Tome IV, p. 1412 et 1413.

maîtresse ; ils indiquent comment, dans l'amour tel que d'Urfé l'enseigne, le dévouement doit contenir la passion même dont il s'inspire. Astrée et Céladon ne sont pas des personnages pris dans le monde ordinaire : ils sont pris, comme on le sait, dans l'idéal, et dans l'idéal le plus pur et le plus élevé possible. D'Urfé, en cela, a eu raison. Une fois que les personnages sont destinés à servir de modèles et non plus à être des portraits, les personnages les plus parfaits sont les plus vrais, parce qu'ils répondent le mieux à l'idée que nous avons de la perfection.

Galathée, qui sert, pour ainsi dire, de contraste et de pendant à Astrée, est un personnage qui a le mérite de la vérité, comme l'autre a le mérite de la perfection. C'est une nymphe ; mais dans le roman de d'Urfé les nymphes sont des princesses, et Galathée est vraiment une princesse. D'Urfé n'a montré nulle part plus de sagacité et de pénétration morale que dans la création de ce personnage.

Galathée est un caractère de notre temps. Autrefois il n'existait peut-être qu'à la cour ; mais, à mesure que la simplicité des mœurs bourgeoises s'est altérée, à mesure que l'oisiveté et le raffinement ont fait des progrès, ce caractère s'est répandu dans nos mœurs, et, de nos jours, il court le monde. J'aime mieux, au lieu de le définir d'un mot, le dépeindre avec les traits que d'Urfé lui a prêtés : nous le reconnaîtrons à mesure que nous le verrons.

Galathée a trouvé Céladon étendu à demi mort sur les bords du Lignon. Elle est frappée de sa beauté, de sa pâleur, et elle le fait transporter dans son château, où, à mesure que le berger reprend ses forces, elle le trouve plus aimable et plus beau. Ce qui a charmé Galathée, outre la bonne grâce de Céladon, c'est l'air d'aventure de cette rencontre, c'est la pitié qu'inspire ce jeune homme à demi mort, c'est l'émotion enfin. « Je ne sais, dit-elle à Léonide, sa confidente : il me semble reconnaître en moi quelque étincelle de bonne volonté pour lui.—Comment, madame, lui dit Léonide, voudriez-vous bien aimer un berger? Ne vous ressouvenez-vous pas qui vous êtes ? — Si fait, Léonide, je m'en ressouviens, dit-elle ; mais il faut aussi que vous sachiez que les bergers sont hommes aussi bien que les druides et les chevaliers... de sorte que, si ce berger est bien né, pourquoi ne le croirais-je aussi digne de moi que tout autre ? — Enfin, madame, c'est un berger, comme que vous le veuillez déguiser. — Enfin, dit Galathée, c'est un honnête homme, comme que vous le puissiez qualifier [1]. »

Il n'y a qu'une princesse, et une princesse de la cour des Valois, et, s'il faut tout dire enfin et s'en rapporter à la clef de l'*Astrée*, il n'y a que Marguerite de Valois pour avoir ce ton leste et vif, pour faire si hardiment fi des préjugés et ne prendre conseil que de son caprice : coquette comme femme et comme princesse, c'est-à-dire mêlant à la légèreté féminine une sorte de hauteur qui croit qu'il n'est pas de son rang de se laisser arrêter par les bienséances ; ardente et imprévoyante en sa passion, mais d'une imprévoyance volontaire, car elle ne veut pas qu'on lui ouvre les yeux ; et, quand Léonide veut l'avertir,

[1] Tome I, p. 58.

elle s'irrite contre elle. « Qu'est-ce enfin, madame, que vous prétendez faire de ce berger ? — Je veux, dit-elle, qu'il m'aime. — Et à quoi, répliqua Léonide, avez-vous dessein que cette amitié se conclue ? — Que vous êtes fâcheuse, dit Galathée, de vouloir que je sache l'avenir ! Laissez seulement qu'il m'aime, et puis nous verrons ce que nous ferons.—Encore, continua Léonide, que l'on ne sache point l'avenir, si faut-il en nos desseins avoir quelque but auquel nous nous adressions. — Je le crois, dit Galathée, sinon en ceux de l'amour, et, pour moi, je n'en veux point avoir d'autre, sinon qu'il m'aime. — Il faut bien, répliqua Léonide, qu'il soit ainsi : car il n'y a pas apparence que vous le veuillez épouser, et, ne l'épousant pas, que deviendra cet honneur que vous vous êtes si longtemps conservé ? car il ne peut être que cette nouvelle amitié vous aveugle de sorte que vous ne connaissiez bien le tort que vous vous faites de vouloir pour amant un homme que vous ne voulez pas pour mari. — Et vous, Léonide, qui faites tant la scrupuleuse, reprit Galathée, dites, en vérité, avez-vous envie de l'épouser [1] ? »

Piquante conversation et qu'achève admirablement, selon moi, ce dernier trait contre Léonide. Si Léonide veut détourner Galathée d'aimer Céladon, c'est qu'elle l'aime elle-même. Voilà bien comment raisonne la passion. Quiconque lui fait obstacle, fût-ce au nom de l'honneur ou de la sagesse, est un ennemi et un rival. En vraie princesse, et obligée, à ce titre, à faire les pas que le respect empêche qu'on

----

[1] Tome I, p. 764.

ne fasse vers elle, Galathée avoue à Céladon qu'elle
l'aime. Celui-ci rougit, hésite, et parle de devoir et
de fidélité ; sottes excuses, que Galathée traite avec
un mépris souverain, prêchant au berger l'inconstance et la loi du caprice avec des paroles que ne
désavouerait pas Hylas : « Ce sont moqueries, voyez-
vous, Céladon, que de s'arrêter à ces sottises de
fidélité et de constance, paroles que les vieilles et
celles qui deviennent laides ont inventées pour retenir par ces liens les âmes que leurs visages met-
taient en liberté [1]. » Le pauvre Céladon, fort embarrassé de son rôle, finit par prendre le parti que prit
autrefois Énée et que prennent tous les amants dans
l'embarras : il s'enfuit. Quelle colère alors dans Galathée ! quel dépit ! Elle ne songe pas à mourir comme
Didon ; mais elle chasse Léonide, et elle lui défend
de reparaître en sa présence sans Céladon : car c'est
elle qu'elle soupçonne d'avoir ménagé cette fuite,
et, pour mieux le savoir, elle cajole Sylvie, son autre
dame d'honneur; elle l'excite à parler contre Léonide, ajoutant que Léonide ne se faisait pas faute, en
son absence, de médire d'elle.

Cette princesse, qui, dans sa colère, attise ainsi les
passions qui fermentent le plus autour des princes,
la jalousie, la rivalité, l'ambition, pour en faire les
instruments de ses propres passions, de sa jalousie et
de son dépit, n'est-ce pas là un trait de mœurs
pris sur le fait ? Et s'il est vrai que d'Urfé ait été,
à Usson, prisonnier de Marguerite ; s'il est vrai,
comme le veut la tradition, qu'il ait aimé la reine et

______

[1] Tome I, p 792.

qu'il en ait été aimé, ç'a été la juste punition de Marguerite que, comme elle n'aimait que par caprice, elle n'aveuglait pas ceux qu'elle aimait. Ils étaient ses amants sans être ses dupes, et quand d'Urfé, dans son roman, la peignait sous le nom de Galathée, il lui laissait le charme que gardent la beauté et la passion, sans lui donner aucune des grâces qui viennent de la vertu. Celles-là, il les réservait pour Astrée, qui était la femme qu'il avait rêvée. Galathée n'était que la princesse qu'il avait aimée.

Avant d'aimer Céladon, Galathée aimait Lindamor, un chevalier de grande naissance et qui fait de grandes prouesses de guerre. Mais Lindamor a un grand tort : il est absent, et cela ne lui nuit pas moins dans le cœur de Galathée que la présence de Céladon. En vain il écrit à Galathée; en vain Léonide, qui favorise cet amour, saisit toutes les occasions de rappeler Lindamor à Galathée. Que voulez-vous? les absents passent du cœur de la nymphe et les présents s'y impriment, les cœurs sensibles ayant plus besoin que les autres d'une empreinte toujours récente et vive. Léonide alors, pour ranimer cette sensibilité oublieuse, feint que Lindamor, se sachant trahi par Galathée, n'a pas voulu laisser soigner les blessures qu'il a reçues dans un combat, et qu'il est mort de chagrin. Elle annonce cette mort à Galathée avec un mystère fait pour frapper son attention. Je ne connais, dans aucun drame et dans aucun roman, de scène qui peigne d'une manière plus profonde et plus piquante la vraie nature de la sensibilité et le goût d'émotions qui lui est propre.

« Le pauvre Lindamor ! dit Galathée; je vous

jure que sa mort me touche plus vivement que je n'eusse cru. Mais, dites-moi, n'a-t-il pas eu souvenance de moi en sa fin, et n'a-t-il point montré du regret de me laisser? — Voilà, dit Léonide, une demande qui n'est pas commune. Il meurt à votre occasion, et vous demandez s'il a mémoire de vous. — Vous êtes en colère, dit Galathée... Dites-moi, cependant, je vous prie, par toute l'amitié que vous me portez, si en ses dernières paroles il s'est point ressouvenu de moi, et ce qu'elles ont été. — Faut-il encore, dit Léonide, que vous triomphiez en votre âme de la fin de sa vie, comme vous avez fait de toutes ses actions, depuis qu'il a commencé de vous aimer? S'il ne faut que cela à votre contentement, je vous satisferai. » Et alors Léonide, continuant sa feinte, raconte à Galathée que Lindamor, se sentant mourir, avait ordonné à son écuyer Fleurial qu'aussitôt qu'il le verrait mort, il lui fendît l'estomac, en arrachât son cœur et le portât à Galathée. « Or, ce fou de Fleurial, pour ne manquer à ce qui lui avait été commandé par une personne qu'il avait si chère, avait apporté ici le cœur dans une boîte d'argent, et sans moi il voulait vous le présenter. » — Le coup est vif et fort assurément; mais c'est le propre des cœurs sensibles de changer en émotions, ou, pour mieux dire, en satisfactions de vanité et d'égoïsme, les coups qu'ils reçoivent; et Galathée, quand Léonide lui parle de ce cœur qu'on lui apportait, n'a plus qu'un désir, c'est de le voir [1].

Curieux exemple de ces douleurs, non pas factices,

---

[1] Tome I, p. 635, 636 et 637.

mais frivoles, qui se prennent aux choses et s'excitent volontiers par la vue des reliques de l'objet aimé; où la vanité agace et distrait le chagrin; où l'égoïsme triomphe d'un hommage d'autant plus précieux qu'il est arraché à la mort. Mourez donc pour vos princesses, beaux cavaliers de la cour des Valois, afin qu'en apprenant votre mort leur principal souci soit de savoir vos dernières paroles et de voir vos cœurs embaumés dans une boîte d'argent! reliques d'amour, je me trompe, gages de vanité qu'elles garderont dans un coin de leur cassette, et qui ne protégeront pas votre mémoire contre l'ascendant d'un nouvel amour; car, aux cœurs affamés d'émotions, le souvenir ne suffit pas longtemps, témoin Galathée, qui se met bien vite et plus à son aise à aimer Céladon, dès qu'elle croit mort son ancien amant. Il y a plus : lorsque Galathée apprend que Lindamor n'a point péri comme on lui en avait fait le beau récit, elle en est fâchée et se trouverait fort obligée, dit-elle, à qui la débarrasserait de Lindamor et de Polémas, un autre amant, espérant même que, grâce à la rivalité de ces deux derniers, « Lindamor la défera de Polémas, ou celui-ci de l'autre, et par ainsi elle en sera déchargée de moitié et peut-être du tout, si sa bonne fortune veut qu'en même temps l'un la défasse de l'autre [1]. »

Est-ce seulement une princesse du seizième siècle que d'Urfé a voulu peindre dans le personnage de Galathée, ou bien est-ce en général la femme nourrie dans l'oisiveté du monde et par conséquent dans

[1] Tome II, p. 757.

l'exercice des passions? A mesure que la civilisation s'est plus répandue dans tous les rangs de la société, il y a eu, à côté des âmes sérieuses qui se sont brisées à l'atteinte des passions, un grand nombre d'âmes frivoles qui se sont fait de la passion une occupation ou un jeu, et l'amour a eu beaucoup de comédiens pour quelques martyrs. Galathée, au temps de d'Urfé, n'était qu'à la cour peut-être; elle est maintenant dans tous les salons, j'allais presque dire dans toutes les mansardes. Le mérite de d'Urfé est d'avoir compris que ce qui était un portrait au seizième siècle deviendrait plus tard un tableau, parce qu'il y avait là une des figures éternelles de la femme telle que la fait le monde.

Dans cette galerie de personnages que je tire de l'*Astrée*, il en est un que je ne veux pas oublier et que je dois placer naturellement à côté de la femme du monde, telle que nous venons de la voir sous les traits de Galathée : c'est celui de l'homme du monde. D'Urfé a mieux traité l'homme que la femme; car Bélisard, c'est le nom de son homme du monde, est un personnage spirituel et honnête, causeur charmant et qui, dans la conversation, surtout avec les femmes, montre une finesse et une pénétration singulières. Ce qui fait la supériorité de Bélisard, c'est qu'il aime mieux observer les passions du prochain que d'en avoir lui-même. Ce don d'observation, il l'emploie à servir honorablement ses amis. Ainsi Alcandre, son ami, aime la belle Circeine et se désespère, croyant n'être pas aimé. Bélisard se fait raconter par Alcandre la manière dont Circeine le traite, et il déclare à Alcandre qu'il est aimé.

Celui-ci n'en veut rien croire ; Bélisard alors lui promet d'en obtenir l'aveu de la bouche de Circeine elle-même. La conversation entre Bélisard et Circeine est un modèle de finesse et de badinage, et on se surprend à croire, après l'avoir lue, que Marivaux lui-même doit quelque chose au vieux d'Urfé. Marivaux, en effet, n'est pas plus ingénieux à faire deviner la passion qui veut se cacher, et à tirer le secret des cœurs. La conversation commence par des paroles vagues : « Dites-moi, je vous supplie, dit Circeine à Bélisard, qu'est-ce qui vous amène ici, et que veut dire que vous n'êtes pas en cette assemblée chez Dorinde, où tant de belles dames doivent se trouver ? » Bélisard répond tout haut que c'est Florice, sa sœur, qui l'a prié de venir savoir des nouvelles de Circeine, sachant qu'elle était un peu souffrante, et qu'il a saisi cette bonne occasion. Circeine le charge à son tour de remercier Florice. Bélisard alors, s'approchant et d'une voix plus basse afin qu'Andronire, la confidente et j'allais dire la soubrette de Circeine, n'entende pas : « Que vous êtes à la bonne foi, Circeine, si vous pensez que Florice sache chose quelconque de ma venue ! — Et pourquoi, dit-elle, êtes-vous menteur ? — Parce que, répliqua-t-il, trop de personnes sauraient nos affaires, si nous disions toujours la vérité. » Circeine alors se tut, et Bélisard continuant : « Je ne vis jamais une si peu curieuse personne que vous êtes. Je vous dis que ce n'est pas Florice qui m'envoie, et vous ne me demandez pas qui c'est ! — Et moi je ne vis jamais une personne si prodigue de ses secrets que Bélisard, qui ne se contente pas de les dire à ceux qui les lui demandent, mais qui **les**

veut même faire savoir de force à ceux qui n'en ont
point de curiosité... — Eh bien, oui, je veux vous
confier un secret que je ne voudrais pas qui fût su
pour la moitié de la vie. — Et pourquoi me le voulez-vous dire? — Pour deux raisons : l'une pour
savoir s'il y a une femme qui sache se taire, et l'autre pour vous faire voir combien Bélisard est votre
serviteur, puisqu'il vous remet entre les mains un
secret avec lequel vous le pourrez ruiner quand
vous voudrez. » Alors Bélisard déclare à Circeine, avec
toute sorte de mystère, qu'Alcandre est amoureux
d'elle. « Est-ce là tout le secret de Bélisard? reprend Circeine en souriant. — Oui, et je vous supplie, ma belle dame, de vouloir bien tenir secret ce
que je vous en dis. — Je vous le promets, ajouta
Circeine, et de telle façon que je ne veux pas même
que Circeine en sache ni en croie jamais rien... —
Mauvaise fille! répliqua Bélisard, pensez-vous que
je vous aie dit quelque chose pour vous le faire
oublier?... mais j'entends que vous n'en parliez ni à
Florice, ni à Clorian, ni à Palinice... — Croyez-vous
que Florice ne m'en ait déjà pas diverses fois parlé?
— Florice peut bien vous avoir parlé de ce qu'elle a
pensé, mais non pas qu'Alcandre lui en ait dit quelque chose. — Et Clorian et Palinice, continua-t-elle,
ne s'en sont-ils pas aperçus ? — Et comment savez-
vous qu'ils s'en soient aperçus? — Comment je
le sais? répondit-elle; eh! l'un et l'autre me l'ont
dit, et avec quels reproches ! Croyez, Bélisard, que,
depuis qu'ils en ont eu opinion, je n'ai pas été sans
exercice[1]. — Alors Bélisard, en souriant : Voulez-

[1] Sans tracas.

vous, dit-il, belle Circeine, que je vous confesse la vérité?... Le sujet qui m'a fait venir en ce lieu et celui de tout le discours que jusqu'ici je vous ai fait, n'a été que pour savoir ce que vous venez de me dire de Palinice et de Clorian : car Alcandre et moi nous ne pouvions imaginer pourquoi vous le traitiez si cruellement, vu l'extrême affection qu'il vous porte et la discrétion avec laquelle il vous aime... Maintenant je vois bien qu'il n'y a pas eu de mauvaise volonté de votre côté, mais que l'importunité seule de Clorian et de sa sœur en ont été la cause[1]. Vous plaît-il pas que nous le croyions ainsi? — Au lieu de lui répondre, elle se leva et se promena doucement par la chambre... — Voyons, continua Bélisard, n'êtes-vous pas même obligée à quelque chose davantage, puisque Alcandre ne vit ni ne veut vivre que pour vous servir? — Et que voulez-vous, dit-elle en souriant, que je fasse de plus? — Que sert-il que je vous le dise? ajouta-t-il; et à ce mot ils s'approchèrent de la table, où, sans sembler songer à ce qu'il faisait, Bélisard prit une plume, et alors tirant quelques lignes sur le papier: Pourquoi vous le dirais-je, puisque aussi bien vous n'en ferez rien? — Peut-être oui, reprit-elle en souriant, peut-être non. — Eh bien, répondez-moi premièrement à une chose que je vous veux demander : Aimez-vous Alcandre, ou lui voulez-vous mal? — Vraiment, répondit-elle, pourquoi haïrais-je une personne qui ne m'en donne pas d'occasion? — Si vous dites vrai, reprit Bélisard, pourquoi le traitez-

---

vous avec tant de rigueur? — Je ne sais ce que vous appelez rigueur. — Quand vous le voyez, répliqua Bélisard, vous vous tournez de l'autre côté; s'il approche, vous le fuyez; s'il parle à vous, vous ne lui répondez point, et, si vous y êtes forcée, c'est toujours avec des demi-mots; et bref, toutes ces autres façons méprisantes et dont vous n'usez qu'envers lui. — Veux-tu, Bélisard, lui dit-elle en lui mettant une main sur l'épaule, que je te parle franchement? Je n'ai jamais cru que ni toi ni ton ami eussiez si peu d'esprit que vous en avez. Dis-moi, je te supplie, si je traite différemment Alcandre de tout autre, n'est-ce pas que je le tiens en un autre rang que tous les autres? Va, Bélisard, et apprends que les femmes sont bien souvent contraintes de faire semblant de ne voir point ce qu'elles voient, et de voir, au contraire, ce qu'elles ne voient point. — O Dieu ! dit-il, Circeine, que je remercie de bon cœur mon ignorance, puisque vous m'avez appris la seule chose que je désirais savoir [1]. »

Voilà cet entretien que Circeine finit en signant le billet que Bélisard avait préparé pour Alcandre. N'est-ce pas là vraiment le ton de la bonne compagnie et le ton de la bonne comédie? Et ne m'excusera-t-on pas si je me suis laissé aller au plaisir de trouver dans d'Urfé quelques pages de Marivaux?

Partout se montre dans d'Urfé ce mérite du moraliste expérimenté qui connaît le monde, qui en sait observer les travers, et qui surtout sait en reproduire les traits dans les personnages de son roman.

Tome IV, p. 918 et 889.

Que de pensées judicieuses, profondes ou piquantes
se rencontrent dans l'*Astrée* d'une manière imprévue ! « Souvenez-vous, dit un des personnages à son
frère qui veut faire un mariage de fantaisie, souvenez-vous, mon frère, que le mariage fait ou défait
une personne [1]. » Oui, le mariage avance ou recule
les hommes dans le monde; parfois même aussi il
les fixe où il les prend, ce qui est encore une manière
de les reculer. Tout cela est vrai; mais qui s'attendrait à trouver cette maxime d'une sagesse toute
mondaine et toute pratique dans un roman consacré
à l'amour?

En politique, chez d'Urfé, même expérience des
choses et des hommes, même pénétration. « Je vois
bien, Alcidon, que vous avez pris par la fréquenta-
tion le naturel des princes, qui ne pensent jamais
qu'à ce qui les touche et n'ont point de souci des
intérêts d'autrui. Vous ne vous souciez guère de ce
qui peut advenir lorsque vous n'y serez plus, pourvu
que, tant que vous y demeurerez, vous y soyez sans
incommodité [2]. » J'entends, d'Urfé : vous avez été
ligueur, vous avez servi les princes de Lorraine, ces
Guises si aimables et si séduisants, et vous avez reconnu que, pour les princes de l'usurpation comme
pour les autres, les hommes n'étaient que des instruments dont ils changeaient à mesure qu'ils les
croyaient usés. — « La plupart des princes, dit ailleurs d'Urfé, font de leurs sujets comme nous faisons
des chevaux qui sont devenus vieux en nous servant:

[1] Tome III, p. 778.
[2] Tome III, p. 184.

le plus de faveur que nous leur faisons est de les mettre au coin d'une écurie, sans plus nous en soucier; au lieu que des autres, nous sommes soigneux de les faire bien traiter et bien panser [1]. » Ici d'Urfé a écouté quelque vieux capitaine de Henri IV, se plaignant de ce bon et habile roi, qui battit d'abord ses ennemis, les acheta ensuite, laissant à ses amis l'honneur plutôt que le profit de la victoire remportée avec eux.

Il y a çà et là dans l'*Astrée* bien des traits de caractère qui font souvenir de Henri IV et de sa finesse, si heureusement déguisée en bonhomie; par exemple, cette maxime : « Ce n'est pas une petite prudence à un roi d'obliger plusieurs personnes avec un seul bienfait [2]. » Ici d'Urfé a deviné par avance l'art de distribuer les faveurs dans un gouvernement parlementaire ou populaire. Parfois même l'expérience politique de d'Urfé semble lui venir des exemples et des leçons de l'école de Machiavel : « Quand un prince, fait-il dire quelque part à un des personnages de son roman, veut en tromper quelque autre, il faut premièrement qu'il abuse l'ambassadeur qu'il lui envoye, parce que celui-ci ayant opinion que ce qu'il dit est vrai, invente des raisons et les dit avec une assurance tout autre que s'il pensait mentir [3]. »

---

[1] Tome IV, p. 829.

[2] Tome IV, p. 732

[3] Tome IV, p. 661. — Torcy, dans ses mémoires, condamne cette maxime : « La fausse politique établit qu'il est quelquefois nécessaire qu'un prince trompe som ambassadeur. » *Mémoires du marquis de Torcy*, Michaud, p. 548.

Je me suis arrêté avec quelque prédilection sur l'*Astrée*, parce que, de tous les auteurs qui ont servi de précurseurs à notre grande littérature, d'Urfé est celui qui a le plus prêté à cette littérature et l'a le plus aidée à naître et à grandir, soit que nous considérions le style de l'*Astrée*, soit que nous en consi dérions le fond, c'est-à-dire la manière dont l'amou y est exprimé; soit enfin que nous regardions les ca-ractères, les mœurs et le ton de ses personnages. Balzac passe pour avoir en France créé le style noble. Avant Balzac, d'Urfé a su parler une langue noble et riche ; avant Balzac, il a su donner à la période le nombre et la clarté. Souvent même son style a une abondance et une douceur qui fait penser à Fénelon. L'hôtel de Rambouillet passe pour avoir introduit & accrédité en France le goût et le ton de la bonne compagnie. L'hôtel de Rambouillet n'a fait que pra-tiquer les leçons et les exemples de l'*Astrée*. Les ber-gers du Lignon ont un tour de conversation aisé, naturel et toujours noble, qui serait un contre-sens si d'Urfé avait voulu peindre de vrais bergers ; mais ce sont des bergers « dont la conversation ne retient chose quelconque du village, parce que ce sont les plus discrets et les plus civils que j'aye jamais prati-qués [1]. »

[1] Tome IV, p. 856.

XLI.

De même qu'en passant des vieux romans de chevalerie à l'*Amadis*, le chevalier amoureux a remplacé le chevalier batailleur, et qu'en passant de l'*Amadis* à l'*Astrée*, le berger a remplacé le chevalier; dans la *Clélie*, l'honnête homme remplace le berger, mais l'honnête homme amoureux : car, dans les trois romans, le caractère essentiel du chevalier, du berger et de l'honnête homme est d'être amoureux.

Un jour, Spurius, un des héros de la *Clélie*, voyant que le jeune Mucius Scévola n'avait pas encore les bonnes manières du monde, se met à les lui enseigner : « Il faut d'abord, lui dit-il, vous faire ami de ceux qui, ayant cinq ou six ans de galanterie plus que vous, peuvent vous apprendre par leur exemple comment il faut vivre dans le monde. Il faut être en société avec toutes les personnes qui ont la réputation d'avoir quelque chose de bon; mais il faut pourtant ne s'empresser pas trop... il faut avec adresse se mettre en état d'être desiré....

Il ne faut être ni trop enjoué ni trop sombre... il ne faut faire ni le bel esprit, ni le brave, ni même le galant de profession.

« Que faut-il donc faire? reprit Mucius. — L'honnête homme, répliqua Spurius, c'est-à-dire qu'il faut n'avoir nulle affectation et n'avoir pas même un désir si excessif de plaire, de peur de ne plaire pas. — De grâce, reprit Mucius, dites-moi donc par quelle voie on peut acquérir tout ce que vous dites qui est nécessaire pour se faire estimer? — Il faut devenir amoureux, répliqua Spurius. »

Cependant Mucius hésitait à suivre les conseils de Spurius; il savait qu'il était timide et un peu gauche; il craignait que les dames qu'il visiterait ne se moquassent de lui. « Ah! Mucius, s'écria Spurius, que vous savez peu comment les honnêtes gens se font, si vous croyez qu'il ne faille pas s'exposer à la raillerie des femmes malicieuses, devant que d'avoir tout à fait l'esprit bien tourné! De grâce, demandez à tous ces sénateurs que vous voyez aujourd'hui si graves et si prudents, s'ils ont toujours été ainsi; car, s'ils sont sincères et s'ils sont honnêtes gens, ils vous diront qu'on s'est quelquefois moqué d'eux, la première année qu'ils ont été dans le monde, et que la seconde ils se sont moqués de ceux qui venaient après eux [1]. »

Voilà le manuel de l'honnête homme vers 1660 [2]

---

[1] *Clélie*, t. V, p. 404 et suiv.

[2] Dès le commencement du dix-septième siècle, le mot *honnête homme* incline vers ce sens particulier : « Si les hommes de nos jours, dit une des héroïnes du théâtre de Larrivey, aimaient et se montraient tels que doivent être tous les *honnêtes* hommes et fidèles amants, ils seraient

aimer le monde, aimer les lettres sans affectation, mais surtout être amoureux et rechercher la conversation des femmes.

La fortune de ce mot montre clairement combien l'empire de l'amour s'était étendu dans le monde, et l'ascendant qu'avait pris la galanterie. La galanterie, en effet, ne siéyait autrefois qu'aux chevaliers ou aux bergers, c'est-à-dire qu'à certains personnages, ies uns qui faisaient presque une classe dans l'État, les autres, qui faisaient un genre à part dans la poésie. La galanterie, au dix-septième siècle, sied à tout homme qui veut être du monde. Ce qui était le privilége ou la fiction devient la règle et la condition générale.

L'histoire du mot de galanterie rend le même

plus sages et mieux appris qu'ils ne sont. » (*Constance*, comédie de Larrivey, t. II, p. 32.) L'amour sied donc déjà aux hommes de bonne compagnie. Cependant la qualité d'honnête homme et celle d'amant fidèle ne sont pas encore tellement confondues qu'elles ne puissent se distinguer. Mais, plus tard, être honnête homme, c'est être amoureux et galant : point d'honnête homme sans amour. A la fin du siècle, le mot perd ce sens curieux et reprend son sens général : « Quand j'ai entrepris de faire le portrait d'un honnête homme, dit l'abbé Goussault, en 1692, dans la préface de son *Honnête homme*, je n'ai pas prétendu représenter un homme de cour ou de ville qui, sous une honnêteté apparente et purement mondaine, cache un libertinage véritable et criminel. » (*Portrait d'un honnête homme*, par l'abbé Goussault, 1692.) Cette phrase nous indique que, dans certains cercles du beau monde, il siévait aussi à l'honnête homme d'être esprit fort; car c'est là ce que l'abbé Goussault entend par le libertinage. Mais, si quelques honnêtes gens affectaient d'être esprits forts, ceux qui visaient à ce titre d'honnête homme ou d'homme de bonne compagnie affectaient surtout la galanterie, qui était, comme l'enseigne le Spurius de la *Clélie*, le signe distinctif de l'honnête homme.

témoignage que l'histoire du mot *honnête homme*.
Ce qui était la qualité particulière de quelques personnages d'élite, ce qui d'abord n'était de mise
qu'entre le chevalier et sa dame, entre le berger et
sa bergère, ce qui était la langue du tête-à-tête respectueux devient la langue et le ton général du
monde [1].

[1] Le mot même de galanterie se confond avec le mot de bonne compagnie : « Je ne vous peindrai point, dit Aglatidas à Cyrus quand il
lui raconte l'entrée d'Amestris dans le monde, je ne vous peindrai
point quelle étrange révolution Amestris apporta à toute la galanterie
d'Ecbatane. » (*Cyrus*, t. Ier, p. 758.)

Le mot galant n'est jamais employé par mademoiselle de Scudéry que
dans le sens honnête : « Notre cabale (notre société) était sans doute la
plus spirituelle et la plus galante de la ville, et, si je l'ose dire, celle
où il y avait aussi le plus de vertu. » (*Clélie*, t. IV, p. 1191). — « Je
remarquai aisément, par je ne sais quel air galant, spirituel et modeste,
qui paraissait en ses actions, qu'Amestris avait autant d'esprit que de
beauté. » (*Cyrus*, t. Ier, p. 733.)

On dit même alors d'une femme qu'elle est galante pour dire qu'elle
est gracieuse, aimable et honnête. Le vieil Hardy, vers 1600, disait
d'une de ses héroïnes de comédie, dans *Félismène*.

> Vous nommez, monseigneur, une que maintes fois
> J'ai ouï belle vanter par la commune voix,
> Belle et honnête aussi, plus noble qu'opulente.

DON FÉLIX.

> La terre ne soutient de dame plus *galante*.

Mademoiselle de Scudéry dit encore, en 1649, dans le *Cyrus* : « Les
femmes, en général, y (dans l'île de Chypre) sont infiniment belles, extrêmement *galantes* et parfaitement vertueuses. » (*Cyrus*, t. II, p. 898.)
Dans la *Clélie*, dix ans plus tard, la femme aimable et honnête ne
s'appelle plus la femme *galante ;* le mot galant s'applique encore en
bonne part aux qualités de la femme : il ne s'applique déjà plus à sa
personne. Le mot est en train de changer.

Si la galanterie n'avait fait qu'inspirer cette abondance de petits vers fades qui se rencontre dans les poëtes secondaires du dix-septième siècle, nous n'aurions guère à nous occuper de la galanterie, sinon comme d'une de ces maladies qui viennent de temps en temps gâter les meilleurs sentiments de l'homme. Mais, quoique la galanterie ait à se reprocher d'avoir inspiré beaucoup de mauvais vers qui ont fini par la discréditer, cependant la galanterie a un principe et des effets plus sérieux que la frivolité des entretiens du monde. La galanterie ne veut dire ni la recherche dans l'expression de l'amour, ni l'inconstance dans le plaisir. La galanterie, telle que l'entendent les vraies précieuses du dix-septième siècle et telle que l'entend mademoiselle de Scudéry dans la *Clélie*, est ce mélange d'empressement et de respect envers les femmes dont la première origine se trouve dans la chevalerie. Seulement le chevalier a déposé son armure à la porte des salons, il est devenu l'honnête homme. La chevalerie s'est sécularisée, elle s'est répandue dans le monde, et, sous le nom de galanterie, elle règle les rapports et les habitudes du monde entre les hommes et les femmes. Ainsi entendue, la galanterie est un des signes les plus caractéristiques du rang que les femmes ont dans la société depuis le christianisme. Relevées de l'abaissement ou de l'isolement que leur faisaient les mœurs antiques et que leur font encore les mœurs orientales, les femmes ont eu une place chaque jour plus grande dans les diverses conditions de la société moderne. Dans la société chrétienne, et je dirais presque dans la société ecclésiastique, elles ont leur place comme

saintes, comme religieuses, comme vouées à la prière
et à la charité. La société ecclésiastique ne met pas
les femmes dans l'Église, mais elle les met tout près;
de même que le christianisme met la mère du Sauveur près de la Divinité, sans l'y faire pourtant par-
ticiper. Dans la société chevaleresque, les femmes
sont les inspiratrices avouées des grandes actions et des
bons sentiments. Enfin, quand la société s'adoucit et
se polit, à mesure que la conversation devient de plus
en plus un plaisir et un signe de bon goût, les femmes
deviennent les arbitres du bon ton. Alors la consé-
quence naturelle de l'empire que les femmes ont dans
le monde est la galanterie; non point la galanterie
dans le sens affecté ou corrompu du mot, mais la
galanterie honnête et pure, comme l'entendent les
véritables précieuses de l'hôtel de Rambouillet.

Dans ces cercles imités de l'hôtel de Rambouillet,
que peint le roman de *Clélie*, l'amour n'est plus une
doctrine comme dans les académies platoniciennes
de l'Italie ou comme dans les discours du Sylvandre
de l'*Astrée*. Ce ne sont plus des questions d'école qui
sont traitées, mais des questions du monde, questions
parfois subtiles et affectées, je l'avoue, mais souvent
aussi justes et vraies. J'en prends çà et là quelques-
unes pour exemples.

D'abord, comme dans tous les romans, les héros
de la *Clélie* croient à la vertu et aux bons effets de
l'amour. « De même que la vie rend le corps sensible, l'amour anime l'âme et l'esprit et lui donne
je ne sais quelle vie qui fait qu'il sent mieux toutes
choses, et on peut presque dire qu'un homme a
l'âme paralytique, s'il est permis de parler ainsi,

lorsqu'il est absolument sans amour, puisqu'il est vrai qu'il ne sent pas la moitié des choses qu'un homme amoureux peut sentir [1]. »

Ainsi, pour avoir l'esprit vif, sensible et aimable, il faut être amoureux, et, sans l'amour ou la galanterie, il n'y a point de bonne compagnie. Mais n'allez pas croire que cet amour, qui fait le mérite des honnêtes gens, soit l'amour volage et inconstant, comme il se rencontre souvent dans le monde : les lois de la vraie galanterie sont plus sévères que celles du monde. On s'y trompe parfois, et il y a même dans la *Clélie* des gens qui voudraient prendre le change et faire croire « qu'il est plus nécessaire, pour être bien parmi les dames, d'être fort galant que d'être fort amoureux [2]. » Mais *les intelligents en tendresse* [3] défendent courageusement la vraie galanterie contre la fausse ; ils soutiennent que, pour être galant, il faut être amoureux, et que, pour être amoureux, il faut être constant : « car, dès qu'on peut penser qu'on n'aimera plus un jour, on cesse d'aimer au même instant, ou, pour mieux dire, on a déjà cessé d'avoir de l'amour [4]. »

La morale de la vraie galanterie n'est pas seulement honnête et presque sévère, puisqu'elle prescrit la constance comme le premier devoir de l'honnête homme ; elle est, de plus, délicate et élevée ; elle touche même au raffinement, mais du côté où le raffinement est le goût de la perfection. Ainsi, elle

[1] *Clélie*, t. VII, p. 440.

[2] *Clélie*, t. VI, p. 1360.

[3] Tome IV, page 616.

[4] Tome VI, page 1372.

n'hésite pas à croire qu'en amour aimer vaut mieux qu'être aimé, parce que celui qui aime a des plaisirs de cœur que n'égalent pas les plaisirs de vanité qu'a celui qui est aimé. Partout où l'affection est en jeu. nous jouissons plus de celle que nous ressentons que de celle que nous inspirons ; nous sommes heureux de l'une, nous ne sommes que fiers de l'autre. Le père et la mère donnent à leurs enfants mille fois plus d'amour qu'ils n'en reçoivent, et c'est là ce qui fait la félicité de l'amour paternel et maternel. Il en est de même de tous les autres genres d'amour : « Il y faut chercher sa principale satisfaction en sa propre tendresse plutôt qu'en celle d'autrui [1]. »

Ne croyons pas cependant que dans la *Clélie* il ne se traite que des questions subtiles et raffinées : on y traite aussi les questions qui, tout en touchant à l'amour, touchent au monde et à la conduite qu'il faut y tenir ; et ces conversations, quoique entre des personnes de l'histoire romaine, semblent d'hier ou d'aujourd'hui, car elles roulent sur les sujets les plus ordinaires de la vie du monde. Est-ce le prince Titus, en effet, ou quelqu'un d'hier ou d'aujourd'hui qui parle comme vous allez l'entendre ? « J'avoue, dit le prince Titus, que je ne puis pas souffrir ces gens qui, quand ils voient des dames, disent quelquefois : « J'aimerais bien celle-là pour ma maîtresse ; mais je ne la voudrais pas pour ma femme ; » ou qui disent au contraire : « Je voudrais bien celle-ci pour ma femme ; mais je ne la choisirais point pour ma maîtresse. » Car je trouve

____
[1] *Clélie*, t. IV, p. 1189.

que tout ce qui peut rendre une femme agréable convient à une maîtresse, et que tout ce qui peut faire
aimer une maîtresse rend une femme plus charmante.
étant certain que de l'humeur dont je suis, je ne
veux pas que ma maîtresse soit coquette, et je veux
que ma femme soit aussi charmante qu'une maîtresse [1]. »

Cette conversation n'est plus assurément une conversation de galanterie; elle touche à la condition
des femmes dans le monde; elle indique, avec une
sagacité qui se cache sous le badinage, où est le vrai
danger de cette condition. Le rang que les femmes
ont dans la société moderne ne peut, en effet, être
mis en péril que par la séparation que les femmes
laisseraient s'introduire entre l'amour et le mariage.
Le jour où, comme dans la société antique, les
hommes auraient des maîtresses dont ils ne feraient
jamais leurs femmes, et des femmes qu'ils traite-
raient avec toutes sortes de froids respects, ce jour-là
les femmes perdraient le rang que le christianisme
leur a donné dans la société : les femmes honnêtes
rentreraient dans le gynécée, les autres resteraient
dans le monde; l'exil des unes et le commerce des
autres feraient perdre à l'amour le caractère élevé et
généreux qu'il a dans la civilisation moderne.

Ainsi la doctrine de la galanterie, défendue par
ceux qui sont dignes de la professer, répudie nettement les maximes de la morale mondaine qui abais-
sent la femme sous prétexte de l'aimer. Ne nous y
trompons pas : la *Clélie*, qui, au premier coup d'œil,

____

[1] *Clélie*, t. II, p. 1407 et 1408

ne semble qu'un roman plein de je ne sais quelle métaphysique amoureuse qui prête au ridicule, ou un manuel pédantesque de galanterie, la *Clélie* est, quand on l'étudie de près, un livre sérieux et curieux où toutes les questions qui tiennent à la condition des femmes dans le monde sont traitées d'une manière à la fois piquante et judicieuse. Quel est le rang que la civilisation moderne donne à la femme, et que doit faire la femme pour avoir et pour garder ce rang? Voilà, en vérité, le sujet de la *Clélie*. Le roman n'est que le cadre ou l'accessoire de ce grand sujet de controverse, et dans cette controverse nous retrouvons tous les débats qui se sont émus de nos jours sur la liberté des femmes. La fière et audacieuse Tullie, qui sera femme de Tarquin le Superbe, est indignée de l'esclavage des femmes dans le monde : « Quant à moi, dit-elle, je m'affranchirais volontiers des lois auxquelles la nature et la coutume ont assu-jetti les femmes, et, si j'avais en mon choix d'être plutôt un vaillant soldat que d'être ce que je suis, j'aimerais mieux être soldat que princesse, tant je suis peu satisfaite de mon sexe!... » Tarquin est de l'avis de Tullie : « Oui, j'aimerais mieux, dit-il, être un simple soldat que d'être femme; car de soldat on peut devenir roi, mais de femme on ne peut jamais devenir libre. — En effet, dit Tullie, en quelle con-dition pouvons-nous trouver la liberté? Quand nous naissons, nous ne sommes pas seulement esclaves de nos parents, qui disposent de nous comme bon leur semble; mais nous le sommes de la coutume et de la bienséance, parce que, dès que la raison commence de nous faire discerner les choses, on nous dit qu'il faut l'assujettir à l'usage... On dit que nous avons beaucoup d'imagination et beaucoup d'esprit; mais il faut en même temps conclure que nous n'avons guère de cœur de nous contenter d'être seulement les premières esclaves de toutes les familles, et même souvent les plus malheureuses et les plus maltraitées. Nous n'avons pas même la liberté de choisir nos maîtres, puisqu'on nous marie bien souvent contre notre inclination.... Une fois mariées et dans le monde, il faut apprendre à régler ses regards, il faut éviter la conversation des gens qui plaisent, et il faut n'avoir jamais la liberté d'aller seule nulle part.... Il faut enfin qu'il y ait toujours quelqu'un qui puisse répondre de nos actions, si nous voulons qu'elles ne puissent pas être mal interprétées. De sorte que, de la manière dont le monde est établi, nous naissons avec des passions qu'il faut toutes enchaîner; car il ne nous est pas permis de rien aimer ni de rien haïr... Aussi vous puis-je assurer qu'il n'y a point de jour que je ne porte envie au sexe dont je ne suis pas. En effet, quand je vois seulement un homme se promener seul, j'envie la liberté qu'il en a; quand quelque autre s'en va en voyage, je lui porte encore envie, et j'en vois même quelques-uns de qui la colère et la vengeance me semblent encore dignes d'être enviées; car enfin on ne trouve point étrange qu'un homme soit sensible et qu'il se venge, et on ne peut presque souffrir qu'une femme se plaigne de rien, ou, si elle se plaint, il faut que ce soit si doucement, qu'elle n'en change pas de teint, que ses yeux n'en perdent pas leur douceur; et on dirait enfin que la nature doit nous avoir fait naître insensibles, vu les lois que la bienséance nous impose. Aussi vous puis-je assurer que je murmure étrangement contre ceux qui les ont faites [1]. »

Voilà assurément l'esprit d'insurrection contre les grandes lois du monde et même contre les petites. Mais mademoiselle de Scudéry ne prend point ce langage à son compte, et son roman n'a point pour but de justifier ou de faire excuser ces murmures de la femme contre les règles de sa condition. C'est Tullie qui parle ainsi, c'est-à-dire la femme de Tarquin le Superbe et la fille impie qui fera passer son char sur le corps de son père assassiné; et, dans le cercle ou, pour prendre le langage du temps, dans la *cabale* des dames romaines, amies et compagnes de Clélie, il n'y en a pas une qui approuve ou qui défende Tullie. Il y a plus, les honnêtes femmes de la *Clélie*, et presque toutes sont honnêtes et bonnes, reconnaissent de bonne grâce leur subordination dans le monde. Ce qu'elles demandent seulement, c'est que « le mari ne soit ni le tyran ni l'esclave de la femme. » Quoi de plus juste? « Je soutiens même, dit Valérie, qu'il y va de l'honneur de celles qui ont de bons maris, de leur laisser une autorité qui paraisse aux yeux du monde, quand même, par excès d'amour ou par quelque autre cause, ils n'en voudraient pas avoir; et qu'une fort honnête femme ne doit jamais souhaiter qu'on dise qu'elle soit la gouvernante de son mari, mais seulement qu'elle a du crédit sur son esprit, qu'il l'estime, qu'il la croit et qu'il l'aime, et non pas qu'il lui obéit aveuglément, comme s'il

______
[1] *Clélie*, t. II, p. 878 et 882.

était incapable de se conduire par lui-même [1]. »

N'est-ce pas là une admirable définition de l'autorité que doit avoir le mari, et de l'influence que doit avoir la femme? N'est-ce pas le juste partage des pouvoirs dans la famille? Vous voyez que la doctrine de la galanterie, si chère à mademoiselle de Scudéry, et si soigneusement enseignée par elle, ne fait pas tort à son jugement; qu'elle ne pèche point par excès de complaisance envers la femme, et que, si elle veut qu'elle soit aimée et estimée, elle veut aussi qu'elle soit dirigée et protégée. Elle fait de la femme la compagne et non la supérieure de l'homme. Elle n'est point la dupe des honneurs qu'elle prescrit à l'homme de rendre à la femme, et ne change pas les hommages de l'amant en titres contre le mari; elle laisse enfin au mariage son caractère grave et sérieux, et réprouve du même coup les maris qui continuent à traiter leurs femmes comme leurs maîtresses, c'est-à-dire ceux qui leur donnent à la fois beaucoup plus et beaucoup moins qu'elles ne doivent avoir, qui les adorent trop et ne les estiment pas assez; et les femmes qui, acceptant ce pernicieux échange, continuent à traiter leurs maris comme des amants, c'est-à-dire qui accordent tout à la passion, rien à l'autorité, et ne mêlent pas l'amour avec le respect pour les affermir l'un par l'autre en les tempérant. Ces personnes-là savent peut-être aimer; mais, comme le dit mademoiselle de Scudéry, elles ne savent pas se *marier*. Le mariage a le double mérite de donner à l'amour la force d'une loi, et à la loi la douceur d'une affection.

[1] Tome V, page 334.

Non-seulement mademoiselle de Scudéry, lorsqu'elle enseigne la science de la vraie galanterie,
c'est-à-dire la science des rapports d'empressement
et de respect que l'homme doit avoir pour la femme,
n'hésite pas à conseiller aux femmes de s'honorer
par leur affectueuse obéissance envers leurs maris,
elle prend hardiment parti pour les maris qui ont le
malheur d'avoir des femmes coquettes; elle approuve
leur jalousie et leur prescrit la sévérité : preuve
certaine que la galanterie, telle qu'elle l'entend et
qu'elle la prêche, s'accommode fort bien de la pureté
et de la fermeté des anciennes mœurs. Lysonice,
Delise et Pasilie, causant un jour avec le prince de
Carthage, la conversation tombe sur cette éternelle
question de la liberté des femmes. Lysonice ne pro-
fesse pas, il s'en faut de beaucoup, les principes de
l'audacieuse Tullie; cependant elle croit qu'il y a
« quelque sorte d'injustice que les femmes soient
toujours asservies.—Je trouve cette loi-là aussi dure
que vous, reprit Pasilie; mais je confesse, à la honte
de mon sexe, que souvent les femmes usent si mal de
la liberté, quand on la leur donne tout entière, que
la folie de quelques-unes excuse en quelque sorte la
servitude de toutes les autres : car enfin je connais
en Massilie une femme qui a fait cent extravagances
en sa vie, qu'elle n'aurait pas faites, si elle n'avait pas
eu un trop bon mari. — Ah! Pasilie, reprit Delise, il
n'y en eut jamais que l'on pût appeler ainsi. — Pour
moi, dit le prince en souriant, je crois qu'une belle
femme n'en peut jamais avoir de trop bon. — Pour
moi, dit Pasilie, je crois qu'une coquette et une
jeune étourdie n'en peut jamais avoir un trop sévère.

· — C'est pourtant une étrange chose, qu'un mari qui garde sa femme. — C'en est une plus étrange encore, répondit Pasilie, que de voir un homme qui ferme volontairement les yeux pour ne pas voir que sa femme a des galants qui la suivent, qui lui écrivent, qui montrent ses lettres, qui se vantent de ses faveurs et qui se moquent d'elle et de lui. — Mais que faut-il qu'un honnête homme fasse, reprit Delise, quand il est assez malheureux pour avoir une femme qui n'a ni véritable vertu, ni conduite?... — Si j'en suis cru, répliqua le prince, il se divertira de son côté le mieux qu'il pourra, et ne verra que ce qu'il voudra voir. — Et si j'en suis crue, répliqua Pasilie, un mari qui aura une femme de cette espèce la flattera durant quelque temps; il essayera de la gagner par la douceur, par la raison et par l'adresse; il tâchera de lui donner des amies qui auront de la vertu, de faire qu'elle n'ait pas une esclave auprès d'elle qui ne soit vertueuse, de lui faire aimer les plaisirs innocents, et de faire du moins en sorte qu'elle le craigne, si elle ne le peut aimer. Et, si tout cela est inutile, je consens qu'il agisse en maître, qu'il règle les visites qu'elle rend et qu'elle reçoit, et qu'il l'envoie même à la campagne. Car enfin, je ne veux pas qu'un mari endure paisiblement que sa femme soit coquette. — Mais y a-t-il une chose qui semble plus étrange, répliqua le prince, qu'un mari jaloux? on en rit, on le raille, et l'on dirait presque que ce soit assez qu'il soit jaloux pour mériter que sa femme soit coquette. — Un sot jaloux, reprit Pasilie, est assurément une sotte chose; mais un galant homme prudent ne se doit pas regarder comme un jaloux.

Au contraire, on le doit plaindre et estimer... [1]. »

Voilà du bon sens, voilà de la fermeté d'esprit contre l'excès ou l'abus de ses propres doctrines, ce qui est toujours rare. Dans cette conversation, en effet, la petite galanterie, la galanterie frivole et mondaine, ne manque pas de mettre en avant ses agréables maximes contre la sévérité des maris et sur le droit qu'ont les femmes de recevoir les hommages des hommes. Mais mademoiselle de Scudéry repousse, avec l'indignation d'une honnête femme, ces lieux communs de la morale mondaine, et elle oppose sans hésiter la vraie doctrine des honnêtes gens, celle qui règle sans dureté, comme sans faiblesse, le rang de l'homme et de la femme dans le mariage, et qui charge le mari de veiller à l'ordre et à l'honneur de la famille. Une fois dans cette voie, elle ne craint pas les moqueries du monde. Quoi! lui dit-on, vous ne rirez pas d'un mari jaloux? — Non : il y a une jalousie honnête et légitime, qu'il faut plaindre et qu'il faut estimer; il y a une sévérité et une prudence véritables qui importent à la dignité du foyer domestique. La jalousie est souvent une sottise; mais la complaisance est toujours une honte.

Ne croyons pas cependant que, dans la *Clélie*, le mariage soit toujours glorifié comme l'état le plus noble et le meilleur pour la femme. Le mariage y est toujours défendu et respecté; mais il n'est pourtant pas l'état préféré, et, de ce côté, les reproches que Molière, dans ses *Femmes savantes*, fait aux précieuses représentées par Armande, ne sont pas sans fondement. Il y a, selon la *Clélie*, un état supérieur au mariage : c'est celui de fille sage et belle, courtisée et indifférente, qui a des amis et point d'amants, qui vit dans le monde sans péril, parce qu'elle a soin d'y vivre sans passions, toujours libre et toujours vertueuse; rôle difficile et beau, dont je dois montrer le personnage avant d'en faire comprendre l'invraisemblance. « Je ne trouve rien de plus beau, dit Plotine, que de prendre la résolution de vivre libre, et, quand je considère toutes les suites presque infaillibles du mariage, elles me font trembler..... Car enfin, Césonie, où trouvera-t-on deux personnes qui aient assez d'esprit, assez de constance, assez d'amitié l'une pour l'autre, assez d'égalité d'humeur pour vivre toujours bien ensemble? Il peut y en avoir; mais il y en a peu, et je ne crois pas être assez heureuse pour trouver une si grande félicité. C'est pourquoi, il m'est bien plus aisé de prendre la résolution de vivre en liberté..... Je ne veux point m'exposer à trouver des amants indiscrets, infidèles, capricieux, tièdes, inégaux et fourbes, ni me mettre au hasard d'avoir un mari ni jaloux, ni avare, ni prodigue, ni bizarre, ni impérieux, ni chagrin, ni coquet, ni peu honnête homme, ni par conséquent à avoir des enfants peu honnêtes gens, ingrats et méchants, et j'aime sans comparaison mieux passer toute ma vie avec la liberté d'avoir des amies et des amis tels qu'ils me plaisent. Car je sens bien que, si je me mariais, je serais si bonne femme que j'en serais misérable[1]. »

---

[1] *Clélie*, t. X, p. 1064-1067.

J'ai plusieurs observations à faire sur le personnage de Plotine et sur les principes qu'elle défend.

Je dois d'abord faire remarquer quelle différence il y a entre Plotine et Tullie, quoiqu'elles veuillent toutes deux être libres. Tullie ne veut être libre que pour donner carrière à ses passions et à ses caprices. Plotine renonce à aimer, sinon en amitié, et, si elle s'affranchit de l'obligation, elle s'interdit la passion. Elle assure sa liberté par l'empire qu'elle exerce sur elle-même, et non par la licence qu'elle se donne. Il y a dans ce célibat aimable et vertueux que mademoiselle de Scudéry représente dans Plotine quelque chose de la vie des vierges chrétiennes transportée dans le monde. Selon la doctrine de l'Église, en effet, le cloître est préféré au mariage, sans que pour cela le mariage soit méprisé, et la chasteté de la vierge ne fait pas honte à la pudeur de l'épouse. Dans la *Clélie*, le célibat gracieux et honnête de Plotine ne fait pas tort non plus au mariage; seulement il vaut mieux pour quelques âmes, ou plutôt pour quelques esprits d'élite comme est Plotine. Mais ne peut-on pas dire volontiers de ce célibat ce que Plotine dit du mariage? il peut y en avoir d'heureux, mais il y en a peu. J'y trouve, en effets deux grandes difficultés : il n'a point de fonds et il n'a point de durée. Point de fonds : car qu'est-ce que le monde peut donner à aimer à ses célibataires? L'esprit et la causerie? le vide et la sécheresse s'y font sentir au bout de quelque temps. Le fonds manque donc au célibat mondain. La durée lui manque encore plus. Tant que Plotine sera jeune et belle, tant qu'elle sera courtisée et qu'elle aura le plaisir de repousser les hommages qui lui viendront, je ne suis point inquiet de la destinée de Plotine : son cœur vivra des refus qu'elle fera. Mais le jour où elle sera vieille et où le monde le lui apprendra en s'éloignant d'elle, que fera Plotine? C'est là le moment décisif et c'est là aussi la pierre de touche pour toutes les doctrines où les femmes sont en jeu. Que font-elles de la femme âgée? grande question, et, selon la réponse que les doctrines font à cette question, je les prends sans hésiter pour bonnes ou pour mauvaises, pour vraies ou pour fausses. La doctrine de la famille n'est point embarrassée de la réponse, et c'est même là où elle triomphe. La famille fait de la jeune fille une épouse et de l'épouse une mère, de sorte que le charme de la jeune fille et la grâce de l'épouse se convertissent en la dignité de la mère, et que la femme traverse la vie, changeant d'hommages en changeant d'âges, souhaitée d'abord, aimée ensuite, vénérée enfin et toujours chérie de l'homme, soit qu'il soit auprès d'elle un père, un mari ou un fils.

La doctrine chrétienne n'est pas non plus embarrassée de ce qu'elle doit faire des femmes âgées : elle en fait ces saintes veuves de l'Évangile et des Pères de l'Église, vouées à Dieu et à la charité. Les romans éludent la difficulté : ils ne parlent des femmes que tant qu'elles aiment et tant qu'elles sont aimées. La vie des femmes dans le roman commence à dix-sept ans et finit vers trente ans, quoiqu'on ait essayé de nos jours de la prolonger jusqu'à quarante. Quand elles touchent à cet âge, le roman les fait mourir, ou le roman lui-même finit, si bien que la femme âgée est rare dans les romans, excepté

quand elle est représentée en mal, comme envieuse
et méchante, parce qu'elle est vieille. Que fait de
la femme âgée la doctrine de la galanterie, telle
que l'enseigne mademoiselle de Scudéry? quelle
place lui ménage-t-elle dans le monde? Mademoiselle de Scudéry a le mérite de donner un rang
dans son monde à la femme âgée, et un rang à
la fois honorable et aimable. La femme âgée est,
dans la *Clélie*, l'arbitre du bon goût et du bon ton;
elle est la directrice de la conversation; elle est
recherchée pour son esprit, pour son expérience,
pour son amabilité d'autant plus charmante qu'elle
est dépouillée, par l'âge même, de toute coquetterie.
La femme enfin, dans la *Clélie*, vieillit sans devenir
inutile ou déplaisante. Voyons le portrait d'Arricidie:

« Sans avoir aucune beauté et sans être jeune,
Arricidie est considérable à tout ce qu'il y a de
grand à Capoue; elle est de tous les plaisirs et de
toutes les fêtes publiques et particulières. Mais ce
qui est le plus étrange, c'est qu'elle est continuellement en conversation avec tous les jeunes gens
de qualité et avec toutes les belles. En effet, ces
mêmes hommes qui font un si grand vacarme quand
ils trouvent qu'une belle femme a le nez un peu
trop grand, les yeux trop petits, le menton trop
court ou les lèvres trop pâles, et qui ne peuvent
qu'à peine souffrir celles qui ont passé quatre
lustres [1], n'ont point les yeux choqués de voir éternellement Arricidie, quoiqu'elle n'ait jamais eu
aucune beauté et quoiqu'elle ait plus de quinze

____
[1] Vingt ans

lustres [1]... Vous me demanderez sans doute par quels charmes une personne à qui la nature a refusé toutes les grâces de son sexe, à qui le temps a ôté la jeunesse et à qui la fortune n'a pas fait de grandes faveurs, peut s'être rendue si considérable et s'être fait tant aimer et tant fait désirer? Je vous répondrai que c'est par une grande bonté et par un grand esprit naturel, joints à une longue expérience du monde et à une agréable humeur... Elle est partout, sans paraître empressée, parce qu'elle n'est jamais qu'aux lieux où on la désire. De plus, quoiqu'elle ait quelque chose de fort particulier dans sa physionomie et de fort plaisant dans ses façons de parler, elle n'a pourtant aucune plaisanterie de profession... Mais ce qu'elle a de meilleur, c'est qu'elle est bonne amie, qu'elle est officieuse et franche, et que toute la grandeur de la terre ne lui ferait pas changer d'avis, quand elle croit avoir raison; et, à la vouloir définir en peu de mots, on peut dire qu'Arricidie est la morale vivante, mais une morale sans chagrin et qui croit que l'enjouement et l'innocente raillerie ne sont pas inutiles à la vertu [2].»

Voilà le rang que la femme âgée a dans le monde et à quelles conditions elle peut le conserver. J'at tache une grande importance au personnage d'Arricidie, parce que la femme âgée, telle qu'est Arricidie, estimée et respectée par les jeunes gens, n'appartient qu'aux sociétés vraiment polies et vraiment honnêtes. Il n'y a de bonne compagnie que là où les femmes âgées ont leur rang, où elles peuvent être

[1] Soixante-quinze ans.
[2] *Clélie*, t 1er, p. 297-301.

de leur âge, sans embarras et sans regret, où les jeunes femmes enfin, qui ne se soumettraient pas à l'empire d'une d'entre elles, défèrent volontiers le gouvernement à la vieillesse, dont le désintéressement les rassure.

Jusqu'ici j'ai beaucoup parlé des questions morales qui sont débattues dans la *Clélie*; mais je n'ai rien dit du roman. J'en ai parlé comme d'un manuel de la bonne compagnie du temps, comme d'un code de la vraie galanterie. C'est là le principal caractère de la *Clélie*. Mais les galants que mademoiselle de Scudéry a mis en scène et qu'elle a affublés de noms antiques, ne sont-ils pas ridicules par ces noms mêmes? Oui, à prendre les noms des principaux personnages, la *Clélie* est ridicule. Brutus, Tarquin, Lucrèce, Porsenna, Horatius Coclès, Valérius Publicola, tous galants et galantisant à l'envi, quoi de plus singulier? quoi de plus grotesque? Mais ce sont des noms, et voilà tout; car mademoiselle de Scudéry n'a pas songé le moins du monde à peindre les Romains. Elle a voulu peindre la société de son temps, celle de Paris et non celle de Rome, celle de la France et non celle de la République romaine. Ne nous attachons donc pas à l'étrange invraisemblance des noms, qu'il est aussi facile de changer qu'il est facile de changer le cadre d'un tableau; attachons-nous à la vraisemblance des caractères et voyons s'ils sont pris dans l'humanité. Mademoiselle de Scudéry semble nous avertir elle-même que c'est ainsi qu'il faut lire la *Clélie*: « Comme les véritables noms des personnes ne changent rien à l'aventure ni aux sentiments, que

nous importe que ceux entre qui ces choses qui
nous plaisent se passent, soient Grecs ou Afri-
cains [1] ? » Mademoiselle de Scudéry a pris les noms
de ses personnages dans l'histoire romaine, comme
elle les eût pris dans le calendrier, sans s'inquiéter
du contraste des noms avec les aventures et les sentiments. Laissons donc Brutus, Horatius Coclès et
Valérius Publicola voyager à leur aise sur la carte
de Tendre, sans plus nous souvenir de leurs noms,
ou plutôt changeons un instant ces noms pour
éviter la disparate. Donnons-leur des noms de
terres, comme on faisait dans les romans du dix-
huitième siècle, ou des noms de baptême, Georges,
André, Ernest, Alfred, comme font les romans du
dix-neuvième siècle, et cherchons seulement si les
aventures et les sentiments nous plaisent, ou plutôt
s'ils sont vraisemblables, c'est-à-dire conformes au
cœur humain.

Je ne me dissimule pas qu'il y a dans la *Clélie*
plusieurs des défauts que Molière reproche aux précieuses. Cependant, pour adopter la distinction que
fait Molière, dans la préface de sa comédie, entre les
vraies et les fausses précieuses, les vraies précieuses
seulement sont peintes dans la *Clélie*, et les fausses
y sont raillées de fort bonne grâce. Si Molière se
moque du goût que les fausses précieuses ont
pour certaines façons de parler qui leur semblent du
bel air, les vraies précieuses de la *Clélie* critiquent
aussi fort gaiement « les personnes qui veulent être
des premières à se servir de ces paroles nouvelles

[1] *Clélie* tome II, page [illegible]

venues que le hasard introduit, que le caprice du monde fait recevoir et que le temps et l'usage autorisent quelquefois; car ces gens-là, ne sachant pas la véritable signification de ces mots à la nouvelle mode, les placent mal à propos et disent bien souvent le contraire de ce qu'ils veulent dire [1]. »

Le bon goût du monde de Paris raillait sans pitié l'empressement imitateur de la province. Cette carte de Tendre, qui a gardé un grand renom d'affectation, est ridicule parce que Cathos et Madelon la prennent au sérieux. Dans le roman, c'est un pur badinage de société, un simple enjouement de l'esprit de Clélie; et, quand on commence à en parler dans le monde où vit Clélie, cela la contrarie extrêmement : « Car enfin, disait-elle un jour à Herminius, pensez-vous que je trouve bon qu'une bagatelle que j'ai pensé qui avait quelque chose de plaisant pour notre cabale en particulier, devienne publique, et que ce que j'ai fait pour n'être vu que de cinq ou six personnes qui ont infiniment d'esprit, qui l'ont délicat et connaissant, soit vu de deux mille qui n'en ont guère, ou qui l'ont mal tourné..... Je sais bien, poursuivait-elle, que ceux qui savent que cela a commencé par une conversation qui m'a donné lieu d'imaginer cette carte en un instant, ne trouveront pas cette galanterie chimérique ni extravagante; mais, comme il y a de fort étranges gens par le monde, j'appréhende extrêmement qu'il n'y en ait qui s'imaginent que j'ai pensé à cela fort sérieusement, que j'ai rêvé plusieurs jours pour le chercher

[1] *Clélie*, t. VIII, p. 682.

et que je crois avoir fait une chose admirable [1]. »

Clélie avait raison d'avoir peur de la renommée que sa carte de Tendre s'était faite dans le monde : la postérité, trompée par les moqueries de Molière et de Boileau, a cru en effet que mademoiselle de Scudéry *avait pensé fort sérieusement* à la carte de Tendre, et a jugé ses romans sur cette invention.

Quelle que soit, du reste, l'invraisemblance que les personnages de la *Clélie* tiennent de leurs noms romains, et quel que soit aussi le ton d'affectation qu'ils ont quelquefois, les aventures et les sentiments de ces personnages ont-ils de quoi nous plaire et de quoi nous intéresser ? Telle est la question que je veux examiner en quelques mots, ou plutôt, pour savoir à quoi nous en tenir sur ce point, je ferai sur mes lecteurs l'épreuve que j'ai faite sur moi-même, et je raconterai les amours de Lucrèce et de Brutus, n'hésitant pas, d'une part, à montrer, par le choix de ces deux personnages, combien mademoiselle de Scudéry bravait hardiment la vraisemblance ou même l'oubliait de la façon la plus naïve du monde, et essayant, d'autre part, de faire partager à mes lecteurs l'intérêt que j'ai pris à l'histoire des amours de Lucrèce et de Brutus, une fois que j'ai pu oublier leurs noms comme l'auteur les oubliait lui-même.

Lucrèce et Brutus amoureux ! — Oui, et de la façon du monde la plus galante, c'est-à-dire à la fois la plus passionnée et la plus honnête, car Brutus est galant. « Brutus n'a pas seulement du bon sens, de

---

[1] Tome Ier, pages 407-408.

la capacité, du jugement et la connaissance des grandes choses; mais il a l'esprit galant, adroit, délicat et admirablement bien tourné. Il connaît si parfaitement toutes les délicatesses de l'amour et il sait si bien se servir de ces ingénieuses tromperies qui gagnent quelquefois plus tôt le cœur d'une belle personne que les plus grands services, qu'il n'y a pas un galant en Grèce ni en Afrique qui sache mieux que lui l'art de conquérir un illustre cœur [1]... De plus, tellement né pour l'amour que jamais nul autre amant n'a eu des sentiments plus tendres [2]. » Dans le roman comme dans l'histoire, il fait par politique le stupide pour tout le monde; mais, dès qu'il aime Lucrèce, il ne peut pas souffrir que Lucrèce partage l'erreur commune. « Avant que d'avoir vu Lucrèce, il était ravi d'être cru effroyablement stupide, à cause que cela servait au dessein qu'il avait; mais, pour cette admirable fille, il ne pouvait souffrir qu'elle pensât de lui ce que tant d'autres en pensaient [3]. » Aussi lui révèle-t-il le secret de sa feinte folie et de l'amour qu'il ressent pour elle. Lucrèce, étonnée et ne sachant si elle le devait écou-ter, comme il le lui demandait instamment, « fut un moment irrésolue, quoique dans le fond de son cœur elle eût une envie extrême de savoir ce qui obligeait Brutus à cacher son esprit à tant de monde; car elle comprenait bien ce qui l'obligeait alors à le lui vouloir montrer [4]. »

[1] Tome III, p. 161.
[2] Tome III, p. 197.
[3] Tome III, p. 307.
[4] Tome III, p. 374.

N'ayant pas pu dire à Lucrèce l'amour qu'il avait pour elle, Brutus se résout à lui écrire, et, comme il cherchait l'occasion de lui donner la lettre qu'il avait écrite, il l'aperçoit un jour qui causait dans un cabinet de verdure avec Collatin, qui plus tard épousa Lucrèce. « Le hasard voulut que cette belle fille, qui n'écoutait pas volontiers ce que lui disait Collatin, s'était appuyée négligemment contre la palissade, et avait, en rêvant, passé sa main droite à travers, dont elle rompait des feuilles sans y penser. Si bien que Brutus, venant par derrière cette palissade, connut la belle main de Lucrèce; car, outre qu'elle l'avait taillée d'une façon particulière, elle avait une petite bague qu'elle portait presque toujours, qui faisait que Brutus ne pouvait craindre de se tromper. De sorte que, perdant alors le dessein d'écouter ce qu'on disait dans ce cabinet, il mit dans la main de la belle Lucrèce de très-petites tablettes qu'il avait fait faire exprès pour lui écrire des billets, et, la lui baisant par un transport d'amour qu'il ne put jamais retenir, quoique sa raison fît quelque effort pour cela, il la lui serra pour lui faire connaître que ce qu'il lui baillait ne pouvait venir que de lui. Cependant, comme cette action surprit Lucrèce, elle rougit et pensa crier; mais, par bonne fortune, raisonnant sur cette aventure, elle comprit ce que c'était et se retint. Collatin lui demanda pourtant avec empressement ce qu'elle avait; mais elle répondit en se levant qu'elle s'était fait un peu de mal à la main; et en effet elle la retira promptement et l'enveloppa dans un coin de son voile, comme si elle lui eût fait quelque douleur, quoique ce ne fût que pour pouvoir cacher les tablettes que Brutus lui avait données [1]. »

Cependant Lucrèce, par raison d'Etat, épouse Collatin. Il faut que les deux amants se séparent, et cette séparation, pleine de grandeur et de noblesse, est digne de la belle scène entre Sévère et Pauline, dans Polyeucte. La situation est la même : le père de Lucrèce lui a choisi pour époux Collatin; elle va l'épouser; son devoir lui défend donc d'aimer Brutus, et elle se soumet à son devoir. « Comme je vous ai toujours aimé avec innocence, dit-elle à son amant, et que je ne le puis plus faire, puisque je suis à Collatin, il faut, quand j'en devrais mourir, que je ne vous voie jamais... et je vivrai même si bien avec Collatin, que j'espère qu'excepté ma mélancolie, il n'aura rien à me reprocher [2]. »

N'est-ce point là le langage de Pauline? n'est-ce point là la femme vertueuse qui accepte son devoir, quelque dur, quelque pénible qu'il soit, et qui l'accomplit tout entier? Au lieu de proclamer l'insurrection de la passion contre les lois sacrées et inviolables de la famille, Lucrèce, comme la Pauline de Corneille, étouffe les sentiments les plus chers sous les sentiments d'honneur et de vertu, et, lorsque Brutus lui demande de consentir à ce qu'il la voie, au moins quelquefois, à la condition de ne plus lui parler de son amour, « Non, non, Brutus, répliqua Lucrèce, je ne veux pas que vous me puissiez moins estimer et je ne veux pas me pouvoir reprocher à moi-même d'avoir fait une chose contre

[1] *Ibid.*, p. 487.

[2] *Ibid.*, p. 581.

la véritable gloire. Car, après tout, être femme de Collatin et maîtresse de Brutus sont deux choses incompatibles. Résolvez-vous donc à ne m'aimer plus, et que ce soit, si je puis le dire, pour l'amour de moi, et, afin de vous témoigner que je fais tout ce que je puis et peut-être un peu plus que je ne dois, je vous permets de croire que je vous regretterai toute ma vie [1]. »

Ils se quittent enfin, et les derniers adieux sont aussi touchants et aussi nobles que le reste de l'entretien :

« Lorsqu'elle fut à la porte de ce cabinet de verdure où cette conversation s'était faite, elle se tourna vers lui, les yeux couverts de larmes, et, lui tendant cette même main qu'elle avait retirée d'entre les siennes, — Adieu, Brutus ! lui dit-elle ; veuillent les dieux que l'innocence de notre affection me puisse du moins permettre de me souvenir de vous et que vous puissiez aussi vous souvenir de moi [2] ! »

On le voit, ce monde de la galanterie, tel que l'entendaient les Précieuses, est aussi celui des sentiments nobles et élevés, et l'amour n'y fait point tort au devoir [3].

---

[1] *Ibid.*, p. 585-586.

[2] *Ibid.*, p. 595.

[3] Je pourrais citer une scène du *Cyrus* entre Aglatidas et Amestris qui s'aiment et sont forcés de se séparer, scène tout à fait semblable à celle de Brutus et de Lucrèce. Le *Cyrus* a précédé la *Clélie :* l'auteur ne faisait donc que se répéter dans la scène de Brutus et de Lucrèce ; mais surtout il répétait la belle scène de *Polyeucte*, qui avait tellement ému et ravi les âmes, qu'elle était devenue une sorte de lieu commun pour les romans, ce qui fait grand honneur au siècle capable de prendre pour lieu commun d'amour des sentiments d'une telle noblesse et d'une telle pureté.

J'ai examiné l'idée générale que la société et la littérature se sont faite de l'amour depuis l'antiquité jusqu'au milieu du dix-septième siècle, sans rechercher quels sont les traits et les expressions diverses de cette passion dans les divers genres de littérature, dans la pastorale, dans le drame ou dans le roman. C'est là l'étude qui me reste à faire maintenant. Mais, avant de finir l'histoire générale de l'amour, je dois signaler le principal caractère de cette histoire, dans les temps modernes, je veux dire cette tentative curieuse et sans cesse renouvelée de faire de l'amour une doctrine ou une institution. L'amour platonique, dans les académies italiennes du seizième siècle, s'érige en doctrine ; la chevalerie tâche d'en faire une institution ou tout au moins une méthode d'éducation [1] ; la galanterie, enfin, a la prétention d'être un manuel de morale et de savoir-vivre fondé sur l'amour. Ce manuel, comme nous venons de le voir dans la *Clélie*, n'est pas seulement l'art d'aimer comme l'entendait Ovide : c'est l'art d'aimer sa femme et ses amis, le ménage et le monde, le ménage sans tomber dans la petitesse, le monde sans tomber dans la frivolité ; l'art d'être vertueux et aimable, ou d'être honnête homme.

Mais la doctrine de la galanterie, moins pédantesque que l'amour platonique et plus séculière ou plus mondaine que la chevalerie, n'a pas mieux réussi que les deux doctrines qui l'avaient devancée, à faire de l'amour une institution ou un système. On peut même dire qu'en dépit de la pré-

---

[1] Voyez dans le II° volume le chapitre sur la chevalerie.

tention qu'avait cette doctrine de régler l'amour dans toutes ses applications, elle était incapable, par le milieu même où elle plaçait l'amour, c'est-à-dire dans le monde, de lui donner la régularité qu'elle affectait. La doctrine platonique, en rattachant l'amour à un système de métaphysique, lui donnait un appui et un guide; l'amour n'était plus laissé à lui - même. C'était un inconvénient pour l'expression de la passion; c'était un avantage de discipline pour le cœur humain. La doctrine chevaleresque renfermait l'amour entre le chevalier et sa dame : il était donc facile d'en déterminer nettement les devoirs, qui s'appuyaient sur ceux de la chevalerie; l'amour ne relevait point non plus de lui seul. Mais, en mettant l'amour dans le monde, c'est-à-dire en dehors des principes d'une école philosophique ou des devoirs d'une profession privilégiée, la galanterie ne l'appuyait plus sur rien que sur lui-même et sur les devoirs généraux de l'honnête homme. Cela rendait à l'amour toute la liberté qu'il tient de sa nature.

Toutes ces tentatives de la société moderne pour faire de l'amour autre chose qu'un sentiment individuel, et pour l'employer à élever l'esprit en guise de philosophie, ou à polir la société en guise de morale, montrent, d'une part, l'importance que l'amour a prise dans la société moderne, et par conséquent dans la littérature; et, d'autre part, l'inefficacité de ces tentatives montre aussi qu'il n'y a qu'une seule institution qui s'accommode de l'amour, parce qu'elle le règle et le soutient par la religion et par la loi. Cette institution est le mariage. Je sais bien que la société, dans ses jours de scepticisme, raille les mariages d'amour, et, dans ses jours d'honnêteté, censure les mariages de convenance; il n'en est pas moins vrai que le mariage est l'institution qui se prête le mieux à l'amour, et où l'amour est le plus aisément de mise sans s'altérer lui-même ou sans nuire à l'institution qui le reçoit. Dans la philosophie, l'amour tourne à la science et n'est plus un sentiment; dans la chevalerie, il altère la pureté du patronage du fort sur le faible. Dans la galanterie enfin, il affaiblit et efférnine la morale dont on veut le faire la source. Le mariage seul lui convient comme étant la seule règle qu'il ne puisse pas gâter en l'observant. Il peut l'enfreindre; il ne peut pas la corrompre.

XLII.

L'amour règne partout dans la littérature du dix-
septième siècle. La tragédie et la comédie, le poëme
épique et le poëme pastoral, le roman, le conte et
l'histoire se soumettent à son empire. La *Clélie* marque l'apogée de cet empire ; mais elle marque aussi
le commencement de la décadence. Molière attaque
les précieuses ridicules, c'est-à-dire la fausse galanterie, et, dans la guerre qu'il fait aux fausses précieuses, les vraies se trouvent souvent atteintes. Bientôt Racine, rappelant l'amour à sa véritable nature,
c'est-à-dire faisant qu'il redevienne un sentiment et
une passion au lieu d'être une convention et un art,
porte à la galanterie un coup plus sûr encore que
Molière. Cependant l'amour, affranchi du joug de la
galanterie, reste encore le maître du théâtre français,

> Et toujours de l'amour la sensible peinture
> Est, pour aller au cœur, la route la plus sûre.

J'ai dû, pour rechercher les causes de cette prépondérance de l'amour, rechercher aussi l'expression

générale de cette passion à travers les diverses conditions de la société, depuis l'antiquité jusqu'au dix-septième siècle. Je dois maintenant examiner les expressions particulières de cette passion dans le drame, dans le roman, dans la pastorale.

Je commencerai par l'amour ingénu, c'est-à-dire par l'amour qui convient le mieux à la pastorale, et que l'*Astrée* mit à la mode. Cet amour ne comprend pas seulement l'idylle. Quiconque, berger ou homme du monde, aime avec pureté et avec candeur; quiconque se laisse aller ingénûment aux premiers et aux plus doux mouvements de son cœur, qu'il soit des champs ou de la ville, est un héros de l'amour ingénu.

Après l'amour ingénu vient l'amour tantôt soumis et tantôt rebelle à la loi du mariage, l'amour à qui le mariage sert de but, de règle ou d'obstacle. C'est dans la complication de cet amour plus agité et plus vif que l'amour ingénu, c'est là que triomphent la tragédie, la comédie et le roman. L'histoire de cet amour qui marche, pour ainsi dire, à côté du mariage pour le fortifier et l'embellir, ou pour le contrarier et le détruire, touche de près à l'histoire de la société domestique chez les anciens et chez les modernes.

L'amour ingénu, l'amour honnête et l'amour coupable comprennent à peu près toutes les sortes d'amour dont la peinture a défrayé le drame et le roman chez les modernes. L'étude de ces trois sortes d'amour achèvera donc l'examen que je me suis proposé de faire de l'usage des passions dans la littérature, prenant d'abord les affections de la nature et de la fa-

mille pour arriver de là à l'amour. Il ne me restera
plus qu'un seul sentiment dont j'aurai encore à étudier les diverses expressions : je veux parler de l'enthousiasme religieux. C'est l'ouvrage que je réserve
pour ma vieillesse déjà prochaine.

D'où vient le crédit que la pastorale garde ou reprend sans cesse dans la littérature? L'idylle, qui
prétend représenter la vie et les mœurs champêtres,
n'a jamais été qu'une fiction et un roman. Les vraies
mœurs des champs sont rudes et grossières, au lieu
d'être ingénues et douces; ce ne sont donc pas les
mœurs des champs, que l'églogue représente, quand
elle donne à ses personnages la grâce et l'innocence
de l'âge d'or. L'idylle est l'expression de quelques-uns
des sentiments qui sont le plus chers à l'imagination
de l'homme; et, si le poëte met volontiers ces sentiments dans les champs, c'est qu'il y a entre les affections honnêtes et douces de l'âme humaine, et les lieux
qui sont aimables et beaux, une sorte de conformité
et de rapprochement naturels qui plaisent aux poëtes.
Une belle campagne semble appeler, pour l'habiter,
des personnages vertueux et gracieux ; et même, si
parfois nous rencontrons des personnages de ce genre
logés dans quelque taudis de la ville, nous souffrons du
contraste et nous nous prenons à leur souhaiter un
séjour plus beau et plus doux. L'idylle est née de cette
conformité instinctive des lieux et des sentiments,
bien plus que de l'étude et de la peinture de la vie
des champs. L'idylle ressemble à ce que nous rêvons
plutôt qu'à ce que nous voyons; mais cela lui fait une
vérité suffisante.

Ce qui soutient la pastorale dans tous les temps,

et même dans ceux qui la comportent le moins, c'est qu'elle est le domaine naturel d'un genre d'amour qui est toujours cher à l'imagination de l'homme : l'amour ingénu. L'amour est de tous nos sentiments celui qui peut le mieux retrouver sa pureté primitive, comme il est aussi celui qui la perd le plus aisément. Il est à la fois la plus innocente et la plus corruptible des passions de l'âme. Il peut échapper à toutes les contagions comme il peut prendre toutes les maladies. Il n'y a pas d'âme vicieuse à laquelle l'amour ne puisse rendre pour quelques moments une sorte de candeur inespérée ; il n'y a pas d'âme honnête qu'il ne puisse pervertir. L'amour semble toujours près de retourner vers l'Éden ou de courir vers l'enfer ; il y a en lui de l'ange ou du démon, ou plutôt il y a tout l'homme, et c'est précisément cette facilité d'émotions bonnes et mauvaises qui fait de l'amour le sentiment le plus dramatique et le plus romanesque de l'humanité, et qui l'a rendu si propre à défrayer la littérature. En certains moments, la littérature semble n'exprimer que l'amour libertin ou l'amour passionné ; mais elle a beau faire, elle ne peut pas oublier longtemps cet autre amour qui est le rêve ou le regret perpétuel de l'homme ; elle ne peut pas longtemps s'en tenir à ces tableaux de l'âge de fer ou de l'âge d'airain, qui conviennent particulièrement aux générations blasées ou désespérées : il faut qu'elle revienne, bon gré mal gré, aux scènes de l'âge d'or, scènes qui se trouvent parfois bizarrement encadrées dans des peintures d'un autre temps. Mais le contraste même témoigne du goût invincible que l'imagination de l'homme a de ces images de candeur et de naïveté qui font le charme de l'églogue. Le dix-huitième siècle met les pastorales de Gessner à côté des romans de Crébillon le fils, la froide innocence à côté du vice raffiné, et la campagne à côté du boudoir. De nos jours, même contraste. Madame Sand fait des romans passionnés ou paradoxaux, et des pastorales naïves et simples. Il y a plus : dans les romans même qui ne cherchent qu'à satisfaire une curiosité grossière et blasée, il y a à côté des plus hideux tableaux du crime et de la misère, des scènes d'idylle. Seulement, pour ne pas dépayser le lecteur, la Philis de ces romans malsains n'est point une bergère · c'est une grisette qui va à la campagne le dimanche, et qui n'a de fleurs que celles qu'elle cultive sur sa fenêtre.

Non-seulement la pastorale vient se placer dans les ouvrages qui lui semblent le plus contraires, mais encore elle fleurit dans les temps qui, par leurs troubles et leur horreur, contredisent le plus le calme et l'innocence des scènes pastorales. Voyez le seizième siècle : que de guerres civiles! que de meurtres et de crimes! quelles mœurs à la fois barbares et licencieuses! C'est alors cependant que le goût de la pastorale se répand en Italie, en Espagne, en Angleterre, en France. L'*Astrée* représente, au commencement du dix-septième siècle, cette manie champêtre. L'histoire est livrée à l'emportement et à la fureur des passions humaines; la poésie s'enivre de la paix et de l'innocence des champs, et, tandis que le sang coule de toutes parts dans les guerres civiles ou sous la hache du bourreau, le lait et le miel coulent dans les ruisseaux de l'idylle. Pendant la révolution

française, même contraste. Ouvrez l'histoire : quels·
massacres! quelle oppression de la vertu! quelle
apothéose du crime! Pendant ce temps-là, la littérature respire je ne sais quelle odeur pastorale qui
fait mal en songeant combien elle est près de l'odeur
du sang.

Ainsi l'églogue, chose singulière, n'a besoin pour
fleurir ni de temps paisibles, ni de lecteurs innocents : elle s'impose aux temps, aux hommes et aux
genres de littérature qui paraissent le moins la com-
porter, et cela par une force qui lui est propre. A le
considérer de ce côté, le poëme ou le roman pastoral
est le genre de littérature le plus curieux qu'on
puisse trouver. Il n'a de modèle que dans l'âme et
l'imagination de l'homme; il n'en a nulle part dans sa
vie. Où est, je vous prie, le modèle original de l'idylle?
Allez à la campagne, et mêlez-vous à la vie des
paysans. Ces champs couverts de moissons, ces collines chargées de vignes, ces prés qu'anime le par-
cours des troupeaux, tout cela qui, pour le citadin,
est le cadre d'une idylle, est pour le paysan un hec-
tare de terre dont il suppute le revenu. « Comme ces
blés jaunissants s'inclinent sous les caresses du vent!
s'écrie le citadin qui se fait campagnard et poëte le
dimanche. — Oui, il y aura trop de blé cette année,
répond le paysan, et les pauvres agriculteurs seront
ruinés! — Comme ces prés sont verts! et quelle herbe
fine et douce au marcher! —Oui, madame; le pré ga-
zonne; aussi je vais le mettre en luzerne l'année prochaine. » Voilà l'idylle des paysans. Où donc l'homme
prend-il l'idylle, puisqu'elle n'est pas aux champs? Il
la prend dans son imagination, mais ici entendons-

nous bien. Après son image, ce que l'homme aime le mieux, c'est la vue de son imagination; et même, si nous nous trouvons beaux dans le miroir, c'est que nous nous y voyons encore plus dans notre imagination que dans la glace, c'est que nous nous y considérons encore plus comme nous rêvons d'être que comme nous sommes. L'homme a besoin de se ressembler en beau, et souvent, pour avoir sa ressemblance en beau, il faut aller jusqu'à la dissemblance : c'est là le plaisir que nous donne l'idylle, et c'est ce plaisir même qui est sa raison d'être. Au citadin elle donne l'image de la campagne, à l'adorateur du luxe l'idée de la simplicité, au proscrit, et j'allais presque dire aussi au bourreau, le rêve de la paix et de l'innocence, tant le contraste est nécessaire à l'homme, tant il a besoin d'échapper à ce qu'il voit, et surtout à ce qu'il est!

Ce besoin de retrouver quelque part l'innocence et la simplicité primitives est tellement naturel au cœur de l'homme qu'il n'y a pas d'âme pervertie ou endurcie qui soit sûre d'y échapper. Vous vivez dans un monde frivole et libertin ; vous vous vantez de ne point croire à l'amour, et de ne croire qu'au plaisir ; vous riez quand on parle de l'honneur des femmes, et la vertu des jeunes filles n'est pour vous « qu'une marchandise qui n'est point encore vendue ; » vous renvoyez dédaigneusement l'idylle à l'âge d'or, l'âge introuvable, ou aux auteurs grecs et latins. Où donc y a-t-il de l'idylle? dites-vous d'un air railleur. Où? dans votre cœur même, dans un coin de ce cœur que vous vous piquez d'avoir endurci contre l'amour, et qui n'a pu tenir contre le regard d'une jeune fille.

Ce qu'il y a de plus simple déconcerte ce qu'il y a de plus raffiné : le *lion* devient *amoureux*[1], parce qu'une veine d'amour ingénu s'est retrouvée vive et jaillissante encore dans cette âme que l'usage du monde et du plaisir semblait avoir desséchée. Personne n'est à l'abri de l'idylle, ni les vicieux de la bonne compagnie, ni les soudards de la mauvaise, ni la courtisane elle-même, en dépit de la banalité de ses amours. Il n'y a pas de salon coquet ou parfumé, point de tabagie empestée de vin et de tabac, point de boudoir mercenaire où l'amour ingénu et l'idylle avec lui ne puissent entrer à l'improviste. Ce sera, je le sais, pour un moment; ce ne sera qu'une lueur fugitive qui pénètre dans l'obscurité, un rayon passager qui glisse dans la caverne et qui l'éclaire. Qu'importe! il y aura eu un jour où le libertin et la courtisane auront aimé, un jour où ils auront échappé aux souillures habituelles de leur âme, un jour où le roué aura retrouvé la candeur et l'émotion de ses jeunes années, en face du regard innocent et pur de quelque bonne et gracieuse fille, élevée sous l'œil de sa mère. Et c'est en vain que ce jour-là les souvenirs du vice essayeront de raffermir son âme dans le mal et de rendre l'effronterie à son visage : vaincu par le charme nouveau qui l'enchante, le roué redevient timide et ému, il redevient homme enfin, ne fût-ce que pour un instant, véritable instant de grâce et de salut; de même que la courtisane, vaincue par le charme d'un sentiment ingénu qui naît malgré elle en son âme, se sent modeste, ré-

---

[1] Voyez le *Lion amoureux* de M Frédéric **Soulié.**

servée, décente, femme aussi enfin [1], comme il lui souvient d'avoir été, quand elle était enfant, quand elle avait une mère, une famille, un foyer paternel, tous ces Édens enfin qu'elle a quittés et qu'elle a peut-être blasphémés, mais dont l'image vient tout à coup de traverser son âme pour la purifier.

J'ai dû chercher d'abord les causes du crédit que la pastorale garde dans la littérature, en dépit de son invraisemblance. Je dois maintenant étudier les diverses formes de la pastorale, ou plutôt les diverses expressions de l'amour ingénu, depuis les temps anciens jusqu'à nos jours.

L'Écriture sainte a représenté plusieurs fois l'amour ingénu, soit lorsqu'elle retrace les chastes et innocentes amours d'Isaac et de Rébecca, de Jacob et de Rachel, soit lorsque Salomon exprime dans le *Cantique des Cantiques* les saintes ardeurs de l'amour conjugal ou de l'amour divin. Les Pères de l'Église ont expliqué ces graves et douces peintures, tantôt au profit de la morale, comme dans le mariage des patriarches, tantôt au profit du mysticisme à l'aide de l'allégorie, comme dans le *Cantique des Cantiques*; mais, soit qu'ils fassent de ces tableaux une leçon, soit qu'ils en fassent un symbole, ils se gardent bien de les dépouiller de leur charme primitif. Les poëtes, à leur tour, ont aimé à retracer les églogues patriarcales ou à s'inspirer du mysticisme que l'interprétation avait mis dans le *Cantique des Cantiques*, sans en ôter ce qu'il y avait d'amour. Je ne puis pas rechercher dans l'éloquence et dans la

---

[1] Voyez la *Courtisane amoureuse*, de La Fontaine.

poésie toutes ces idylles patriarcales et mystiques. Je prendrai seulement deux scènes dont je suivrai la peinture dans des temps et des auteurs divers : l'amour de l'épouse et de l'époux dans le *Cantique des Cantiques*, tel que les Pères de l'Église et les prédicateurs ou les poëtes français du dix-septième siècle l'ont interprété ; l'amour d'Isaac et de Rébecca dans saint Jean Chrysostome et dans la pastorale espagnole.

Le Cantique des Cantiques, tel que l'entend l'Église, contient à la fois une allégorie et une églogue. A prendre le sens mystérieux consacré par l'interprétation des Pères, le *Cantique des Cantiques* représente l'amour que l'homme a pour Dieu, et l'union mystique de l'âme humaine et de Jésus-Christ : l'âme y est désignée par l'épouse et Jésus-Christ par l'époux. Voilà l'allégorie que les Pères de l'Église et les prédicateurs chrétiens ont expliquée avec complaisance. Mais à côté du sens mystique, il y a le sens littéral que l'Église ne défend pas non plus de considérer et que personne n'a développé avec plus de hardiesse et plus de charme que Bossuet. C'est là qu'est l'églogue ; c'est là qu'est la peinture de l'amour ingénu ; et, de même que dans l'Ancien Testament il y a des scènes de la vie du peuple de Dieu, qui sont, selon l'Église, des emblèmes et des images de la vie de Jésus-Christ, sans cependant que ces scènes perdent leur réalité historique, de même dans le *Cantique des Cantiques* il y a un symbole et une églogue, sans que le symbole efface l'églogue, sans que le sens mystique détruise le sens littéral. L'églogue, pour être au fond une allégorie, n'en est pas moins une

églogue pleine de grâce, et l'amour, pour avoir l'in-
tention de s'adresser à Dieu, n'y parle pas moins le
langage des hommes. C'est par là que le *Cantique
des Cantiques* rentre dans le cercle de nos études.
Nous examinerons donc, en suivant Bossuet, qui est
poëte pour exposer l'églogue, et théologien pour expliquer l'allégorie, nous examinerons comment le
Cantique des Cantiques peint l'amour ingénu, ou
comment l'amour divin, que l'interprétation a introduit dans cette églogue, y a son ingénuité.

Le *Cantique des Cantiques* est pour Bossuet un
drame pastoral qui a ses personnages et ses divers ac-
tes. Ces personnages sont l'époux, l'épouse et les jeunes filles qui représentent ce chœur nuptial qui, dans
l'antiquité, accompagnait les époux. « C'est ainsi,
« dit Bossuet, que dans l'idylle de Théocrite intitulée
« *les Noces d'Hélène et de Ménélas,* nous voyons les
« jeunes Lacédémoniennes venir le soir, sur le seuil
« de la chambre nuptiale, chanter l'épithalame... »
Bossuet ne veut pas que nous nous y trompions : le
Cantique des Cantiques est une véritable églogue.
« C'est partout, dit-il, la douce image des champs,
« la grâce du printemps, le charme des ombrages,
« les eaux limpides, les fontaines jaillissantes, l'odeur
« des fleurs, l'infinie variété des plantes, les co-
« lombes qui murmurent ; dans l'homme et dans la
« femme, la beauté et la pureté du corps, de chastes
« baisers, d'aimables embrassements, l'amour à la
« fois pudique et ardent, et, si par hasard il se mêle
« à ces peintures quelques sombres images, comme
« les rochers et les montagnes escarpés, les cavernes,
« repaires des lions, ce n'est que pour varier le ta-

« bleau et le rendre plus doux par le contraste[1]. »

Mais ces peintures gracieuses ne sont pas faites
pour tous les yeux : « il y faut des regards chastes,
« des cœurs innocents qui s'enflamment de l'amour
« de Dieu, qui ne touchent que d'un doigt aux plai-
« sirs de la terre, comme un habile musicien aux
« cordes de la lyre, pour en tirer de pieux accents
« d'amour ; qui enfin, comme ces chèvres et ces
« biches rapides dont parle le *Cantique* même, effleu-
« rent à peine le sol de leurs pas, et, s'élançant au-
« dessus de tous sentiments humains, atteignent en
« quelques bonds les hauteurs divines[2]. »

Ainsi préparés et avertis par Bossuet, nous pou-
vons maintenant commencer le *Cantique des Cantiques*.

Nous sommes au lendemain du mariage. L'époux
vient de se lever pour aller reprendre les travaux de

---

[1] « Cæterum hæc Salomonis cantio tota scatet deliciis : ubique flores,
fructus, pulcherrimarumque plantarum copia, veris amœnitas, agro-
rum ubertas, horti vernantes, irrigui; aquæ, putei, fontes.... ad
hæc columbæ, turturum voces... postremo in utroque sexu formæ
honestas ac venustas, casta oscula, amplexus, amores tam pudici quam
blandi. Si quid horrescit ut rupes feriique montes ac leonum cubilia,
totum ad voluptatem ac velut pulcherrimæ tabulæ ornatum varietatem-
que compositum. » — Bossuet, *Præfatio in Canticum Canticorum*, t. I,
éd. Lefèvre, 1836, p. 250.

[2] « Procul hinc illi qui terrena sapiunt! adsint casti castæque, qui
sanctum amorem spirent, Deoque, qui est charitas, adhærescant; acce-
dant boni sanctique interpretes qui non se immergant carnalibus, sed
qui amorum humanorum sensus et voluptates, ut peritus artifex chor-
das, levi digito pulsent, tantum ut amoris divini suavissimum sonum
eliciant; qui, ut hoc quoque ex canticis sumamus, caprearum cervo-
rumque more, vix pede terram attingant, mox transiliant sensus huma-
nos atque ad excelsa se efferant. » — Bossuet, *ibid.*, p. 250.

la vie champêtre. L'épouse alors s'éveille, et, ne
trouvant plus celui qu'elle aime, pleure et languit
d'amour. En vain les jeunes filles du chœur nuptial
essayent de la consoler. Elle s'écrie après l'époux qui
vient de la quitter, et qui seul est sa joie et son
amour; elle craint qu'il ne l'aime plus; elle se défie
de sa beauté; elle sait que son teint est noirci par le
soleil; elle se croit belle encore pourtant [1]. Ah! qu'on
lui dise où est l'époux, elle ira le chercher, dût-elle
aller de troupeaux en troupeaux et de bergers en
bergers. Mais déjà l'époux est revenu vers elle, ra-
mené par l'amour ou par les plaintes qu'il a enten-
dues : « C'est ignorer combien je t'aime, c'est ignorer
« ta beauté, ô la plus belle des femmes! que de croire
« que je puisse être où tu n'es pas. Non, je ne suis
« jamais loin de toi. Pourquoi donc sortir? pourquoi
« me chercher de bergers en bergers [2]? »

Alors réunis, l'époux et l'épouse expriment, par
des comparaisons empruntées aux fleurs, aux parfums, aux oiseaux, combien ils se trouvent aimables
et beaux l'un et l'autre : « Tu es belle, ô mon amie!
« tu es belle, et tes yeux sont doux comme ceux des
« colombes. — Tu es beau, ô mon époux! et ta beauté
« est majestueuse. Moi, je ne suis que la fleur des
« champs, le lis des vallées. — Comme le lis s'élève
« entre les épines, ainsi ma bien-aimée s'élève entre

---

[1] « Nigra sum, sed formosa... nolite me considerare quod fusca sim,
quia decoloravit me sol. » — *Cantique*, chap. I, v. 4, 4 et 5.

[2] « Hic videtur subirasci sponsus, quod de grege in gregem sponsa
vaguri vellet, quod ignoravit ubi ipse versari soleat. Quid enim? An
amantem nescire oportet, ubi dilectus consuescat? Sane amans et scire
et sciri vult. » — *Bossuet*, p. 252.

« les filles de Jérusalem. » Et pendant ces doux entretiens le jour s'est écoulé, et les deux époux, se tenant embrassés, rentrent dans la chambre nuptiale [1].

La seconde journée de l'idylle sacrée n'est pas moins charmante que la première et moins gracieusement expliquée par Bossuet. Le jour vient de paraître, et l'époux, se levant pour aller aux travaux des champs, prie le chœur nuptial des jeunes filles de ne pas éveiller sa bien-aimée : « Laissez-la, dit-il, « à son sommeil; » comme si, dès que l'époux s'éloigne, l'épouse, quoique endormie, ne le ressentait pas tout à coup. Aussi s'éveille-t-elle : « C'est la voix « de mon bien-aimé; » et l'époux, qui s'entend rappeler, revient. Alors dans sa joie : « C'est lui! s'écrie « l'épouse, c'est lui; il vient, il bondit sur la mon- « tagne, il court et franchit les collines. Mon bien- « aimé est semblable, en sa légèreté, aux chèvres et « aux faons des biches. Je l'entends, il s'approche de « la maison, il regarde par la fenêtre, il me parle : « Lève-toi, hâte-toi, ma bien-aimée, ma colombe « chérie, viens! l'hiver est passé; plus d'orages ni « de pluies ; les fleurs éclosent sur la terre; il va « falloir bientôt émonder nos vergers; déjà les tour- « terelles roucoulent, le figuier montre ses nœuds « verdoyants, la vigne fleurit et parfume l'air. Lève- « toi, mon âme! viens, ma belle! — Ne reste pas, « ma colombe, dans les trous du rocher ou dans les « fentes du mur; montre-moi ton visage, fais que

---

[1] « Sic per dulcia colloquia aliasque blanditias tandem labente die ad castos amplexus sponsa producitur. » — Bossuet, p. 254.

« j'entende ta voix, car ta voix m'est douce et ton
« visage m'est charmant¹... »

Faut-il expliquer ces gracieux tableaux? écoutons
saint Ambroise : « Que l'époux, dit-il, est jeune et
folâtre en son amour! Il veut éprouver la tendresse
de sa bien-aimée; il s'éloigne pour se faire chercher, revient pour se faire appeler, se cache derrière la muraille, regarde par la fenêtre, se suspend
à la croisée comme pour n'être jamais ni tout à fait
absent, ni tout à fait présent, et voilà qu'il appelle
aussi son épouse, afin que, venant ainsi tour à tour
l'un vers l'autre, leur amour s'accroisse par ce mutuel échange d'allées et de venues². » Je sais bien
que, dans saint Ambroise, cette vive et gracieuse description s'applique à l'amour divin; mais qu'importe
que ce soit l'âme humaine ou la fille de Jérusalem
qui soit ainsi appelée à aimer? l'amour, quel qu'en
soit l'objet, y est doux et ingénu. Que ce soit Dieu
lui-même ou un berger du Jourdain qui soit l'époux
du *Cantique des Cantiques*, il est aimé avec tous les
mouvements d'une âme innocente.

La troisième journée de l'églogue est la plus vive
et la plus passionnée. L'épouse s'éveille et cherche
auprès d'elle celui qu'elle aime : elle ne le trouve

---

¹ *Cantique,* chap. II, v. 6.

² « Sponsus, tanquam lasciviente ludens amore, quasi velit perscru-
tari sensus amantis, sæpe egressus ut quæreretur a sponsa, sæpe regres-
sus ut invitaretur ad oscula; adstans post parietem, prospiciens per
fenestras, eminens super cancellos, ut non totus abesset, nec quasi totus
intraret, et ipse ad se sponsam vocaret, ut veniendi ad se invicem fie-
rent gratiosa commercia, amorisque vim mutuis adolerent sermoni-
bus » —Saint Ambroise, *In Ps.,* 118.

pas [1], et aussitôt : « Je me lèverai, s'écrie-t-elle, et
« j'irai à travers la ville; je chercherai celui que
« chérit mon âme. Je l'ai cherché, et je ne l'ai pas
« trouvé. Les gardes qui veillent dans la ville m'ont
« rencontrée : Avez-vous vu celui que chérit mon
« âme? » — « Elle ne nomme pas celui que chérit
son âme, dit saint Bernard, car tels sont les amants:
ils croient que tout le monde sait ce qu'ils ont dans
l'âme. » Enfin l'épouse rencontre celui qu'elle aime;
elle l'embrasse et ne le quitte plus jusqu'à ce qu'elle
soit rentrée avec lui dans la chambre nuptiale de sa
mère, « lieu sacré dans la demeure des anciens, dit
Bossuet, et respecté de générations en générations,
vrai sanctuaire de famille où Isaac introduisit Rébecca
après la mort de Sara, sa mère. » L'amour des deux
époux s'exprime alors par les comparaisons gracieuses qui sont propres à l'églogue. Tout ce qu'ils ont
coutume de voir dans la campagne et le peu même
qu'ils savent de la ville leur sert d'emblème. Voyez
ces troupeaux de chèvres noires qui bondissent sur
la colline : aussi noirs, aussi flottants sont les cheveux de la bien-aimée; ces brebis qui sortent deux à

Voyez Ariane dans les *Héroïdes* d'Ovide :
     « Incertum vigilans, a somno languida, movi
          Thesea pressuras semisupina manus.
     Nullus erat; referoque manus, iterumque retento,
          Perque torum moveo brachia : nullus erat.
     Excussere metus somnum; conterrita surgo,
          Membraque sunt viduo præcipitata toro. »
                              (*Hér*. X.)
     J'emprunte cette citation ou ce rapprochement à l'abbé Cotin, qui a
traduit et commenté le *Cantique des Cantiques* sous le titre de
Pastorale sacrée, 1662.

deux du lavoir avec une blancheur étincelante : aussi
blanches, aussi bien rangées sont les dents de la bien-
aimée. Cette grenade rouge a moins d'éclat que ses
joues, et cette tour de David, que les bergers admirent
à la ville, est moins élancée que le col de la bien-
aimée. Ne cherchez pas dans ces comparaisons l'exac-
titude ou même la ressemblance. Plein du souvenir
de sa bien-aimée, l'époux la voit ou pense la voir à
chaque rencontre : les bois, les prairies, les fontaines
en gardent l'image après qu'elle s'est retirée, et,
comme le dit Cotin dans un vers charmant qui mérite de n'être pas de lui,

> Tout m'en fait souvenir, et rien ne lui ressemble [1].

Le troisième jour était déjà une scène de passion ;
le quatrième jour est une scène de dépit amoureux
et de réconciliation. Bossuet, qui met tout en action
avec une vivacité singulière, tandis qu'il met aussi
tout en allégorie avec une subtilité ou une pénétration merveilleuse, Bossuet montre l'épouse vers le
soir du quatrième jour, attendant l'époux ; mais celui-
ci est en retard. Aussi, quand il revient et qu'il demande à l'épouse de lui ouvrir, celle-ci l'entend
aussitôt ; mais elle a du dépit, elle boude. En vain
l'époux lui dit : Ouvre-moi, ma bien-aimée, ma
sœur ! Ma tête est humide de la rosée de la nuit —
Comment ferai-je ? répond l'épouse ; j'ai déjà quitté
ma tunique : il faut donc que je la reprenne. J'ai lavé
mes pieds : il faut donc que je les souille de nouveau,
si je descends... Que vois-je ? le bien-aimé tâche avec
la main d'ouvrir la fenêtre ; il va entrer, et je ne lui

---

[1] Cotin, *Pastorale sacrée*, p. 186.

aurai pas ouvert. Je me lève; je n'essuie pas même les parfums dont j'avais arrosé mes mains; j'en humecte la serrure, j'ouvre. Le bien-aimé s'est éloigné; il n'est plus là! je le cherche, et je ne le trouve pas! je l'appelle, et il ne répond pas! — Mais les colères des amants ne sont pas longues, et l'époux revient bientôt plus épris que jamais. Pourquoi l'époux était-il éloigné? pourquoi avait-il pris du dépit des retards de l'épouse? Reconnaissez ici, dit saint Ambroise, la jalousie de l'époux divin : il veut bien que l'âme le trouve; mais il veut aussi qu'elle le cherche avec empressement, et il ne souffre ni langueurs ni retards [1].

Cette querelle amoureuse du quatrième jour est le seul trouble, et, selon Bossuet, le seul nœud dramatique de l'églogue. Ce ne sont plus maintenant que les douceurs d'un amour mutuel, la joie de mener ensemble cette vie des champs, qui rend l'amour plus charmant encore, l'épanchement de leur tendresse en discours gracieux et familiers, le souvenir du jour où l'épouse a vu l'époux pour la première fois : il dormait sous un arbre; l'épouse l'a éveillé; l'arbre était chargé de fruits, et il sert depuis longtemps d'ombrage aux amants du pays [2]. Voilà dans

---

[1] Saint Ambroise, *In psal.* 118; *Sermon* 22.

[2] Bossuet, p. 263 : « Ait se, cum primum illum vidit dormientem sub illa arbore, conspicatam, ibique exarsisse in flammas neque temperare potuisse, quin ludibunda exagitaret et e somno suscitaret formosissimum juvenem. Quarum rerum suavissima est amantibus recordatio; at est illud poetæ :

Sæpibus in nostris parvam te roscida mala,
Dux ego vester eram, vidi cum matre legentem;

quelle douce et charmante union de sentiments finit
cette semaine d'amour, union qui, pour les Pères de
l'Église, est le symbole d'une union plus sainte et
plus parfaite, celle de l'âme avec son divin créateur.

Les poëtes qui se sont inspirés du *Cantique des
Cantiques* ont trop oublié l'allégorie qu'y avait intro-
duite l'Église pour en corriger l'ardeur, ou s'en sont
trop souvenus; et, selon qu'ils l'ont trop oubliée ou
qu'ils s'en sont trop souvenus, ils sont restés dans l'é-
glogue galante et fade, ou bien ils sont tombés dans la
poésie mystique, refroidie et glacée par l'allégorie.
Ce que j'aime, au contraire, et ce que j'admire dans
les Pères de l'Église qui ont expliqué le *Cantique des
Cantiques*, et surtout dans Bossuet, c'est qu'en tour-
nant vers Dieu ce chant d'amour, ils n'ont pas craint
de prendre le langage de l'amour le plus ardent,
l'ayant purifié par son objet; et ils n'ont pas craint
non plus de prendre le langage du mysticisme, l'ayant
animé par l'amour. Ils ont, de cette manière, laissé
à ce gracieux monument de la poésie biblique la
double pensée que l'Église y a reconnue. Les poëtes
ont été moins heureux. Cotin, il est vrai, indique le
double sens du *Cantique des Cantiques*; mais il cite
complaisamment ses petits vers de galanterie pour
expliquer l'idylle sacrée, et il trouve un madrigal
dans le dernier verset : « *Fuge, dilecte mi, super
montes aromatum.* » C'est même une découverte
dont il s'applaudit beaucoup. Ces paroles, dit-il, sont
la conclusion du *Cantique;* « c'est la consommation

Alter ab undecimo tum me jam ceperat annus;
Jam fragiles poteram a terra contingere ramos.
Ut vidi, ut perii, ut me malus abstulit error ! »

« de cette pastorale sacrée; c'est l'accomplissement
« du mariage. Il est si adroitement et si modeste-
« ment insinué, qu'il n'y a rien de plus délicat
« dans l'épithalame de Théocrite et dans l'*Énéïde*
« de Virgile :

> Speluncam Dido dux et Trojanus eamdem
> Deveniunt. . . . .

« Le poëte sacré, selon les lois du poëme drama-
« tique et même de la modestie, a passé cet endroit
« légèrement; il a cru qu'il suffisait de dire :

> Fuïs-t'en comme un chevreuil sur les monts odorants.

« Le geste et le ton de voix, un regard, un tour de
« tête disait le reste, sans que l'épouse eût besoin de
« s'expliquer davantage, après le chant nuptial chanté
« et toute la foule écartée. D'abord l'on n'y avait
« point pensé, et l'on avait lu ces paroles de l'épouse,
« qui dit à son époux de se retirer de la foule des
« autres pasteurs, comme une chose de rien et qui
« n'avait aucune suite. Mais, depuis que j'en ai fait
« l'ouverture et que je l'ai dite aux habiles, ils l'ont
« reçue avec applaudissement. Le judicieux et le
« sincère M. Chapelain, si consommé dans la belle
« poésie, si savant aux lois du théâtre, si parfaitement
« instruit de la bienséance des choses, en est demeuré
« d'accord, et m'a avancé que c'est un secret dont
« il n'avait pas ouï parler. Cependant, sans cela, on
« chercherait encore la conclusion du *Cantique*[1]. »

Si Cotin pèche par galanterie et par fadeur dans
sa traduction du *Cantique des Cantiques,* un autre
abbé, poëte aussi, et qui avait fait son éducation

____

[1] *Pastorale sacrée,* p. 411.

ecclésiastique dans le beau monde du temps, Godeau, évêque de Grasse, pèche par un mysticisme froid et languissant. Devenu fort bon évêque après avoir été abbé mondain, comme Fléchier et comme d'autres prélats de ce temps, Godeau ne renonça pas à la poésie qui avait fait sa réputation et sa fortune; mais il la consacra à Dieu : il paraphrasa le *Cantique des Cantiques* et fit des idylles spirituelles. Il a même voulu conserver au *Cantique des Cantiques* le caractère d'églogue que les docteurs de l'Église n'hésitent pas à lui attribuer. Malheureusement l'églogue n'est que dans le titre : les réflexions pieuses et mystiques y remplacent partout les sentiments tendres et passionnés de la poésie primitive. L'épouse et ses compagnes, loin de parler comme des bergères, parlent comme des saintes et comme des religieuses. Ainsi l'épouse dit à ses jeunes compagnes :

> Suivez-moi, chères sœurs, et ne vous lassez pas;
> Dans ce chemin nouveau je conduirai vos pas.
>
> . . . .
>
> Mais il faut se résoudre à vivre en des langueurs,
> A bénir des mépris et souffrir des rigueurs,
> A prodiguer son sang quand on le doit répandre,
> A croire fermement ce qu'on ne peut comprendre,
> A servir sans relâche et sans rien espérer,
> A ne refuser rien et ne rien désirer.

Voilà assurément des sentiments dignes du cloître chrétien. Mais où est l'idylle? où est, je ne dis pas seulement la tendresse passionnée du *Cantique des Cantiques,* mais le goût des champs et de la vie pastorale? Ce n'est pas que Godeau ne sache quel-

quefois trouver le ton de l'idylle, quand il exprime
des sentiments qui lui sont propres, quand il dit
combien il aime son évêché de Grasse, ses bois d'o-
rangers, ses côtes caressées par la mer, quoiqu'il
regrette aussi Paris à cause de ses amis et des ingénieux entretiens qu'il y avait avec les grandes dames
du temps. Parfois, cette préférence qu'il donne à
Grasse sur Paris prend une forme allégorique. Grasse
est désignée par la bergère Amaryllis, Paris et l'hôtel
de Rambouillet par les bergères Ménélis et Lycisque,
allégorie qui étonne et touche presque au ridicule.
Je ne peux m'habituer à croire qu'Amaryllis veuille
dire l'évêché de Grasse. Cependant la préférence
que cet évêque mondain et lettré donnait à Grasse
sur Paris, à ses devoirs sur ses plaisirs et ses habitudes, est le beau côté de Godeau. L'homme ici
soutient et relève le poëte ; toutes les fois qu'il parle
de Grasse et de ses diocésains, il en parle avec une
sincère et véritable émotion. De plus, la beauté
des lieux, la douceur du climat, la sérénité du ciel,
la grandeur et la grâce de la Méditerranée qui vient
baigner les côtes de la Provence, charment et ra-
vissent son âme. Il est, parmi les poëtes du dix-
septième siècle, du petit nombre de ceux qui comprennent, qui aiment la campagne, qui savent la
chanter. Il voudrait seulement que ses amis vinssent
jouir avec lui des douceurs de ce beau ciel, à qui
dès lors il ne manquerait plus rien[1], de ces beaux
lieux auxquels il souhaite d'être toujours gracieux et
doux comme ils le sont à ses yeux :

---

[1] Voir dans ses épîtres morales celle qu'il adresse à Balzac pour l'en-
gager à venir passer l'hiver en Provence.

Que le triste Aquilon, qui souffle la froidure,
Ne ternisse jamais votre riche verdure;
Que d'un œil trop ardent le doux père du jour
Ne vous témoigne pas l'excès de son amour;
Que Flore, le matin, avec ses mains savantes,
Attache des bouquets à vos feuilles vivantes;
Que l'amoureux zéphyr, lui contant son ardeur,
Sur ses ailes d'émail m'apporte votre odeur;
Que, pour nous rafraîchir, vos sources fugitives
A longs replis d'argent s'éloignent de leurs rives,
Et que les rossignols, sur vos bras toujours verts,
Accordent en tout temps leurs aimables concerts!
De moi [1], jusqu'à la mort, sous vos ombres propices,
Je chercherai toujours mes plus pures délices.
Mon esprit, par l'étude accablé de langueur,
Y reprendra souvent sa première vigueur,
Et j'y méditerai les célestes louanges
De l'adorable objet que célèbrent les anges [2].

Voilà quelques vrais accents de l'idylle, et je n'ai pas été fâché, je l'avoue, de pouvoir montrer dans Godeau, à côté des langueurs mystiques de la paraphrase du *Cantique des Cantiques*, quelques traits d'inspiration sincère et gracieuse. Je reviens aux scènes d'amour ingénu qui se trouvent dans l'Écriture sainte.

Ces scènes n'ont pas toutes besoin d'être tempérées par l'allégorie, comme celles du *Cantique des Cantiques*. Elles servent à la morale comme exemples, sans qu'il soit nécessaire de les interpréter. Tels sont les mariages des patriarches. Là nous voyons l'amour innocent et pur, l'amour ingénu, accompa-

---

[1] *Di me*, italianisme : *pour moi*.
[2] *Églogues spirituelles*, p. 120.

gné d'une réserve qui ne lui ôte aucune de ses grâces naturelles. Aussi, quand ils traitent ces scènes de la vie patriarcale, les Pères de l'Église sont à leur aise pour en tirer des leçons de morale, ne craignant pas que quelqu'un s'égare à les imiter sans les comprendre. Voyez, par exemple, le récit que saint Jean Chrysostôme fait du mariage d'Isaac et de Rébecca. C'est une églogue, si nous considérons la simplicité du récit biblique; mais c'est une églogue que saint Chrysostôme explique aux habitants de Constantinople, gens fort éloignés de la vie pastorale, et qui ne sentiraient guère la beauté édifiante du mariage patriarcal, si saint Chrysostôme ne la leur faisait comprendre en y ajoutant, comme contraste, une vive et piquante peinture de la manière dont se faisaient les mariages dans le monde de Constantinople. Si le Père de l'Église croyait que l'explication de cette idylle biblique, opposée au tableau des mœurs de son temps, pouvait avoir son utilité pour le monde du quatrième et du cinquième siècle, peut-être pouvons-nous penser que le monde de notre temps y trouvera aussi quelques leçons à prendre. C'est pour cela que je me suis laissé aller au plaisir de traduire ce sermon, qui contient une églogue, et de montrer cette scène d'amour ingénu et patriarcal, curieusement rapprochée de la peinture des mariages mondains.

«Lorsqu'Abraham, dit saint Jean Chrysostôme, voulut marier son fils Isaac, il fit venir son esclave principal chargé de l'administration de toute la maison, et il lui dit : Pose ta main sur ma cuisse, afin que je t'adjure par le Seigneur, Dieu du ciel et de la terre, de ne pas prendre pour mon fils Isaac une épouse parmi les filles des Chananéens chez qui je réside, mais d'aller dans le pays où je suis né, et d'y choisir une épouse pour mon fils. — Ainsi, reprend Chrysostôme, voilà un père de famille qui ne s'adresse pas, pour marier son fils, à ces femmes qui négocient des mariages, à ces matrones bavardes et intrigantes qui vont d'une famille à l'autre; non : il fait venir son serviteur, qu'il a toujours aimé et qu'il croit digne de sa confiance. Demande-t-il à ce serviteur de lui trouver pour son fils une femme belle et riche? il demande une femme honnête et bonne; et voilà pourquoi il ordonne à son serviteur d'aller la chercher bien loin [1]. Le serviteur, à son tour, ne dit point au père de famille : Qu'est-ce donc? nous avons ici beaucoup de grandes familles, et dans ces familles beaucoup de filles à marier qui sont belles et riches : pourquoi m'envoyer si loin, chez des inconnues? à qui m'adresserai-je? qui me recevra? Et si l'on me dresse des embûches? si l'on cherche à me tromper? Il ne se sert d'aucun des raisonnements ou d'aucune des excuses de la prudence mondaine. Plein de soumission envers son maître, il ne lui fait qu'une seule question : « Mais si la femme que j'ai choisie ne veut pas venir, faudra-t-il conduire ton fils dans la terre où tu es né?» Abraham répondit : « Ne conduis pas mon fils dans la terre où je suis né. Le Seigneur, Dieu du ciel et de la terre, qui m'a amené ici de la maison de mon père et du pays de ma naissance, qui m'a parlé et qui m'a dit : Je donnerai cette terre à toi et à ta race,

[1] « Et hac de causa hominem jubet tam longinquam peregrinationem suscipere. » (Saint Chrysostôme, t. III, p. 103.)

— enverra son ange devant toi et te fera faire un heureux voyage. » Sur cette parole, le serviteur part sans rien craindre; il arrive. Va-t-il faire des visites, chercher des relations, tâcher de connaître les filles à marier? Rien de pareil. « Considérez, continue saint Chrysostôme, la sagesse du bon serviteur. Il ne dit pas : Si je vois une femme arriver sur un chariot traîné par deux mulets pompeusement équipés, suivie d'un grand cortége d'eunuques et d'esclaves, éclatante elle-même de jeunesse et de beauté, c'est à ce signe que je reconnaîtrai la femme du fils de mon maître; non! ce sera celle à qui je dirai : Laisse-moi boire dans ton amphore, — et qui me dira : Bois, et je ferai boire aussi tes chameaux.—Que faites-vous là, honnête serviteur? Une fille qui va elle-même chercher de l'eau, voilà la femme que vous destinez au fils de votre maître? — Oui; mon maître ne m'a pas envoyé chercher une femme riche et orgueilleuse, mais une femme honnête et aimable. Il y a parmi celles qui vont chercher elles-mêmes de l'eau à la fontaine, des jeunes filles pleines de grâces et de vertus : c'est celles-là que je dois chercher. Il y a parmi celles qui passent leur vie couchées sur des lits somptueux et dans des salles magnifiques, des filles indolentes et vicieuses : c'est celles-là que je dois fuir. — Mais comment savez-vous, bon serviteur, que celle que vous cherchez aura la grâce et la vertu? — Je le sais par le signe que j'ai marqué. Je cherche une jeune fille assez hospitalière pour ne pas me refuser le service que je lui demanderai, et, si elle est hospitalière à ce point, c'est qu'elle a été élevée par sa famille dans la pratique de l'hospitalité; et, si sa famille est hospitalière, elle ressemble à celle de mon maître. Ainsi le fils de mon maître, le mari que je destine à cette jeune fille, n'aura pas à craindre, quand, selon l'usage paternel, il invitera ses hôtes à s'asseoir à sa table, quand il leur dira : Prenez part aux biens que Dieu m'a donnés, — il n'aura pas à craindre de voir sa femme murmurer contre la dépense et faire mauvais visage à ses hôtes, comme cela arrive souvent dans beaucoup de maisons. — Et pendant qu'Éliézer parlait ainsi, voici que Rébecca sort de la ville. — Ne nous étonnons pas; tel est l'effet des prières des bons : Dieu les exauce avant même qu'elles soient finies. »

C'est de cette manière gracieuse et familière que saint Chrysostôme expliquait à ses auditeurs mondains l'histoire ou plutôt l'églogue du mariage des patriarches, mêlant sans cesse l'avertissement au récit, la peinture des mœurs de Constantinople à la peinture des mœurs partriarcales, pour corriger les unes par les autres. Comme voilà bien, en effet, des conseils qui s'adressent aux mariages du monde! Vous voulez vous marier, et vous allez trouver les hommes ou les femmes qui font métier et marchandise de négocier des mariages, et qui ne songent qu'aux gains de leur entremise. Vous vous trompez, jeune homme, et je vais vous indiquer un meilleur entremetteur que ceux que vous cherchez : c'est Dieu. Adressez-vous à lui : il ne vous trompera pas. — Mais comment parler à Dieu? comment lui dire ce que je désire? — Ah! il est vrai; si vous n'avez à dire à Dieu que ce que les fiancés du monde disent ordinairement à leurs entremetteurs : Je veux une femme qui soit riche, dont la famille soit puissante et qui me fasse faire mon chemin dans le monde, — oh! je comprends alors qu'il vous est difficile de parler à Dieu. Mais, si vous voulez vous marier par de bons et d'honnêtes sentiments, et non par cupidité; si vous cherchez à aimer, et non à jouir; si vous voulez une femme qui vous aime et vous honore, et non une femme qui vous enrichisse, une femme qui soit digne d'être la mère de vos enfants, et non une femme qui vous donne voiture, bonne table et grand train, alors ne craignez pas de vous adresser à Dieu; il aime les bons sentiments, et souvent même il les récompense, car il a dit : Cherchez d'abord le royaume des cieux, et vous aurez tout le reste par surcroît. Quel meilleur et plus gracieux exemple de cette indulgence que Dieu a pour les prières des bons, que l'histoire d'Éliézer qui, pendant qu'il priait encore Dieu, voit Rébecca sortir de la ville, venant chercher de l'eau à la fontaine!

« Rébecca descendit vers la fontaine, et, remplissant son vase, elle revenait, quand Éliézer, allant au-devant d'elle, lui dit : Donnez-moi un peu à boire dans votre vase. Elle répondit : Buvez, seigneur; et, posant aussitôt le vase sur son bras, elle le lui tenait penché jusqu'à ce qu'il eût fini de boire. Puis elle dit : Je puiserai aussi de l'eau pour vos chameaux jusqu'à ce qu'ils aient tous bu; et elle s'empressa de verser de l'eau dans une grande auge, afin de donner à boire à tous les chameaux. » C'est à ces traits qu'Éliézer reconnut la femme que Dieu destinait au fils de son maître.

Voyons maintenant comment, ayant obtenu Rébecca pour Isaac, Éliézer l'emmène dans le pays d'Abraham. « La mariée, dit saint Chrysostôme, est-elle suivie d'un cortége de musiciens, de danseurs, de baladins, comme de nos jours? Les flûtes, les trompettes, les tambours retentissent-ils partout? Entend-on des rires bouffons et des plaisanteries grossières? Rien de pareil : l'ange qui a conduit Éliézer au pays de Bathuel accompagne Rébecca au pays d'Abraham. C'est là son cortége, invisible, mais puissant et magnifique. Rébecca n'est pas non plus couverte de vêtements dorés, la tête, le col et les bras chargés de pierreries; elle n'est pas traînée dans une voiture couverte ou sur un char éclatant. Elle est montée sur un chameau; elle ne craint pas, elle ne sent pas la fatigue : car autrefois, outre la vertu de l'âme, les jeunes filles avaient la force du corps. Elles n'étaient pas élevées dans la mollesse comme aujourd'hui; elles ne connaissaient ni les bains parfumés, ni les recherches de la toilette, ni les fines étoffes, ni le fard, ni les odeurs, ni tous les raffinements du luxe qui rendent les femmes délicates et faibles. Leur éducation était rude et vigoureuse; leur beauté n'avait besoin d'aucun agrément extérieur, et elles avaient à la fois la force et la grâce qui viennent de la bonne santé. Toujours laborieuses et actives, elles ignoraient les langueurs et les énervements de nos femmes d'aujourd'hui. C'est par là qu'elles avaient un charme toujours nouveau aux yeux de leurs maris. »

Je me suis laissé aller à rapporter le récit que saint Chrysostôme fait du mariage de Rébecca, à cause du dernier trait de ce récit dans la Bible. « Quand Ré-

« becca approcha du pays d'Abraham, Éliézer alla
« dire à Isaac ce qu'il avait fait ; alors Isaac fit en-
« trer Rébecca dans la tente de Sara, sa mère, et
« la prit pour femme, et l'amour qu'il eut pour elle
« fut si grand qu'il adoucit la douleur qu'il avait
« eue de la mort de Sara, sa mère. » Trait d'a-
mour à la fois ingénu et profond, qui montre dans
Isaac le bon fils pleurant sa mère, et le mari touché
des grâces de son épouse. Le fils n'oublie pas sa
douleur ; mais il la sent s'adoucir. C'est dans la tente
de sa mère, dans ces lieux pleins du souvenir de
celle qui était le cœur, sinon la tête, de l'ancienne
famille, qu'il introduit son épouse, c'est-à-dire celle
qui va devenir, à son tour, le cœur de la nouvelle
famille, rapprochant ainsi sa joie et sa douleur, pour
tempérer l'une par l'autre. Alors le chagrin perd son
amertume, la joie perd son ivresse, et il ne reste
qu'un bonheur grave et pieux, digne de la tente des
patriarches, qui ne s'appelle plus l'amour ingénu,
quoiqu'il le renferme, et qui est la plus noble expression de l'amour conjugal [1].

L'histoire de Rébecca est une idylle ; mais il n'y a
dans cette idylle qu'un mot qui soit de l'amour ingénu. L'histoire de Rachel et de Jacob est un tableau
plus complet et plus piquant de cet amour, et le
poëte espagnol don Francisco Borgia [2], qui a fait de
l'histoire de Jacob et de Rachel un poëme pastoral,
n'a eu qu'à suivre le récit sacré pour mettre dans

[1] « Sit amabilis ut Rachel, sapiens ut Rebecca, longæva et fidelis ut
Sara. » (Préface de la Messe de mariage.)

Francisco Borgia, prince de Squillace, vice-roi du Pérou en 1614,
mort en 1658.

son poëme les sentiments propres à l'idylle et surtout l'amour ingénu. Il s'est inspiré de la Bible, dont il a conservé la gravité et la simplicité autant que le permettait le goût de son temps et de son pays ; mais ce qui l'a surtout attiré vers l'histoire de Jacob et de Rachel, ce sont les sept années de peines et de travail que supporta Jacob pour mériter Rachel, « sept années pourtant que Jacob et Rachel « ne considéraient que comme de courtes journées, « tant est grand le pouvoir de l'amour et de la pa- « tience [1] ! C'est cette patience animée par l'amour, ce sont ces longues et douces années passées à se plaindre et à se résigner ensemble, que François Borgia a surtout chantées.

Jacob arrive en Mésopotamie. Il rencontre les troupeaux de Laban, et il s'entretient avec les bergers ; il leur demande pourquoi ils ne font pas boire leurs troupeaux, et ceux-ci répondent qu'il faut attendre que tous les troupeaux soient rassemblés. « Ils parlaient encore, lorsque Rachel arriva avec « les brebis de son père, car elle menait paître elle- « même les troupeaux. — Jacob, l'ayant vue et sa- « chant qu'elle était sa cousine germaine, et que ces « troupeaux étaient à Laban, son oncle, ôta la pierre « qui fermait le puits ; et ensuite, ayant fait boire « les troupeaux de Rachel, il la baisa en haussant « la voix, et lui dit qu'il était le frère de son père et « le fils de Rébecca [2]. »

La Bible se contente d'un mot : Jacob embrasse

[1] *Francisco Borgia*, strophe 3e.
[2] *Genèse*, ch. XXIX, v. 9, 10, 11 et 12.

Rachel en pleurant et en disant qu'il est le fils de
Rébecca. Le poëte espagnol développe ce que la Bible
indique : Jacob raconte à Rachel toute son histoire,
la bénédiction dérobée à Isaac, la colère d'Ésaü, les
périls qu'il a courus, le long voyage qu'il a fait pour
venir jusqu'à elle ; car, en véritable berger d'idylle,
Jacob se sent déjà pris d'amour pour Rachel. « Je
« suis Jacob ton cousin, lui dit-il, le fils d'Isaac
« et de Rébecca, et je viens demander à Laban
« d'être mon père et mon appui contre un frère
« enflammé du désir de la vengeance. Oui, je
« viens, à travers bien des pays divers, chercher sur
« le seuil de ta maison l'amour et le repos ; car
« comment ne pas sentir ses fatigues réparées en
« voyant s'ouvrir le ciel dans ta beauté divine ?...
« L'exil me force aujourd'hui à quitter la maison de
« mon père ; mais l'exil par toi me devient doux, et,
« quand même je n'aurais pas eu cette occasion, je
« serais venu pour te trouver, guidé seulement par
« mon amour et ta beauté. Non, cousine, il n'y a
« pas de lieu si reculé au monde où il ne se trouvât
« quelqu'un pour me dire quelle était ta beauté ;
« et n'y eût-il eu personne pour me le dire, la parenté
« et ma bonne étoile m'eussent amené près de toi. »
A cette galanterie, qui n'a rien de subtil et de
fade, et qui est de l'idylle, si elle n'est pas de la
Bible, la réponse de Rachel est gracieuse et noble :
« Sachez, Jacob, dit-elle, que c'est entrer dans votre
« maison que d'entrer dans la nôtre, et que vous
« trouverez dans mon père bon accueil et bonne
« affection. Mais il convient qu'il sache votre arri-
« vée : je vais l'avertir. » Elle part aussitôt, pleine

de modestie et de pudeur. Jacob reste le cœur triste, les yeux tournés du côté où Rachel est partie et par où elle doit revenir.

Dans la Bible, « après qu'un mois se fut passé, « Laban dit à Jacob : Faut-il que vous me serviez « gratuitement parce que vous êtes mon frère ? « Dites-moi quelle récompense vous désirez. — Or, « Laban avait deux filles, dont l'aînée s'appelait Lia, « et la plus jeune Rachel. Mais Lia avait les yeux « chassieux, au lieu que Rachel était belle et agréa- « ble [1]. »

C'est ici que commence dans la Bible l'histoire de Lia et de Rachel, l'une qui est la femme délaissée et dédaignée, l'autre qui est la femme chérie et adorée. Le poëte espagnol a fait comme Jacob : il ne s'est occupé que de Rachel et n'a pas dit un mot de Lia. Pourquoi la pauvre Lia est-elle ainsi maltraitée? elle n'a pas la beauté de sa sœur, et elle a les yeux chassieux. Mais les rabbins nous disent pourquoi elle a les yeux en cet état : c'est qu'elle a beaucoup pleuré, non-seulement parce qu'elle voit que Jacob ne l'aime pas et surtout qu'il aime Rachel, mais aussi parce qu'elle était, comme l'aînée, destinée à Ésaü, l'aîné d'Isaac; ce qui l'affligeait beaucoup, car elle aimait Jacob. De là ces pleurs qui lui ont gâté les yeux et dont Jacob devrait lui savoir gré. Mais Jacob n'aime que Rachel; c'est pour Rachel qu'il consent à servir Laban pendant sept ans. Aussi, quand les sept ans sont accomplis, il demande à Laban de lui donner Rachel pour épouse. Laban lui fait d'abord

---

[1] *Genèse*, *ibid.*, v. 15, 16, 17.

épouser Lia, et il ne consent à lui donner Rachel qu'à condition que Jacob le servirait encore pendant sept ans. Jacob aimait tant Rachel qu'il consentit à servir encore pendant sept ans; mais il n'avait pas d'affection pour Lia. « Alors le Seigneur, voyant cela, « rendit Lia féconde, pendant que sa sœur demeu-« rait stérile [1]. »

Voilà donc enfin une joie pour la pauvre Lia, celle de la mère, si elle n'a pas la joie de l'épouse. « Lia, « dit saint Jean Chrysostôme, était consolée par les « enfants qui naissaient d'elle, et c'est par là qu'elle « gagnait le cœur de son mari : le père devenait « époux; tandis que Rachel était humiliée par sa « stérilité, afin qu'elle ne fût pas trop fière de sa « beauté et de la préférence de Jacob. »

Ce qui touche dans Lia, c'est son amour pour Jacob, c'est sa patience à espérer que ses fils lui rendront peu à peu le cœur de son mari. Voyez quand elle a son premier-né Ruben : « Le Seigneur, dit-elle, a « vu mon humiliation : mon mari m'aimera main-« tenant [2]. » Mais, comme un seul fils ne suffit pas pour lui gagner l'affection de Jacob, Dieu lui en donne un autre, et elle bénit ce second enfant, Si-méon, en pensant que cette fois Jacob lui serait fa-vorable. Enfin, à la venue de son troisième fils, Lévi, elle s'écrie avec une espérance toujours trompée et toujours patiente : « Maintenant mon mari sera « plus uni à moi, puisque je lui ai donné trois fils. »

Les beaux enfants que Lia donne à Jacob ne lui

---

[1] *Genèse, ibid.*, v. **31**.
[2] *Ibid.*, v. **32**.

acquièrent pas tout à fait le cœur de son mari; mais ils désespèrent Rachel. Peu lui importe que Jacob la préfère à Lia ; dans sa colère, elle dit à son mari : « Donnez-moi des enfants, ou je mourrai[1] ! » — Oh ! que voilà bien des paroles de dépit et de jalousie ! dit saint Chrysostôme. Reproche-t-elle à Jacob d'aimer encore trop Lia, même après elle ? Jacob alors, quoiqu'il l'aime beaucoup, s'irrite contre elle et lui répond : — Est-ce donc moi qui suis Dieu ? est-ce donc moi qui t'ai privée d'être féconde[2] ? — Grande et piquante leçon que donnent les deux femmes du patriarche, l'une qui, longtemps rebutée et dédaignée, finit pourtant, à force d'humilité et de patience, par l'emporter sur sa rivale : la mère de famille devient épouse ; l'autre qui, quoique aimée et préférée, finit pourtant, à force de dépit et de jalousie, par s'attirer, pour un jour du moins, la colère de ce mari qui l'adore et à qui, comme un enfant gâté qui ne croit pas que rien lui puisse être refusé, elle demande impérieusement ce que Dieu n'a pas voulu lui donner.

Le poëte espagnol n'a pas pour Lia cette prédilection involontaire que je crois sentir dans saint Jean Chrysostôme, et dont je lui sais gré comme d'une vieille injustice réparée. Il songe au berger plus qu'au patriarche, et surtout au berger d'idylle; à l'amant plus qu'au parent, comme il le dit lui-même; à celui enfin qui, grâce à l'amour, trouve aussi courtes que des journées les sept années de son

---

[1] *Genèse*, chap. XXX, v. 1.
[2] *Ibid.*, v. 2.

servage. C'est le tableau de ces journées pleines des délicieux soucis de l'amour, que le poëte espagnol aime à représenter. « Jamais l'aube ne venait blan-
« chir le front des forêts qui couvrent la montagne
« qu'habite Laban, que Jacob ne vît, vers l'Orient
« que cherchaient ses yeux, la beauté de Rachel lui
« ramener le jour ; et, dès qu'au premier murmure
« des fontaines les oiseaux amoureux s'éveillaient
« en chantant, le troupeau de Rachel se répandait
« çà et là sur la colline et dans la plaine.

« Près d'un ruisseau limpide où Rachel vient se
« contempler comme dans un miroir, Jacob lui disait,
« pendant qu'à travers les fleurs de la vallée l'eau se
« jouait sur le sable doré : Non, belle Rachel, je ne
« puis plus me taire. Que dirai-je de ce que je sens ?
« Est-ce amour ou peine ? Je ne sais quel nom don-
« ner, car c'est à la fois amour et peine...

« Je cherchais la maison de ton père, et j'ai trouvé
« ta beauté que je ne cherchais point, bonheur ines-
« péré, que je dois à la colère de mon frère. Ah ! que
« j'ai bien fait de la fuir plutôt que de chercher à
« l'apaiser ! car je gagne à mon exil trois grands
« bonheurs : je fuis la mort, je rencontre la vie, et
« surtout, ô Rachel ! je vis auprès de toi !...

« Ici, exposé aux blanches gelées de l'automne,
« aux glaces de l'hiver ou aux ardeurs de l'été dé-
« vorant, je foulerai avec plaisir le sol étranger,
« pourvu que je te voie, ô Rachel ! et je ne m'a-
« percevrai pas de la différence des saisons. Non
« jamais ici, sous le ciel miséricordieux de tes re-
« gards, je ne sentirai l'absence et le regret de la
« maison paternelle, car la patrie est où est le bon-

« heur, non pas là où l'on vit, mais où l'on aime.

« Et moi, Jacob, disait Rachel, je te remercie de
« ton amour; je le crois sincère, et j'espère que
« l'amour de l'époux viendra confirmer pour la vie
« l'amour du cousin. Non, je l'espère, tu ne sentiras
« pas ici le regret de l'exil loin de ton pays et loin
« de ton père. Mais retournons à la maison; déjà
« le soir ingrat nous invite à reconduire nos trou-
« peaux.

« Ainsi les jours et les ans se passaient; ainsi
« tantôt il allait avec Rachel dans la verte forêt,
« tantôt à la riante fontaine, et, s'il y avait sur ses
« rives une retraite écartée, c'est là qu'ils allaient
« soupirer leurs plaintes et marquer la trace de leurs
« pas. Jours charmants! lieux fortunés! Il n'y avait
« entre les bergers ni querelles ni haines; tout était
« amour et paix; et comment n'en serait-il pas ainsi
« là où l'amour gouverne? »

Voilà vraiment l'idylle et les scènes de l'amour
ingénu, mêlées sans invraisemblance aux scènes de
la vie patriarcale. C'est en effet le mérite du poëte
espagnol d'avoir ajouté au tableau que fait la Bible,
sans l'avoir gâté, et d'avoir donné à l'amour de Jacob
le ton de l'idylle, sans lui avoir ôté le ton de la vérité.

XLIII.

DE L'AMOUR DANS LES IDYLLES DE THÉOCRITE ET DE
VIRGILE. — DE L'AMOUR TEL QU'IL EST EXPRIMÉ
DANS LES POËTES LATINS.

L'églogue littéraire, celle des poëtes et non plus
celle des patriarches, n'est pas, dans la littérature
grecque et romaine, une des premières et des plus
anciennes inspirations de la poésie ; et le genre de
poëme qui paraît destiné à exprimer la simplicité
primitive du cœur humain n'arrive que vers les derniers jours de la littérature. Théocrite n'est point
un contemporain d'Homère, mais des Ptolémées ;
Virgile n'est point du temps d'Ennius, ou même de
Plaute et de Térence : il est du temps d'Auguste,
il est le poëte des Césars. Singulier contraste entre
les poëtes et les sujets de leurs poëmes ! Prenez les
églogues de Théocrite : tout est champêtre et pastoral, tout est amour naïf et gracieux, sinon toujours pur. Prenez la vie de Théocrite ou le peu
qu'on en sait : il vit d'abord à la cour d'Hiéron le
jeune, roi de Syracuse, qu'il ne trouve pas assez
généreux, et ensuite à la cour de Ptolémée Phi-
ladelphe, dont il reçoit les libéralités et à qui, en
retour, il donne de grands éloges. Tout cela n'est
guère d'un poëte ingénu. « Les hommes de notre

temps, dit Théocrite dans sa seizième idylle, ne se soucient guère de la louange que les poëtes savent donner aux belles actions : ils ne songent qu'à gagner de l'argent. Chacun, la main serrée sous son manteau, ne cherche qu'à augmenter sa fortune. A quoi bon de nouveaux poëtes? N'avons-nous pas Homère qui suffit pour tous? Le meilleur poëte pour moi est celui auquel je n'ai rien à donner. »

Cet amour de l'argent et du gain, que partageait le poëte même qui s'en plaignait, n'a certes rien qui sente l'innocence et la candeur des champs. Qu'est-ce donc qui inspirait Théocrite quand il chantait les délices de la vie champêtre et de l'amour ingénu? le contraste, ou plutôt ce sentiment inné au cœur de l'homme, qui fait que nous aimons à nous représenter ce que nous n'avons pas, que les citadins souhaitent la vie des champs et que les campagnards souhaitent la vie des villes. « Heureux, s'écrie Alphius dans Horace [1], heureux qui laboure les champs qu'ont labourés ses pères, qui tantôt rattache ses vignes aux peupliers, et tantôt, couché sur le penchant de la colline, voit ses bœufs errer dans la vallée! » Est-ce un berger ou un paysan qui parle ainsi? Non, c'est un usurier qui loue avec enthousiasme la vie qu'il n'a pas, mais qui ne quitte pourtant point la vie qu'il a. Voilà l'emblème de la poésie pastorale : c'est une muse citadine qui chante aux citadins les douceurs de la vie champêtre et de l'amour ingénu, et qui peint d'autant mieux l'âge d'or qu'elle le regrette sans l'avoir jamais connu.

[1] Beatus ille..... (Épode II.)

Les idylles de Théocrite ne sont pas toules, d'ail-
eurs, des idylles champêtres, et c'est là, selon moi,
ce qui fait une des supériorités de Théocrite sur les
autres poëtes bucoliques. L'idylle ou l'églogue devant être, d'après son étymologie, une petite scène
choisie dans la vie humaine, il n'est pas nécessaire
que l'idylle ou l'églogue soit toujours consacrée à
peindre les champs et les bergers : elle peut aussi
prendre le sujet de ses tableaux dans les mœurs de
la ville, et c'est ce qu'a fait parfois Théocrite. Souvent
même il aime à mettre en opposition la campagne
et la ville, l'amour ingénu et naïf et l'amour passionné ou même l'amour vénal. Quand il est aux
champs, personne n'est plus vraiment champêtre et
plus vraiment pastoral que Théocrite. Quand il est
à la ville, personne n'est un peintre plus fidèle et
plus ingénieux. Il a le don de représenter les sentiments de l'homme partout où il les rencontre,
et quiconque n'admire dans Théocrite que le poëte
bucolique ne connaît et n'admire que la moitié du
grand poëte.

Je ne sais si je puis prendre *la Magicienne* de
Théocrite pour une héroïne de l'amour ingénu. Jamais l'amour n'a été exprimé avec plus de passion
et d'ardeur. Cette ardeur semble ne pas s'accorder
avec l'amour ingénu, tel que nous le concevons ordinairement. Nous voulons, en effet, que cet amour
soit tempéré par la timidité et par l'ignorance, sinon
par la pudeur, et les grands emportements de la
passion ou les sombres enchantements de la magie
ne lui vont pas.. Cependant, comme l'amour que
Simèthe ressent pour Delphis est le premier amour

qu'elle ait ressenti, il y a des traits qui, tout passionnés qu'ils sont, appartiennent à l'amour ingénu. Seulement cet amour, par sa violence même, semble n'être plus un sentiment, mais une sorte de maladie. C'est l'amour que Médée ressent pour Jason, Ariane pour Thésée, Phèdre pour Hippolyte :

> Je le vis, je rougis, je pâlis à sa vue.

J'aime donc mieux, pour le moment, chercher ailleurs que dans *la Magicienne* l'expression que Théocrite sait donner à l'amour [1].

Voyons d'abord comment Théocrite peint l'amour tel qu'on le ressent aux champs. Non que Théocrite fasse des amoureux de tous ses bergers et de tous ses laboureurs : il est trop fidèle observateur des mœurs humaines pour ne pas savoir que la vie champêtre a sa rusticité, qui n'est guère plus favorable à l'amour ingénu que la corruption des villes. Il ne transforme donc pas tous ses personnages en amants langoureux, comme ont fait trop souvent les poëtes bucoliques modernes. Il conserve à quelques-uns de ses bergers leur grossièreté; mais il la met heureusement en opposition avec la grâce imprévue et naturelle que l'amour donne aux autres. Ce contraste, qui peint fidèlement les mœurs des champs, n'est nulle part mieux exprimé que dans l'idylle des *Moissonneurs* [2]. « Qu'as-tu donc? dit Milon à Battus; tu as l'air de souffrir; tu ne sais plus faire un sillon droit comme tu le savais autrefois; tu ne sais plus faucher le blé ensemble avec ton voisin; tu

---

[1] Voir plus loin le chapitre de la *Magie dans l'amour*.
[2] Idylle Xe.

restes seul à l'écart comme une brebis dont une épine a blessé le pied. Que seras-tu donc l'après-midi, si dès le matin tu languis sur le sillon?

Battus. « O Milon, ô moissonneur infatigable et dur comme la pierre, ne t'est-il jamais arrivé de désirer un absent? — Jamais. Est-ce qu'un ouvrier songe à ce qui est loin? — Tu n'as donc jamais veillé, tourmenté par l'amour? — Dieu m'en préserve! Gare au chien, si vous lui donnez à goûter du cuir de la bête : il dévorera tout. — Eh bien, moi, Milon, voilà déjà onze jours que j'aime. — Tu bois à plein verre; moi, je n'ai pas même une goutte de vinaigre. — Aussi je n'ai plus même le courage d'ensemencer le champ qui est devant ma porte. — Quelle est la fille qui fait ton chagrin? — La fille de Polyclète, qui jouait dernièrement de la flûte pendant la moisson, chez Hippocion. »

C'est à l'aide de ce contraste piquant, qui satisfait à la vraisemblance et qui ne change pas les champs en bosquets fabuleux de Gnide ou d'Amathonte, que Théocrite rend l'amour de ses bergers vrai et intéressant. Je ne crois pas aux bergers qui soupirent tous d'amour; je crois à Battus et à Milon, l'un qui aime et qui chante son amour, l'autre qui ne se soucie que de son travail et qui chante Cérès, la déesse des moissonneurs. La routine de l'églogue moderne nous a fait croire que tous les bergers doivent être gracieux et délicats en leurs amours. Cette routine ne peut pas s'appuyer de l'exemple de Théocrite : il a des bergers grossiers, comme il en a aussi de gracieux et de tendres, et les uns servent à rendre les autres plus vraisemblables. Une fois, il est vrai, qu'ils sont animés par l'amour, les bergers de Théocrite expriment avec une grâce et une naïveté charmantes tous les sentiments qui sont propres à l'amour, et même les plus élevés. Mais les sentiments élevés et délicats que l'amour leur suggère sont toujours exprimés dans la langue et avec les pensées de la vie champêtre. Il y a de la rêverie, de la méditation, de la mélancolie, un peu enfin de tous les sentiments qui ont défrayé la poésie pastorale ou élégiaque moderne, dans les bergers de Théocrite; mais quelle mesure ces bergers gardent dans leurs sentiments de rêverie ou de mélancolie! comme ils ont soin de ne jamais devenir de beaux ténébreux ou de sombres misanthropes! comme ils sentent la beauté des grands aspects de la mer ou des montagnes, sans jamais tomber dans la contemplation philosophique ou dans la description minutieuse! « Non, dit Daphnis [1], non, je ne souhaite ni le royaume de Pélops, ni d'avoir de grandes richesses, ni même de surpasser les vents à la course; mais puissé-je chanter au pied de ce rocher, ayant près de moi celle que j'aime, voyant paître une brebis et regardant au loin la mer de Sicile! » Ce tableau a du repos et de la rêverie; mais il n'en a que ce que peut ressentir un berger.

C'est ainsi que tous les personnages de Théocrite, une fois qu'ils sont amoureux, deviennent gracieux et élégants, même les plus grossiers, même le cyclope Polyphême, sans cesser d'être vraisemblables, parce que, si leurs sentiments sont d'un amoureux, leur

____

[1] Idylle VIIIe.

langage est toujours d'un berger. Voyez ces deux charmantes idylles que j'intitulerais volontiers *l'A-mant heureux* et *l'Amant malheureux* [1]. « Tu es venue, ô toi que j'aime! tu es venue après trois longs jours et trois longues nuits d'attente. Pourquoi tant tarder? Les amoureux vieillissent en un jour. Autant est plus doux le printemps que l'hiver, et plus douce la pomme du verger que la prunelle sauvage de nos haies; autant la toison de la brebis est plus épaisse que celle de son agneau; autant la jeune fille l'emporte sur la femme trois fois veuve [2]; autant le daim bondit plus vite que les génisses; autant le rossignol surpasse par ses chants tous les autres oi-seaux; autant m'as-tu comblé de joie quand tu m'es apparue, et j'ai couru vers toi, comme le voyageur, pendant l'ardeur du midi, court vers l'ombre épaisse du hêtre. Puissent toujours les amours rafraîchir de leurs haleines nos doux embrassements! Puissions-nous, dans la postérité, être le sujet des chansons amoureuses! Tel était, dira-t-on, tel était, au temps passé, ce beau couple d'amants. Comme ils s'ai-maient, attelés tous deux au même joug d'amour! Ah! c'était l'âge d'or des hommes, quand on aimait et qu'on était aimé de la sorte! »

Je ne sais si je me trompe; mais ce qui me rend cette idylle charmante, c'est que j'y trouve la iné-

---

[1] La XIIe et la XXIIIe. — Ces deux idylles n'ont guère été traduites, parce qu'il faut, en les traduisant, les épurer et surtout en changer le sujet.

[2]   Autant qu'est une vierge, en ses jeunes années,
        Plus belle qu'une veuve après trois hyménées.
                (Gadeau, *Idylles sacrées*. Voir le chap. précédent)

moire et comme la reconnaissance du bonheur que donne l'amour, et non l'agitation du plaisir. C'est la passion au repos.

Voilà l'amour heureux. Voyons l'amour malheureux, qui est à la fois un conte et une idylle. Théocrite n'a pas seulement exprimé les plaintes de l'amant malheureux, il a raconté son histoire, sa mort et la vengeance que les dieux prennent du cœur ingrat et dur qui a désespéré l'amant. L'amant, en effet, a longtemps prié et supplié la jeune fille belle et fière dont il s'est épris. Rien n'a pu la toucher, ni les paroles, ni les larmes, ni les prières; jamais elle n'a accordé ni un regard, ni un mot, ni un baiser. Comme un daim sauvage qui observe les mouvements du chasseur, elle observait l'amant pour le fuir; et pourtant, toute farouche qu'elle était, elle n'en était que plus belle et l'amant n'en était que plus épris. Enfin, ne pouvant plus supporter ses tourments, il vient à la porte de cette cruelle maison, et là, baisant le seuil à plusieurs reprises, il s'écrie : « O belle et méchante fille, qui ne mérite pas d'être aimée! je viens t'apporter mon dernier présent, le lacet qui va finir mes jours; car je ne veux plus affronter ta colère, et je vais où tu m'envoies, c'est-à-dire où l'amour ne fait plus souffrir, où est l'oubli de tous les maux. » Et le malheureux amant se pend à la porte de sa maîtresse. Il avait espéré qu'en sortant, si elle rencontrait son corps, elle pleurerait sur lui; il avait même espéré qu'elle déposerait un baiser sur ses lèvres glacées. « Ne crains pas, disait-il, l'effet de ton baiser : je ne pourrai pas revivre. » Vœux inutiles! sa maîtresse sortit, vit le corps, se mit à rire et courut au théâtre; mais, comme elle passait près d'une statue de l'Amour, le dieu indigné fit tomber sa statue, écrasa l'ingrate, et l'on entendit dans l'air une voix qui disait : « Réjouissez-vous, amants : elle est morte, celle qui ne savait que haïr. Et vous, amants, aimez-vous, car il y a un dieu pour juger et punir les ingrats. »

Théocrite ne se contente pas d'exprimer les joies ou les douleurs de l'amour, il sait aussi peindre les dépits et les querelles des amants; mais alors il quitte les champs et met la scène à la ville. Nous nous éloignons de l'amour ingénu; nous voyons l'amour vénal des courtisanes, les colères et les emportements que cet amour traîne à sa suite [1]. Parfois même, par un contraste piquant et qui est tout à fait dans l'esprit de Théocrite, il rapproche, pour les opposer l'un à l'autre, l'amour rustique, sinon ingénu, et l'amour mondain ou vénal tel qu'il règne dans les villes. Ce contraste fait le sujet et le mérite de l'églogue intitulée *le Bouvier* [2].

Un jeune campagnard vient à la ville et voit la courtisane Eunica; il s'approche d'elle, mais elle le repousse avec dédain. « Va-t'en ! s'est-elle écriée (dit le pauvre campagnard racontant sa mésaventure), va-t'en ! Voyez donc ce bouvier qui veut m'embrasser ! Le butor ! Mes baisers ne sont point faits pour des rustauds : il me faut les lèvres fines et douces de nos jeunes citadins. As-tu jamais, même

---

[1] Voyez la IVe idylle.
[2] Idylle XXe.

en songe, baisé une belle bouche ? Quelle face il a !
quelle voix ! comme il est aimable quand il veut plai-
santer ! comme il m'appelle doucement ! quels mots
élégants et choisis ! Voyez comme sa barbe est
soyeuse ! comme sa chevelure est parfumée ! Va-t'en !
Tes lèvres bourgeonnent, tes mains sont noires et
ton haleine empeste. Ne me touche pas ! tu vas me
salir. » Et en parlant ainsi, elle a craché trois fois dans
son sein [1] ; puis, me considérant des pieds à la tête,
elle me faisait la grimace avec ses jolies lèvres, et
me regardait de travers. Puis elle faisait la belle et
elle l'était, hélas ! prenant des airs de tête, riant à
gorge déployée et montrant ses belles dents, tout
cela avec tant d'orgueil et de dédain que je sentais
mon sang bouillir dans mes veines, et que je rou-
gissais de dépit et de chagrin, comme la rose trempée
par la rosée. Voilà comme Eunica m'a quitté, et moi
je reviens le cœur irrité de m'être ainsi vu méprisé
par une courtisane.

« Car enfin, pasteurs, dites-moi la vérité : est-ce
que je ne suis pas beau ? ou bien quelque dieu a-t-il
tout à coup fait de moi un autre homme ? Autrefois,
en effet, la beauté fleurissait sur mon visage, et mes
joues s'ombrageaient d'un léger duvet, comme un
jeune chêne qui s'enguirlande de lierre ; mes cheveux entouraient d'une riante couronne mon front,
qui brillait poli et beau au-dessus de mes noirs sour-
cils. J'avais les yeux étincelants, la bouche aussi
douce que la crème, et la voix aussi suave que le
miel qui sort de la cire. Je sais jouer sur toutes nos

---

[1] Pour détourner le mauvais sort.

flûtes champêtres, et les sons que j'en tire charment les oreilles. Dans nos montagnes, toutes les jeunes filles m'appellent le beau berger, et toutes me donnent des baisers. Il n'y a que cette femme de la ville qui ne veuille pas m'embrasser, parce que je suis un bouvier, et qui passe fièrement sans m'écouter. »

Quelle vérité charmante et quelle profonde observation dans cette scène qui semble une scène de comédie, qui se renouvelle tous les jours et qui n'est pas plus de la société antique que de la société moderne, tant elle est de l'humanité! Voilà bien le coq du village, le beau campagnard qui s'éprend des beautés de la ville, dédaignant l'amour qu'il trouvait aux champs, et qui se fait moquer de lui. Ce qui était simplicité au village est grossièreté à la ville; ce qui était charmant dans la montagne est ridicule dans le salon. Retournez donc aux champs, beaux Endymions de l'étable et de la ferme, et aimez celles qui vous aiment; faites comme le cyclope, cet autre bouvier, qui s'était épris d'une néréide et qui n'en reçut aussi que des mépris;

> Allez soigner vos bœufs ou presser vos fromages [1].

Le bouvier et le cyclope de Théocrite sont le même sujet et la même scène. Polyphême aime Galatée, comme le bouvier aime la courtisane, et tous les deux par cet attrait qu'a pour nous une beauté toute différente de celle que nous connaissons, par le charme d'une grâce nouvelle et jusque-là inconnue. Mais tous les deux sont dédaignés: la néréide repousse le cyclope, et la courtisane repousse le bouvier. La scène

____
[1] Voyez l'idylle du *Cyclope*.

du cyclope se rattache aux fictions de la mythologie,
et celle du bouvier aux scènes de la vie ordinaire,
comme Syracuse en avait tous les jours; mais les
deux scènes expriment la vérité humaine et témoignent de ce don d'observation fidèle et piquante **qui**
est une grande part du génie de Théocrite.

La variété et la vérité, telles sont les deux qualités
principales de Théocrite, et qui font, selon moi, sa
supériorité sur tous les autres poëtes bucoliques. Je
n'en excepte point Virgile, qui n'atteint Théocrite
que pour l'expression, et qui le suit de loin pour l'invention. Il y a dans Virgile une admirable idylle, la
première; mais c'est une page d'histoire pour le
fond, si c'est une églogue pour la forme; page d'histoire douloureuse, pleine des souvenirs de la guerre
civile et des maux qu'elle entraîne :

> . . . . . . En quo discordia cives
> Perduxit miseros ! . . . . . .

Qu'elle est triste et touchante, en effet, cette rencontre de Tityre et de Mélibée, tous deux hier également atteints par la proscription, mais l'un aujour-
d'hui protégé par la faveur du vainqueur qu'il a gagnée
par ses vers, l'autre exilé et dépouillé ! Comme le
bonheur de l'un fait ressortir le malheur de l'autre
et l'augmente par la comparaison ! Non que Mélibée
soit jaloux de Tityre :

> Non equidem invideo; miror magis.....

mais comment ne pas faire un amer retour sur soi-
même quand, chassé du toit qu'on aimait, on voit
son compagnon, plus heureux, assis à l'ombre des

arbres qui ne lui seront point enlevés ? Comment
ne pas s'écrier alors :

> Fortunate senex, ergo tua rura manebunt !

Je voudrais même que le malheur de Mélibée tou-
chât davantage Tityre et qu'il ne louât pas tant son
bonheur devant son ami :

> O Melibœe, Deus nobis hæc otia fecit !

car enfin le dieu qui fait les loisirs de Tityre fait
aussi l'exil de Mélibée. Singulière illusion que produit cette belle églogue de Virgile, puisque je m'en
prends à Tityre et à Mélibée comme à des personnages réels, plaignant l'un et blâmant l'autre,
comme si tous deux n'exprimaient pas la plainte du
poëte romain contre les proscriptions : l'un parlant
de sa reconnaissance, qui nous fait penser aux maux
affreux dont il est seul exempté, l'autre nous faisant comprendre toutes ses angoisses par le regard
mélancolique qu'il jette sur le bonheur de son compagnon. Que parlé-je donc de l'égoïsme de Tityre ?
c'est le contraste même du sort des deux bergers,
qui achève le tableau des jours qui suivent la guerre
civile, jours terribles où personne n'a plus ni droit
qui lui appartienne, ni champs qui soient les siens,
où chaque vaincu trouve un vainqueur pour lui dire
insolemment :

> ... Hæc mea sunt; veteres migrate coloni ! [1]

et où la flatterie et les beaux vers deviennent la
seule défense du patrimoine du poëte.

La première idylle de Virgile est une des plus
belles et des plus touchantes élégies que je con-

______
[1] Eglogue IX

naisse, parce qu'elle s'applique à de vrais malheurs et qui touchent tous les hommes, l'exil, la spoliation, la misère [1] ; mais la poésie pastorale n'a pres-

[1] Il y a une curieuse comparaison à faire entre la première églogue de Virgile et les imprécations du grammairien Caton, poëte aussi du temps d'Auguste, ou même plus ancien, contre les confiscations qui lui avaient enlevé son patrimoine. Chassé comme Mélibée du domaine paternel, il trouve, pour exprimer sa douleur, des vers, sinon aussi beaux, du moins aussi touchants que Mélibée :

> Exul ego, indemnatus, egens, mea rura reliqui,
> Miles ut accipiat funesti præmia belli !
> Hinc ego de tumulo mea rura novissima visam !
> . . . .
> Dulcia rura, valete, et Lydia dulcior illis,
> Et casti fontes, et, felix nomen, agelli !
> Tardius, ah ! miseræ descendite monte capellæ ;
> Mollia non iterum carpetis pabula nota...
> Intueor campos longum ; manet hostis in illis.
> Rura, valete iterum, tuque, optima Lydia, salve !

« Exilé sans avoir été jugé, pauvre, j'abandonne ces champs qui étaient les miens, et c'est un soldat qui va recueillir l'héritage de mes pères, comme récompense de la guerre civile. Ah ! que je puisse encore, du haut de cette colline, voir mes champs pour une dernière fois !... Adieu, douces campagnes, et toi aussi, Lydia, plus douce encore mille fois à mon cœur ! Adieu, ruisseaux limpides ! Adieu, terre dont le nom charme mon oreille ! Ah ! pauvres chèvres de l'exilé, soyez lentes à descendre la montagne ; vous ne paîtrez plus dans ces prés qui vous étaient familiers..... Adieu, adieu encore, champs qui m'êtes chers ; et toi, ô ma belle Lydie, adieu ! »

Lydie, dit-on, était une esclave de Caton, attachée à son domaine et que le soldat prit avec le domaine ; si bien qu'ici le poëte, plus malheureux que Mélibée, perdait à la fois ses champs et sa maîtresse, et que la douleur de l'amant s'ajoutait à la douleur de l'exilé.

> Invideo vobis, agri formosaque prata,
> Hoc formosa magis, mea quod formosa puella
> Est vobis. Tacite nostrum suspirat amorem.
> Vos nunc illa videt, vobis mea Lydia ludit,

que rien à y voir. J'y retrouve bien l'amour des
champs, si chers aux anciens, plus chers encore aux
exilés qui abandonnent les champs et les domaines
de leurs pères ; mais c'est dans les autres idylles
qu'il faut chercher l'inspiration de la poésie pastorale ou plutôt l'imitation de Théocrite. Dans cette
imitation, l'amour a sa place; mais c'est dans la
seconde églogue et surtout dans la dixième que
Virgile trouve, pour peindre l'amour, des traits
vifs et touchants. J'aime, dans l'idylle de Gallus, à
voir tous les pasteurs, tous les dieux des champs
et Apollon lui-même, venant prêcher Gallus sur
l'amour qu'il ressent pour Lycoris. « Quel est

> Vos nunc alloquitur, vos nunc arridet ocellis,
> Et mea submissa meditatur carmina voce,
> Cantat et interea mihi quæ cantabat in aurem.
> Invideo vobis, agri .... !
> O fortunati minium multumque beati,
> In quibus illa pedis nivei vestigia ponet!...
> Invideo vobis, agri : mea gaudia habetis,
> Et vobis nunc est mea quæ fuit ante voluptas.

« Champs heureux, beaux prés que je regrette et que j'envie, et d'autant plus beaux que ma belle maîtresse vous appartient ! Elle s'entretient
tout bas avec vous du souvenir de nos amours; elle vous voit encore,
elle jouit encore de votre aspect, elle vous parle, elle vous sourit ; elle
redit en secret les vers que je faisais pour elle ; elle chante les chants
que sa bouche me chantait à l'oreille. O belle et douce terre, que je
t'envie! Oh ! qu'ils seront heureux les champs où elle imprimera la
trace de ses pieds délicats! Oh ! que je vous porte envie, champs heureux qui gardez mes amours et qui avez les joies que j'avais naguère! »

Je ne compare pas les poëtes, mais je puis comparer les deux exilés;
et de Caton ou de Mélibée je ne sais lequel je préfère, je ne sais
lequel me touche le plus. — (*Corpus poetarum latinorum*. Edidit
Weber. Appendice, p. 1375, 1376).

ton délire, Gallus? dit Apollon. Cette Lycoris, qui fait ton souci, accompagne un autre amant et ne craint avec lui ni les glaces de l'hiver, ni les horreurs de la guerre. » Vains conseils, qui n'apaisent point les maux de Gallus! il languit, il meurt d'amour, et la seule prière qu'il adresse aux bergers, c'est de chanter après sa mort l'amour dont il périt. « Ah! plût aux dieux, s'écrie-t-il, que j'eusse été un simple berger! j'aurais gardé mes troupeaux, ou bien j'aurais vendangé mes vignes. Si j'eusse aimé, c'eût été Phyllis ou Chloé que j'eusse aimée :

> Oui, Chloé, quoique brune, eût été mon amante ;
> La violette est noire et n'est pas moins charmante [1].

Je reposerais près de Chloé sous les vignes que soutiennent les saules; ou bien Phyllis me redirait ses douces chansons. Ah! Lycoris, Lycoris! c'est ici que les ruisseaux sont limpides et frais; c'est ici que les prés sont doux et beaux, ici que les bois ont toute leur ombre, ici que j'aimerais à vivre et à mourir avec toi! »

Voilà bien les mouvements de l'amour. Gallus voudrait renoncer à Lycoris, vivre aux champs près de Phyllis ou de Chloé : ces vignes forment un si doux berceau! ces prés sont si verts, ces bois si pleins d'ombre! oui, tout cela est charmant, **mais** surtout pour en jouir avec Lycoris; car les images de bonheur que se fait Gallus le ramènent malgré lui à l'idée de son amour pour Lycoris. Comment être heureux autrement que par elle et avec elle? Ce retour obstiné que la passion fait sans cesse vers ce

---

[1] Firmin Didot, traduction des *Bucoliques*.

qu'elle aime est le charme de cette belle églogue.
Gallus reproche à Lycoris son infidélité, son courage
à braver avec un autre que lui les dangers de la
guerre et l'horreur des climats glacés. « Quoi! loin
de ta patrie (ah! puis-je encore le croire?), tu vas
traverser les Alpes hérissées de neige ou le Rhin
couvert de glaçons! Tant de périls et de fatigues
sans moi! Cruelle, ah! puisse au moins le froid t'é-
pargner! puisse la glace tranchante ne pas blesser
tes pieds délicats! »

Voilà le langage touchant et passionné de l'a-
mour; mais ici encore nous sommes plus près de
l'élégie que de la poésie pastorale. Ce n'est pas, en
effet, dans la poésie pastorale que les Latins ont
cherché à peindre et à exprimer l'amour. Horace,
Ovide, Catulle, Tibulle et Properce ont beaucoup
chanté l'amour, parfois même l'amour ingénu; mais
ils l'ont chanté dans leurs odes, dans leurs élégies
ou dans leurs poëmes, non dans l'églogue, qui,
après Virgile, n'a guère été cultivée chez les Latins.
Jetons un regard rapide sur l'expression que ces
divers poëtes ont donnée à l'amour, nous attachant
surtout à l'expression de l'amour ingénu.

Si l'amour ingénu ne doit être compris que comme
l'amour honnête et pur, ou si même il faut, pour
trouver une expression fidèle de cet amour, que les
deux amants soient également doués d'innocence et
de candeur, il y a peu de place dans Horace pour
l'amour ingénu. Mais si les premières effervescences
de l'amour, ou même ses premiers chagrins peuvent
être attribués à l'amour ingénu, quel que soit l'objet
de cet amour, Horace est plein de tableaux ou plu-

tôt d'esquisses de ce genre, esquisses charmantes,
soit qu'il peigne l'enivrement du jeune homme qui
a foi aux serments d'amour de Pyrrha et qui la croit
sincère, tant il la trouve belle[1], soit qu'il représente
les mouvements instinctifs de la jalousie et qu'il prie
Lydie de ne pas louer la beauté du jeune Télèphe[2].

Parfois Horace nous fait assister aux festins de la
jeunesse romaine. On boit, mais sans excès, comme
entre gens de bonne compagnie, afin de rester spirituels dans la gaieté. On se fait confidence de ses
amours. Il n'y a que le frère de Mégilla qui se taise.
« Eh bien, je ne boirai cette coupe de falerne que s'il
nous dit d'où part la flèche qui a traversé son cœur.
Il hésite : je ne boirai qu'à ce prix. Allons ! quel que
soit l'amour qui t'enchaîne, tu n'as pas lieu de rou-
gir, j'en suis sûr, et ta maîtresse est digne de toi.
Dis-moi son nom à l'oreille : je serai discret..... Ah !
malheureux jeune homme, dans quel Charybde es-tu
tombé? Vite, cours aux sorcières de Thessalie pour
te délivrer du funeste enchantement qui te pos-
sède[3]. »

Ne voyons-nous pas dans cette petite scène le
jeune homme encore inexpérimenté en ses premières
amours, les plaçant mal, et ses jeunes amis, déjà
plus avisés, l'avertissant à l'envi de son imprudence?
Ils ne le détournent pas d'aimer, car il faut l'amour,
disent-ils, pour polir la jeunesse[4]; mais il faut fuir

---

[1]   Quis multa gracilis te puer in rosa...
                                    (Ode v, liv. I.)

[2] Ode XIII, liv. I.

[3] Ode XXVII, liv. I.

[4]   Et parum comis sine te Juventas...
                           (*Ode à Vénus*, XXX, liv. I.)

la courtisane avide et froide. Aimez plutôt votre esclave, comme Achille aima Briséis, comme Ajax aima Tecmesse [1]. Mais, encore un coup, fuyez la courtisane ou même la coquette; fuyez Barine, chaque jour plus belle à mesure qu'elle est plus perfide. « Oui, Barine, si les dieux t'avaient jamais punie de tes parjures, si tu y perdais l'ivoire de tes dents ou la nacre de tes ongles, oui, je pourrais croire à tes serments; mais à peine t'es-tu engagée d'amour, adjurant tous les dieux pour les trahir, que tu t'échappes et brilles plus belle que jamais, entraînant après toi les cœurs des jeunes gens [2]. »

Voilà de bons conseils, Horace, et qui sont sages sans être austères : c'est bien là votre morale. Quittez donc les femmes fausses et légères; quittez-les même avant qu'elles ne vieillissent; soyez sage avant qu'elles ne soient laides [3]. C'est bien là aussi ce que je veux, reprend Horace; laissez-moi seulement aller dire un dernier adieu et faire un dernier reproche à Lydie, qui m'a quitté pour le jeune Calaïs. « Lorsque je te plaisais, Lydie, quand aucun autre amant plus fortuné que moi ne te pressait sur son sein, alors, Lydie, j'étais plus heureux que le grand roi des Perses.

LYDIE. « Tant que tu n'as aimé que moi, tant que ton cœur ne m'a pas mise après Chloé, j'étais fière

----

[1]   Ne sit ancillæ tibi amor pudori...
                                    (Ode IV, liv. II.)

[2] Liv. II, ode VIII.

[3]   Parcius junctas quatiunt fenestras...
                                    (Ode XXV, liv. I.)

de ton amour et plus heureuse qu'Ilia, mère des Romains.

HORACE. « Oui, c'est maintenant Chloé que j'aime, Chloé qui sait les chants qu'il faut unir à la lyre, et, pour elle, je ne craindrais pas de mourir, pourvu que les dieux la fassent vivre.

LYDIE. « Et moi, j'aime Calaïs et j'en suis aimée, Calaïs, le fils d'Ornytus de Thurium; et, pour lui, je ne craindrais pas de mourir deux fois, pourvu que les dieux le fassent vivre.

HORACE. « Mais quoi! si je revenais à mes anciennes amours, si je reprenais le joug qui me fut cher, si mon cœur se rouvrait pour Lydie? »

LYDIE. « Ah! quoique Calaïs soit plus beau que le jour, et que tu sois plus léger que le liége, plus emporté que les flots orageux de l'Adriatique, c'est avec toi que je veux vivre et mourir [1]. »

Voilà comment finissent les querelles des amants. Mais cette peinture vive et piquante des mouvements de l'amour ne mérite-t-elle pas d'être placée parmi les plus gracieux tableaux de l'amour ingénu, tant le sentiment qu'Horace a mis en scène, et que Molière a si souvent reproduit [2], est naturel et vrai!

J'ai toujours été disposé à croire que, dans ses odes et même dans ses odes amoureuses, Horace n'avait fait que traduire les Grecs; qu'il s'attachait à l'expression plutôt qu'à l'invention, comme le faisaient en général les poëtes du temps d'Auguste, et qu'il n'é-

----

[1]   Donec gratus eram tibi...
                           (Ode IX, liv. III.)

[2] Dans le *Dépit amoureux*, dans *l'Avare*, dans le *Tartufe*, dans le *Malade imaginaire*.

tait vraiment original que dans ses *Satires* et dans ses *Épitres*. Seulement, comme Horace a toujours été heureux, il a été heureux aussi dans sa gloire. Les poëtes lyriques grecs qu'Horace traduisait ou imitait ont péri, et il est resté pour nous le représentant de la poésie lyrique dans l'antiquité : je veux parler ici de la poésie légère, laissant de côté les hymnes de Pindare, qu'Horace, après tout, n'a pas eu l'ambition d'imiter. C'est donc Horace qui, à nos yeux, a la gloire de ces petites odes amoureuses qui peignent l'amour dans ce qu'il a de gracieux, souvent de léger, souvent aussi de naïf et de touchant, et dont il était impossible de ne pas dire un mot dans la recherche que je fais des expressions de l'amour dans l'antiquité.

Il y a aussi dans Ovide, et surtout dans ses *Métamorphoses*, bien des récits d'amour, et d'amours de tout genre : l'amour maternel dans Niobé et dans Hécube, l'amour conjugal dans Halcyone et Céyx, l'amour passionné et violent dans Médée, qui trahit sa patrie pour Jason, et dans Scylla, qui trahit son père pour Minos; il y a même l'amour incestueux dans Byblis et dans Myrrha. Mais j'ai eu grand'peine à trouver l'amour ingénu dans Ovide : non pas qu'Ovide n'ait souvent peint des adolescents qui ne savent pas encore ce que c'est que l'amour, et à qui les nymphes des bois et des montagnes veulent l'enseigner; mais, dans les récits de ce genre, la naïveté chez Ovide tourne aisément à la volupté. Il y a un autre écueil qu'Ovide n'évite pas non plus, si même il ne le cherche point : il aime l'extraordinaire et le merveilleux, il est vraiment le poëte des métamorphoses. Dans Hermaphrodite et dans Narcisse, la métamorphose l'occupe plus ou autant que la peinture de l'amour de Salmacis et d'Écho. Enfin, comme Ovide, dans les *Métamorphoses*, est un conteur plutôt qu'un peintre, il se presse d'arriver au dénoûment, ce qui en amour est ce qu'il y a de plus commun et de moins intéressant. Les dieux, quand ils aiment, et ce sont presque toujours des dieux ou des fils de dieux qu'il met en scène, sont presque tous comme Pluton lorsqu'il enlève Proserpine :

> Pene simul visa est, dilectaque, raptaque Diti :
> Usque adeo properatus amor[1] ! . . . . .

Avec des amours aussi précipités, il n'y a point de place pour les détails de sentiments qui font le charme de l'amour ingénu. L'aventure d'Hippomène et d'Atalante est dans les *Métamorphoses* le seul récit où ce genre d'amour vienne se placer naturellement.

Atalante était, comme la princesse d'Élide dans Molière, belle, orgueilleuse et insensible. Elle était surtout fière de sa rapidité à la course, et comme il y avait beaucoup de prétendants, attirés par sa beauté, qui demandaient sa main : « Je n'épouserai, dit-elle, que celui qui m'atteindra à la course, et quiconque ne m'atteindra pas sera mis à mort. » Loi cruelle ; mais Atalante était si belle que ses amants acceptaient cette condition. Ils couraient avec elle, étaient vaincus et tués sans pitié. Un jour, Hip-

---

[1] Pluton la voit, l'aime et l'enlève : tant est prompt l'amour des dieux ! — *Métamorphoses*, livre V, 395.

pomène assistait à cette course fatale : « Faut-il
donc, disait-il, acheter une épouse à ce prix ? » Et
il blâmait fort les amants d'Atalante ; mais quand
il la vit déposer ses vêtements et se préparer pour la
course, alors, frappé de tant de beauté : « Ah ! pardonnez-moi, dit-il, vous que je blâmais ! je ne con-
naissais pas encore le prix du combat. » Bientôt la
course s'engage, et Hippomène désire qu'Atalante
l'emporte, ou plutôt qu'aucun des jeunes gens ne
l'obtienne : elle était si belle à courir légèrement
dans la lice ! Ce jour-là, comme les autres, Atalante
fut victorieuse et les vaincus furent mis à mort.
Cependant le sort des prétendants n'effraie pas Hippomène, et il se présente hardiment pour courir avec
elle. Hippomène était beau, et Atalante, en le regardant, hésita cette fois à désirer la victoire. « Quel
dieu, se disait-elle, envieux de la beauté de ce jeune
homme, veut donc le perdre ? Pourquoi, au prix de
sa vie, cherche-t-il ma main ? Je ne veux point un
pareil sacrifice. Ce n'est pas sa beauté qui me touche,
quoiqu'elle ait de quoi me toucher ; mais c'est presque encore un enfant ; ce n'est pas lui qui m'émeut,
c'est son âge ; et ce n'est pas son âge seulement : il
est courageux, et son âme ne craint pas la mort. Il
est le petit-fils de Mercure ; enfin il m'aime, et pour
m'obtenir, il risque sa vie, s'il est vaincu. Oh ! jeune
étranger, quitte ces lieux cruels, renonce à cet hymen
sanguinaire ; mon mariage donne la mort. Va ! toutes
les jeunes filles souhaiteront ta main ; va ! tu trouveras aisément une fiancée moins insensée que
moi... Que dis-je ? et pourquoi m'intéressé-je à ce
jeune homme ? j'en ai tant vu périr avant lui ! Après

tout, qu'y puis-je faire? C'est à lui de décider de son sort, puisqu'il est averti par la mort de tant de prétendants, et que sans doute il est las de la vie... Quel front innocent et pur! il n'a point encore aimé, il n'a aimé que moi. Ah! malheureux Hippomène, pourquoi m'as-tu vue? Tu méritais de vivre, et, si j'étais plus heureuse, si les dieux ne m'avaient pas interdit l'hyménée, tu es le seul que j'aurais voulu épouser [1]. »

Ainsi parlait Atalante, et, touchée pour la première fois par l'amour, elle aime sans savoir encore qu'elle aime. Cependant le jour de la course arrive. L'amour d'Atalante eût suffi pour arrêter ses pas; mais le poëte des *Métamorphoses* n'est pas libre d'oublier les légendes mythologiques : ce sont les pommes d'or que Vénus avait données à Hippomène, qu'il jette dans la lice et qu'Atalante veut ramasser, ce sont ces pommes d'or qui la retardent et lui ôtent la victoire. Elle ne s'en plaignit pas, car souvent, pendant la lutte, au moment de dépasser le jeune homme, elle s'arrêtait pour regarder ce visage chéri et retardait elle-même sa course :

> O quoties, quum jam posset transire, morata est,
> Spectatosque diu vultus invita reliquit!

Voilà l'amour ingénu, tel qu'il est dans les *Métamorphoses*, encadré et souvent étouffé dans le merveilleux, plutôt fin que naïf, et comme il pouvait être peint dans le siècle d'Ovide et par l'auteur de l'*Art d'aimer*. L'*Art d'aimer* semble, en effet, exclure l'amour ingénu. Nous aurions tort, il est vrai, de

---

[1] *Métamorphoses*, liv. **X**.

juger l'*Art d'aimer* sur son titre, et de le prendre
pour un ouvrage toujours frivole ou toujours cor-
rupteur. Je ne le donne pas assurément pour un ouvrage édifiant; je veux seulement faire remarquer
qu'Ovide n'est pas un Lovelace et qu'il n'écrit pas
non plus pour les Lovelaces. Il observe et il peint
l'amour, c'est-à-dire le sentiment qui prend le plus
l'homme et met tous les autres sentiments en jeu.
Aussi il mêle à son poëme je ne sais combien de réflexions fines, ingénieuses, pénétrantes, qui ôtent
à l'ouvrage son caractère de frivolité. Il sait, par
exemple, toutes les ruses de l'amour, comment il se
cache, comment il se déguise, comment même il se
nie lui-même. Mais prenez garde, vous qui vous
vantez si bien d'être insensibles et qui le dites à tout
le monde :

> Qui nimium multis, non amo, dicit, amat [1].

« Dire à tout le monde *je n'aime pas*, c'est avouer
qu'on aime. »

Personne, non plus, ne sait et ne dit mieux qu'Ovide
le rôle que la vanité joue dans l'amour. Elle a son
coin dans toutes les âmes, même dans les plus sévères. Mais comment persuader qu'on aime? comment
se faire croire? Ne vous inquiétez pas de ce point :

> Nec credi labor est : sibi quæque videtur amanda;
> Pessima sit, nulli non sua forma placet [2].

« Chaque femme se croit belle, et la laide même
se trouve un charme qui lui plaît. »

Souvent, dans Ovide, le sujet de la réflexion est

---

[1] *Le Remède de l'amour*, v. 648.
[2] *Art d'aimer*, liv. I, 612.

frivole et léger ; mais la réflexion est profonde et s'applique à tout. Ainsi parle-t-il du nombre et du mélange infini de races et de nations diverses qui se trouvent rassemblées dans Rome, il n'a l'air de songer qu'aux jeunes gens et aux jeunes filles :

> Nempe ab utroque mari juvenes, ab utroque puellæ
> Venere ;...

mais il ajoute tout à coup :

> atque ingens orbis in Urbe fuit[1].

Voilà Rome devenue le monde, comme elle l'était véritablement sous l'empire ; voilà cette réunion ou cette identification de tous les peuples du monde civilisés sous le même gouvernement, qui est le caractère principal de l'empire romain depuis Auguste et qui en fit la force, en dépit de la corruption des mœurs et de l'affaiblissement des âmes.

Ovide conseille-t-il aux amants de multiplier les serments et de jurer par les dieux, il ajoute :

> Expedit esse deos, et, ut expedit, esse putemus[2].

« Il est commode qu'il y ait des dieux, et voilà pourquoi nous devons soutenir qu'il y en a. » Commode ! aux amants seulement? Non : je pense à la piété politique d'Auguste et de ses poëtes, qui prêchaient la religion comme la meilleure police de l'empire[3] ; je pense enfin au vers de Voltaire :

> Si Dieu n'existait pas, il faudrait l'inventer.

----

[1] *Art d'aimer*, liv. I, 173.

[2] *Ibid.*, 637.

[3] Lisez l'ode d'Horace :

> Delicta majorum, etc. (liv. III, ode VI.)

Ovide est de l'école d'Auguste, en dépit de son vers hardi et moqueur; il recommande la crainte de Dieu et l'obéissance aux lois. Qui s'attendrait, par exemple, à trouver, dans l'*Art d'aimer*, ces vers d'une morale si sévère?

> Nec secura quies illos [1] similisque sopori
> Detinet. Innocue vivite : numen adest.
> Reddite depositum ; pietas sua fœdera servet ;
> Fraus absit ; vacuas cædis habete manus.
> Ludite, si sapitis, solas impune puellas [2].

« Ne croyez pas que les dieux languissent dans un repos semblable au sommeil. Vivez dans la vertu, car Dieu est partout présent. Respectez les dépôts qui vous sont confiés ; soyez pieux envers les dieux ; ne trompez pas ; que vos mains soient pures de sang. Il n'y a que les jeunes filles qu'on peut trahir impunément. » Bizarre mélange assurément de sentiments et d'idées : de hardiesse philosophique, quand il dit qu'il est bon qu'il y ait des dieux ; de morale religieuse, quand il prêche la vertu au nom de la crainte que nous devons avoir d'un Dieu toujours vigilant ; de légèreté mondaine enfin, quand il prescrit d'être fidèle en tout, excepté en amour.

Cette abondance imprévue de réflexions et d'observations fait, à mes yeux, le grand mérite de l'*Art d'aimer*. Vous croyez ne rencontrer qu'un précepteur d'amour ; vous trouvez un moraliste piquant, pour qui l'amour n'est qu'une occasion de mieux observer le cœur humain. Le moraliste, il est vrai,

---

[1] Il s'agit des dieux.
[2] Liv. I, 639.

n'est point optimiste, soit lorsque, parlant des amis, il
déclare qu'ils sont une peste en amour et qu'il ne
faut pas confier sa maîtresse, même à son ami le
plus fidèle : « Car, dit-il, l'homme aime le mal et s'y
sent attiré ; il ne songe qu'à son plaisir, et souvent
même le chagrin d'autrui en est le plus doux assai-
sonnement :

> Nil nisi turpe juvat. Curæ est sua cuique voluptas;
> Hæc quoque ab alterius grata dolore venit [1];

soit qu'il avertisse les amants de se défier de leurs
succès, et qu'alors oubliant, pour ainsi dire, qu'il ne
s'agit que d'amour, il étende ses réflexions et les
applique, sans le dire, à toutes les prospérités humaines : « Il n'y a pas moins de vertu à conserver
qu'à acquérir... L'esprit de l'homme s'emporte et
s'égare dans la prospérité, et l'égalité d'âme est difficile dans le bonheur :

> Nec minor est virtus, quam quærere, parta tueri...
> . . . .
> Luxuriant animi rebus plerumque secundis;
> Nec facile est æqua commoda mente pati [2].

A cette sagacité du moraliste, qui peint l'homme
en peignant les amants, et qui le fait sans affectation et sans roideur, ajoutez parfois une mélancolie
aimable et douce, qui ne tombe ni dans la mélancolie de cimetière, ni dans l'amertume de la misanthropie. Le *Copa*, un des petits poëmes attribués à
Virgile, et qui, au jugement de Heyne, est au moins
de son siècle, finit par ces deux vers, qui sont comme

[1] Liv. I, 749.
[2] Liv. II, 13, 447.

la devise des buveurs de bonne compagnie dont le poëte décrit les plaisirs :

> .   .   .   Pereant qui crastina curant!
> Mors aurem vellens : Vivite, ait, venio.

« Fi de ceux qui songent au lendemain! Voici la mort qui vous tire l'oreille et qui vous dit : Hâtez-vous de vivre, j'arrive. »

Je n'aime pas beaucoup cette image de la Mort qui vient tirer l'oreille des buveurs, et je préfère Ovide disant aux amants, avec la même pensée exprimée d'une façon touchante et gracieuse :

> Utendum est ætate. Cito pede labitur ætas ;
> Nec bona tam sequitur, quam bona prima fuit.
> Hos ego, qui canent frutices, violaria vidi ;
> Hac mihi de spina grata corona data est [1].

« Profitez de vos belles années : elles s'enfuiront d'un pas rapide. L'âge qui vient ne vaut pas l'âge qui s'en va. J'ai vu des violettes où il n'y a plus que des ronces; j'ai cueilli des roses où il n'y a plus que des épines. »

Les autres poëtes latins qui ont chanté l'amour, Catulle, Tibulle et Properce, n'ont pas, comme Ovide, cette abondance de réflexions ingénieuses et piquantes, et il ne faut pas la leur demander. Ils n'ont pas traité de l'amour en général : ils n'ont chanté que l'amour qu'ils sentaient pour leurs maîtresses. Cet amour est-il bien exprimé, ou plutôt, pour ne pas m'écarter de mon sujet, y a-t-il là quelque chose qui ressemble à l'amour ingénu? L'amour, dans Catulle, dans Tibulle et dans Properce,

---

[1] *Art d'aimer*, liv. III, **44**.

est le contraire de l'amour ingénu, soit à cause des objets mêmes de l'amour des poëtes, soit à cause de leurs sentiments. Je sais bien que Catulle, pour exprimer ce qu'il y a d'irrésistible et d'involontaire dans son amour pour Lesbie, dit en vers charmants et presque ingénus par la grâce de l'expression : « Je hais et j'aime. Peut-être me demanderas-tu comment je fais pour aimer et haïr en même temps? Je ne sais, mais je le sens, et c'est là ce qui fait mon tourment.

> Odi et amo. Quare id faciam fortasse requiris?
> Nescio; sed fieri sentio, et excrucior [1]... »

Mais ce mélange même de haine et d'amour, tout naturel et tout irrésistible qu'il est, est contraire à l'amour ingénu, qui n'admet pas ces contradictions de sentiments. Cette science de l'amour qui hait est une science qui vient plus tard. Non-seulement Catulle hait et aime à la fois, mais il aime Lesbie sans l'estimer, et il le lui dit [2]? Voilà encore un mystère des cœurs expérimentés que ne peut pas comprendre l'amour ingénu. Aimer sans estimer! comment cela est-il possible? L'âme qui aime ne se donne-t-elle pas tout entière, et, de tous ses sentiments, peut-elle excepter le plus noble et le plus délicat? Il est vrai qu'à prendre le portrait que les poëtes latins nous ont de leurs maîtresses, elles sont belles et gra-

[1] Carmen LXXXV.

[2]   Nunc te cognovi. Quare, etsi impensius uror,
>   Multo mi tamen es vilior et levior.
>   Qui potis est? inquis. Quod amantem injuria talis
>   Cogit amare magis, sed bene velle minus.
>   (Carmen LXXII.)

cieuses plutôt qu'honnêtes. L'amour qu'elles inspirent non-seulement n'a rien de pur, mais il n'a non plus rien de paisible. Il semble même, à en croire Properce, que ce soit le mérite de ce genre d'amour d'être plein de troubles et de querelles : il y faut la plainte, la colère, l'injure. Properce souhaite à ses ennemis une maîtresse douce et calme [1]. Voilà bien l'amour impur avec ses agitations et ses soucis, qui, dit-on, font son charme fatal. Cependant rendons justice à Properce : le même poëte qui peint l'amour impur et vénal sait trouver aussi, pour exprimer l'amour maternel, d'admirables sentiments. Voyez ces beaux vers d'une épouse mourante, qui console son mari de sa perte et qui lui recommande ses enfants :

> Nunc tibi commendo communia pignora, natos ;
>   Hæc cura et cineri spirat inusta meo.
> Fungere maternis vicibus, pater ; illa meorum
>   Omnis erit collo turba ferenda tuo.
> Oscula quum dederis tua flentibus, adjice matris [2].

« Je te confie ces enfants, gages de notre commun amour; c'est le dernier souci qui reste à mon âme. Sois-leur plus qu'un père, sois-leur une mère. C'est à toi maintenant de les serrer dans tes bras; et, quand tu les baiseras en pleurant, ajoutes-y les baisers d'une mère. »

Tibulle passe pour être plus pur que Catulle et

---

[1] Non est certa fides quam non injuria versat ;
    Hostibus eveniat lenta puella meis...
Aut in amore dolere volo, aut audire dolentem :
    Sive meas lacrymas, sive videre tuas.

          (Liv. III, élégie viii.)

[2] Liv. IV, élégie xi.

Properce. Ses vers sont peut-être plus gracieux et plus doux ; mais l'amour qu'il peint n'est point meilleur et n'a rien d'ingénu. C'est toujours l'amour des coquettes du monde ou des courtisanes de la ville. Il y a bien çà et là quelques fantaisies champêtres, et le poëte veut aller vivre et aimer aux champs, parce que sa maîtresse y vit ; mais Délie n'est à la campagne qu'en *villégiature*, et nous comprenons bien vite que Tibulle ne veut non plus être laboureur que par caprice et comme en partie de campagne. Il a beau nous dire qu'il ne craindra pas que le soleil noircisse son teint ou que le manche de la charrue gâte ses mains délicates, je ne crois pas à la vocation champêtre de celui qui fait de pareilles remarques, pas plus que je ne crois que Délie ou Némésis (car le poëte change de maîtresse à chaque livre de ses poésies) fassent un long séjour aux champs. Elles reviendront bien vite à la ville, car elles aiment la ville et la richesse. Les bergers même les plus délicats et les plus amoureux ne leur plaisent pas longtemps : il leur faut des amants riches et prodigues [1].

C'est avec tristesse que Tibulle voit dans sa maitresse ce goût de la richesse et du luxe ; car il est pauvre, les guerres civiles l'ont ruiné. Il avait autrefois une grande et belle maison, de vastes et fertiles sillons, des greniers toujours trop étroits pour ses moissons, des troupeaux qui couvraient le penchant des collines : de tous ces biens, il ne lui reste que le regret et les dépits toujours renaissants au

---

[1] **Heu, heu! divitibus video gaudere puellas.**

(Liv. II, élégie III.)

souvenir du passé [1]. Il n'a plus que des vers et de la
gloire à donner, présent mesquin aux yeux de sa
maîtresse ; car, comme le dit gaiement Ovide parlant aussi de ce goût que les femmes ont pour les
cadeaux : « Et toi-même, ô grand Homère ! si tu ve-
nais avec le cortége des Muses et que tu n'appor-
tasses rien que tes vers, tu recevrais ton congé [2]. »

Ces réflexions sur sa pauvreté et sur la légèreté de
l'amour qu'il poursuit, inspirent à Tibulle une sorte
de mélancolie amoureuse qui est un de ses charmes
et qui a fait école dans la poésie élégiaque, surtout
de nos jours. Ovide conseillait aux amants d'être
pâles ; cela sent les tourments d'amour :

> Palleat omnis amans : color est hic aptus amanti [3].

La poésie, de nos jours, va plus loin : elle conseille
la tristesse et l'air mourant. Les amants ne parlent
que de tombeaux, suivant en cela l'exemple de Tibulle, qui parle aussi de l'ennui de la vie et qui
aime à se voir mourir ou même à se voir mort,
pourvu que Néera, qui est la maîtresse de son troisième livre, vienne pleurer sur son tombeau [4].

[1] Liv. IV. Laudes Messalæ.

[2]   Ipse licet venias, Musis comitatus, Homere,
    Si nihil attuleris, ibis, Homere, foras.
              (Art d'aimer, liv. II, 279.)

[3] *Art d'aimer*, liv. I, 729.

[4]   Nec mihi vera loqui pudor est, vitæque fateri
    Tot mala perpessæ tædia nata meæ.
    Ergo, quum tenuem fuero mutatus in umbram,
    Candidaque ossa super nigra favilla teget,
    Ante meum veniat, longos incompta capillos,
    Et fleat ante meum mœsta Neæra rogum.
              (Liv. III, élégie 11.)

Dans cette mélancolie amoureuse, je cherche où est l'amour ; je ne dis pas seulement l'amour ingénu, qui n'admet pas plus l'idée de la mort que l'idée de la haine, parce que ce sont deux idées opposées à l'amour ; je cherche où est l'amour vrai. Dans Catulle, dans Tibulle et dans Properce, l'amour, quand il est libertin, a son coin de vérité, la vérité du vice. Il perd cette vérité quand il devient mélancolique et qu'il se livre, par fantaisie ou par affectation littéraire, à l'idée de la mort. Il faut, au moins, que l'amour soit gai quand il n'est pas honnête, et je préfère à la mélancolie sentimentale de Tibulle le refrain du *Pervigilium Veneris*, cette vieille chanson d'amour qui date de la fin de la littérature latine, à en juger par le style, mais dont les sentiments et le refrain sont de tous les temps :

> Cras amet qui nunquam amavit,
> Quique amavit cras amet !

« Aimez demain, si vous n'avez pas encore aimé, et, si vous avez aimé, aimez demain ! »

XLIV.

DE L'AMOUR INGÉNU DANS LES ROMANS DE CHEVALERIE.
L'OBERON DE WIELAND.

Si j'avais à chercher dans la littérature du moyen âge la plus vive et la plus gracieuse expression de l'amour ingénu, c'est dans les romans de chevalerie que je la prendrais. Les chansons de gestes et d'aventures qui, mises en prose à la fin du quinzième siècle et au commencement du seizième, sont devenues nos romans de chevalerie, ont exprimé cette sorte d'amour avec beaucoup de grâce et de naïveté.

Essayons donc de faire connaître quelques-unes de ces idylles chevaleresques, plus gracieuses et plus originales, à mon sens, que l'*Aminta* et le *Pastor fido* du Tasse et du Guarini. Je prendrai d'abord les amours d'Arthus de Bretagne et de Jeannette, dans le roman d'*Arthus de Bretagne* [1] ; puis les amours du chevalier Orson et de la belle Fezonne, dans

---

[1] *Histoire des merveilleux faits du preux et vaillant chevalier Arthus de Bretagne, et des grandes aventures où il s'est trouvé en son temps.* — Paris, chez Nicolas Bonfons, 1584. — La première édition de ce roman est de Paris, 1502.

l'*Histoire de Valentin et d'Orson* [1]; enfin l'*Histoire d'Huon de Bordeaux*, dans le roman de ce nom, que je comparerai avec l'*Oberon* du poëte allemand Wieland.

Les amours d'Arthus de Bretagne et de Jeannette sont à la fois gracieux et piquants. Arthus de Bretagne étant à la chasse trouve dans la forêt une dame avec sa fille logées dans une cahute de feuillage. Cette dame était la veuve d'un vaillant chevalier du royaume de la *terre déserte*, nommé le sire de Viciers, qui aimait beaucoup les tournois et les aventures. Mais les tournois et les aventures coûtent cher, et le chevalier s'y ruina, si bien que, quand il mourut, sa femme fut forcée de tout vendre.

« Quand je vis que je n'eus plus rien, dit la pauvre dame, je m'enfuis de nuit. Car j'aimais mieux être pauvre femme mendiante en étrange terre que là où j'avais été dame. — Lors commença à plorer et dit à Arthus (car c'est à Arthus que la dame de Viciers fait ce récit) : Je m'en vins et amenay mon enfant que vous voyez ici (c'est Jeannette), laquelle dut gesir sur beaux lits encourtinés ; mais lui convient (il faut) gesir dessus la moiteur en cette loge couverte de rameaux. — Lors répondit Arthus : Eh ! dame, que ne requeriez-vous vos amis qu'ils vous aidassent à ce besoin, ou au moins qu'ils vous donnassent robes et vivres ? si fussiez plus honorablement que de ça (de

---

[1] *L'Histoire des deux nobles et vaillants chevaliers Valentin et Orson, enfants de l'empereur de Grèce et neveux du très-chrétien Pépin, roi de France, contenant septante-quatre chapitres, lesquels parlent de plusieurs et diverses manières, comme vous orrez ci-après.* — A Rouen, chez la veuve Louis Cotté. Sans date.

là ici) venir. — Sire, Dieu me gard, dit la dame, pauvres gens n'ont nuls amis... Entre le pauvre et le riche faut parenté (la parenté se rompt). »

Ce récit, plein de nobles sentiments que n'a point altérés la triste expérience de la vie, touche Arthus, ému aussi de la grâce de Jeannette. Il établit la dame de Viciers et sa fille dans une maison de plaisance bâtie dans la forêt, et huit jours après il revient les voir avec son gouverneur. Comme Jeannette, depuis qu'elle habitait avec sa mère la maison que leur avait donnée Arthus, « buvait du vin et mangeait de bonnes viandes, elle était toute revenue en sa beauté, et, quand Arthus la vit, elle lui plut encore plus que la première fois; si la prit par la main et s'assirent ensemble. Si était la matinée belle et claire et la rosée grande; si chantaient les oyselets par la forêt, si que les deux enfants s'en éjouissaient en grande liesse pour le doux temps, comme ceux qui étaient jeunes et à qui il ne fallait que jouer et rire, et qui s'en-tr'aimaient de bon cœur sans vilenie et sans mal. Lors dit Arthus tout en riant : Madamoiselle Jeannette, avez-vous point d'amy? — Et elle, en souriant et regardant Arthus, doucement lui répondit : — Par la foi que je vous dois, monseigneur, oui, bel et gracieux. — Et d'où est-il, Jeannette? — Sire, il est du pays... dont il est. — Et comment est-il appelé? dit Arthus. — La fille dit... Le roi Arthus fut un bon chevalier et preux, et de grand' vertu; et vous dis que mon ami est aussi bon, si meilleur n'est, et ressemble à vous mieux qu'à personne qui vive, d'aller et de venir...... Si parlèrent tant qu'il fut temps qu'Arthus s'en retournât, et en retournant

Arthus dit à son gouverneur : Maître, voyez la grand'
douceur de notre damoiselle et la franchise de cœur,
comme sagement elle dit, sa gentille manière et noble contenance. Je l'aime grandement.

« Monseigneur, dit Gouvernau (c'est le nom du
gouverneur d'Arthus), tout ce que vous dites y est;
mais, pour Dieu ! gardez votre honneur. Vous êtes
un riche homme, noble d'avoir et d'amys, et elle est
une pauvre gentil femme; et, si vous lui faisiez vilenie, vous lui ôteriez ce que jamais ne pourriez lui
rendre; et si en seriez plus blâmé qu'un moindre
que vous. — Maître, dit Arthus, à Dieu ne plaise !...
Mais je la veux aimer et garder loyamment ainsi que
ma propre sœur. »

Le romancier, qui donne à ses personnages le
goût des bonnes mœurs, ne rend pas cependant leurs
caractères monotones et fades à force de perfection.
Le personnage de Jeannette, par exemple, est à la fois
naïf et piquant. Dès qu'elle voit Arthus de Bretagne,
Jeannette le prend pour son ami. Dans ce choix il y
a de l'amour, parce qu'Arthus est jeune et beau; il
y a de la reconnaissance, parce qu'Arthus est le pro-
tecteur de sa mère. Maintenant qu'arrivera-t-il de
cet amour? sera-t-elle jamais la femme du duc de
Bretagne? ne sera-t-elle que son amie en tout bien et
tout honneur? Elle est prête à tout, ou plutôt elle ne
songe à rien, sinon à aimer Arthus et à garder son
amour à travers les plus pénibles épreuves. La fortune lui ménage un rôle conforme à sa passion et
fort singulier. Le duc et la duchesse de Bretagne veulent marier leur fils à la fille de la duchesse d'Autriche, la belle Péronne. Le mariage est conclu, et

Péronne est amenée à la cour de Bretagne. Mais, comme avant d'épouser Arthus, elle a aimé un chevalier de la cour d'Autriche, elle ne peut pas se déterminer à accomplir le mariage avec Arthus. La duchesse d'Autriche alors, employant un artifice bizarre qui est fort en usage dans les romans de chevalerie, cherche une jeune fille qu'elle substituera à Péronne dans la chambre nuptiale. C'est à Jeannette que s'adresse son messager, et Jeannette accepte. C'est donc à Jeannette qu'Arthus donne le douaire que l'usage assignait aux nouvelles épousées la première nuit de leurs noces, et il l'en investit par un anneau et par une chartre. Le matin, Jeannette quitte Arthus pendant qu'il dort, et Péronne vient la remplacer. Arthus, à peine éveillé, va voir Jeannette : il arrive à la maison de la forêt et trouve Jeannette, qui lui raconte que son ami l'a douée d'un beau douaire, et elle montre l'anneau et la chartre qu'Arthus lui a donnés. Arthus reconnaît la chartre et l'anneau : « Et où les prîtes-vous? dit-il à Jeannette. — Sire, vous me les baillâtes de votre main en la mienne. — Je vous les baillai? Et où fut-ce? — Sire, en votre chambre. — Et quand fut-ce? — Sire, hier soir. — Et comment le pourrais-je savoir? — Amy, à ce que je vous demandai mon douaire, et vous me dîtes que vous me donniez en douaire la cité de Saintes et tout le pays jusqu'en Gascogne, et me mîtes cet annel en mon doigt et si me baillâtes cette chartre. — Ces enseignes, dit Arthus, témoignent qu'il est vrai. » Tout se découvre enfin. La duchesse d'Autriche et Péronne retournent en Autriche, où Péronne meurt bientôt de chagrin. Jeannette avec sa mère vient à la cour de Bretagne, où elle est bien reçue et toujours aimée d'Arthus.

C'est ici que devrait finir le roman, si c'était seulement un roman d'amour ; mais, dans les romans de chevalerie, les paladins n'épousent que les dames qu'ils ont conquises après force aventures. Arthus n'épouse donc pas Jeannette : ce seraient des amours trop simples et trop aisément heureux. Il épouse la princesse Florence, fille du roi d'Orcanie ; mais il ne l'épouse qu'après je ne sais combien d'épreuves de toute sorte. Il amène la princesse Florence à la cour de Bretagne, où Jeannette attendait Arthus, n'espérant pas être sa femme, mais espérant être toujours aimée de lui ; car elle l'aime comme l'ami qu'elle a choisi dès le premier jour qu'elle l'a vu, honorant ce rôle singulier par sa naïve honnêteté, et le rendant piquant et gracieux par son esprit et par son amour. L'entrevue entre Florence et Jeannette est charmante et pleine de cette connaissance du cœur humain et du monde, dont le romancier a souvent fait preuve. Ces deux femmes qui aiment Arthus, l'une qui l'a aimé avec le dévouement le plus ingénu, l'autre qui, n'ayant été conquise qu'après mille travaux et mille périls, est fière du prix qu'elle a coûté et est tout près de regarder le chevalier comme sa conquête parce qu'elle est sa récompense, ces deux femmes qu'Arthus met en présence l'une de l'autre avec cet égoïsme cruel et insouciant qui est au fond de tous les hommes et qui fait qu'ils regardent comme tout naturel d'être aimés, d'être regrettés, sans beaucoup se tourmenter de la douleur de pareils regrets, — ces deux rivales de cœur sans l'être de droits, comment vont-elles se rencontrer et s'accueillir? Écoutons le vieux romancier.

Avant d'arriver à la cour de Bretagne, Arthus envoie à son père et à sa mère un messager pour leur annoncer son arrivée et celle de Florence, fille du roi d'Orcanie. Jeannette, qui est présente à cette nouvelle : « Est-ce là l'amie d'Arthus? dit-elle au messager Brisebarre. — Oui, dit Brisebarre. — Je la verrai volontiers, dit Jeannette, et aimerai de bon cœur. Nonobstant eussé-je eu plus cher Arthus, s'il eût été à moi et non à elle. » Bientôt Florence arrive, et la duchesse de Bretagne, mère d'Arthus, l'accueillant, lui dit : « Madame, benoitte soit l'heure que fûtes née, car au monde n'y a si belle. — Madame, dit Florence, dame ne suis-je pas. Ains suis-je votre fille et amie; car votre fils Arthus m'est donné de mon père, et sera, si Dieu plait, mon seigneur. » Quand Jeannette vit Florence et la grand'beauté dont elle était pleine, elle eut bien voulu que Florence eût été vieille de quatre-vingts ans, car elle était trop sûre qu'Arthus aimerait Florence, et cela lui faisait mal. Mais, comme elle voulait le plus grand honneur et profit de son ami, si vint à Florence, et l'embrassa et lui dit : « Madame et haute reine honorée, de vous veux-je faire ma dame, car vous avez mon seigneur et mon ami. » Quand Florence l'ouït, elle demanda ce que ce voulait dire. Lors s'assirent Florence et la duchesse, qui lui conta comment la chose fut menée, et comment Jeannette a aimé toujours Arthus et l'a appelé son seigneur et ami.

« Quand Florence eut entendu ce que la duchesse

lui eut dit de Jeannette et d'Arthus, elle se douta (elle craignit) que Jeannette ne lui ôtât Arthus ; si s'advisa et y pourvut sagement. » C'est-à-dire qu'elle se hâta de marier Jeannette. Elle lui fit épouser Gouvernau, qu'on fit roi de Normal, et Jeannette fut reine. Elle eût mieux aimé continuer à être l'amie d'Arthus.

Et Arthus que dit-il et que fait-il ? Comme Gouvernau ne veut pas épouser Jeannette sans le congé d'Arthus, son seigneur, « Arthus dit à Gouvernau : Il me plaît, je le veux et. Florence aussi. » Ce *et Florence aussi* est un mot de mari digne de Molière. Rien ne manque, si je ne me trompe, à la scène, ni la prudence jalouse de l'épouse, ni le consentement insouciant ou débonnaire d'Arthus, ni enfin, et c'est là surtout ce que je veux remarquer, le silence de Jeannette, qui ne dit plus un mot et ne paraît même plus dans le roman, depuis sans doute qu'elle a entendu ces mots d'Arthus à Gouvernau : *Il me plaît, je le veux et Florence aussi.* Sa dignité de femme, son dévouement d'amie lui interdisent, après cette parole, la moindre plainte et le moindre murmure ; et je sais gré au vieux romancier de l'avoir fait si à propos disparaître du roman, sentant bien qu'il n'y a pas de rôle pour les femmes délaissées.

Dans *Arthus de Bretagne,* c'est Jeannette plutôt qu'Arthus qui représente l'amour ingénu. Dans *Orson et Valentin,* c'est Orson qui représente l'ingénu, et je lui donne à dessein ce titre, qui est celui d'un roman de Voltaire, parce que, entre l'Ingénu de Voltaire et l'Orson du roman de chevalerie, il y a plus de ressemblance qu'on ne le suppose.

On sait comment l'Ingénu de Voltaire est un Huron qui retrouve ses parents en Basse-Bretagne. Il est un peu sauvage, un peu brusque et ne connaît pas beaucoup la bienséance; cependant, l'amour qu'il a pour Mlle de Saint-Yves finit par l'adoucir et par le convertir. Il consent à être chrétien, à se laisser vêtir comme un Bas-Breton, à être baptisé dans une église au lieu de l'être dans une rivière, à la façon de la primitive église; il consent à tout, excepté à ne pas épouser sa belle marraine, Mlle de Saint-Yves.

Orson, quoiqu'il ne soit qu'un sauvage de la forêt d'Orléans, est encore plus sauvage que le Huron de Voltaire. Mais tout cela ne fait que rendre plus intéressante la conversion qui se fait en lui depuis l'amitié qu'il prend pour Valentin, et l'amour qu'il ressent pour la belle Fezonne, fille du duc d'Aquitaine. Orson et Valentin étaient frères sans le savoir. La princesse Bellissant, sœur de Pépin, roi de France, avait épousé l'empereur des Grecs. A Constantinople, l'archevêque se prit de passion pour elle, et, comme elle résistait à cette passion, le méchant archevêque l'accusa d'adultère auprès de l'empereur, qui la chassa de son palais. Elle partit avec un vieil écuyer pour revenir en France, et chemina tant qu'elle arriva dans la forêt d'Orléans. Comme elle était enceinte, elle fut prise dans la forêt des douleurs de l'enfantement, et accoucha de deux beaux garçons. Son écuyer la quitta pour aller au prochain village chercher une sage-femme. Mais, pendant ce temps, une ourse passa qui enleva un des enfants de la pauvre princesse. Quoique épuisée, Bellissant se traîna à la suite de l'ourse pour sauver son enfant; mais bientôt elle tomba évanouie. L'ourse porta l'enfant à ses oursons; mais, comme ceux-ci n'avaient pas faim à ce moment, ils jouèrent avec l'enfant au lieu de le dévorer, et l'ourse même lui donna à téter comme à ses petits. Bref, l'enfant s'éleva avec les petits ours, jouant avec eux, mangeant comme eux, aussi velu qu'eux et ne parlant pas. Cependant l'autre enfant, que sa mère avait laissé pour suivre l'ourse, avait été trouvé par le roi Pépin, qui s'en allait de Paris à Orléans et qui, voyant ce bel enfant, l'avait pris et l'avait fait élever à la cour. C'est ainsi que Valentin, élevé près du roi Pépin, devient un beau et vaillant chevalier, et qu'Orson, élevé avec les ours, devient une espèce de monstre qui infeste la forêt d'Orléans sous le nom de l'homme sauvage. Les habitants de la contrée viennent s'en plaindre au roi Pépin, et Valentin s'engage à l'aller combattre, promettant de l'amener au roi mort ou vif. Le combat s'engage entre Orson et Valentin, combat acharné et opiniâtre, si bien qu'à la fin, lassés tous deux, ils s'arrêtent un instant, et Valentin, regardant Orson, « lui commença à dire : Hélas! homme sauvage, pourquoi ne vous rendez-vous à moi? Vous vivez au bois comme une pauvre bête, et n'avez connaissance de Dieu ni de la sainte foi, par quoi votre âme est en grand danger. Venez vous-en avec moi et vous ferez que sage. Je vous ferai baptiser et apprendre la sainte foi, et si vous donnerai chair et poisson, du pain et du vin, à boire et à manger; et userez vos jours honnêtement, ainsi que tout homme doit faire. » Et quand Orson ouït parler Valentin, il entendit et aperçut bien à ses signes que Valentin désirait son bien ; et par la volonté de Dieu et selon

le cours de la nature qui ne peut mentir, Orson se
jeta à deux genoux et tendit ses mains devers son
frère, lui faisant signe qu'il lui voulait obéir pour le
temps à venir. »

Une fois Orson soumis, Valentin l'apprivoise peu
à peu et l'amène à la cour du roi Pépin pendant que
le roi dînait. Pépin s'amuse fort à voir les manières
et la contenance d'Orson, qui prend sans façon les
mets sur la table, les avale d'une bouchée, et boit
d'un seul coup tout le vin d'une grande aiguière.
Orson même a grand succès auprès des dames auxquelles il est présenté ; et, comme il les trouve belles
et le leur signifie à sa manière, le sauvage paraît
aimable et ne réussit guère moins à la cour de Pépin
que l'Ingénu de Voltaire auprès des dames de Saint-
Malo. Orson est à la fois bon et grotesque. Dévoué à
Valentin sans savoir qu'il est son frère, il combat et
terrasse Grigard, un chevalier félon qui avait traî-
treusement emprisonné Valentin. Comme Grigard
est mort sans avoir dit où était Valentin, Orson,
quoique ne parlant pas, fait si bien par ses gestes
qu'il mène le roi jusqu'au château où Valentin est
enfermé et le délivre. « Il allait, dit le vieux romancier, plus fort qu'un cheval ne pouvait aller, et fai
sait rire toute la compagnie, et le roi dit bien souvent en route : « Seigneurs, cet homme sauvage
aime fort Valentin, et sachez que ses manières
m'émeuvent à lui vouloir du bien. » Voilà le rôle
d'Orson, rôle piquant et touchant à la fois ; il fait
rire et il émeut, il amuse et il intéresse.

Orson allait toujours nu et velu. Cependant, avant
d'arriver en Aquitaine et de voir la belle Fezonne,

fille du duc d'Aquitaine, Valentin fait faire à Orson un *jaceron* d'acier [1]. Tout sauvage qu'il est, Orson plaît à la belle Fezonne. « Et ainsi que Dieu le voulut, elle fut éprise d'Orson, combien qu'il ne fût pas poli ni mignonnement vêtu ni habillé comme plusieurs autres. Toutefois on dit communément qu'il n'est point de laides amours quand les cœurs s'y adonnent. » Orson, de son côté, trouve la belle Fezonne fort à son gré, et, comme un chevalier païen veut par force obtenir sa main, Orson combat le chevalier païen, le renverse et devient le fiancé de Fezonne, qui était le prix du combat.

J'étais disposé à croire qu'Orson, grâce à l'amour de Fezonne, allait s'apprivoiser tout à fait, apprendre à parler et devenir un chevalier aussi galant qu'il est vaillant. A mon grand regret, ce n'est pas la belle Fezonne qui rend la parole à son fiancé. La magie et même la chirurgie s'en mêlent. Une tête de bronze, qui est dans le château de la belle Esclarmonde, devenue, après force épreuves, la dame et maîtresse de Valentin, révèle à celui-ci qu'Orson est son frère, et qu'aussitôt qu'il lui aura coupé le filet sous la langue, Orson parlera aussi bien que les autres hommes. Valentin fait l'opération, et Orson, devenu un chevalier accompli, retourne près de Fezonne sous un déguisement. Il délivre le duc d'Aquitaine de je ne sais quel nouveau péril, et celui-ci, qui ne reconnaît pas Orson, lui offre sa fille en mariage. Orson, saisissant cette occasion d'éprouver la foi de

---

[1] *Jaceron* ou *jazeran*. Dans le *Quentin Durward* de W. Scott, ap II, *jazeran* veut dire cotte de mailles flexible.

sa fiancée, vient trouver Fezonne et lui demande sa main. Fezonne refuse, disant qu'elle est fiancée au chevalier qui a vaincu le chevalier païen. « Dame, dit Orson, je suis moult émerveillé comme êtes amoureuse de ce chevalier; car vous savez qu'il est de sauvage nature, et ne sait parler ni dire un seul mot par quoi il vous puisse réjouir. — Sire, dit la dame, jamais de ma vie ne manquerai à celui qui a ma foi première. » Sûr de la fidélité de sa fiancée, Orson se fait connaître et l'épouse.

Dans les romans de chevalerie, Orson est un personnage à part. Sa naïveté touche à la sauvagerie, mais cela ne la rend que plus piquante; et, dans ses amours avec la belle Fezonne, ce qu'il y a de singulier en lui relève l'ingénuité. Ne parlant pas et ne pouvant s'exprimer que par gestes, Orson ne peut pas être un héros d'idylle ; mais il intéresse par les deux bons sentiments qui font sa conversion de sauvage en chevalier : son amitié pour Valentin et son amour pour Fezonne.

L'amour ingénu tient, comme on le voit, une grande place dans les romans de chevalerie, et les premières amours des jeunes chevaliers ont presque toujours un air d'idylle. Ne croyez pas cependant que toutes ces idylles soient aussi naïves qu'elles le paraissent : il en est beaucoup qui penchent vers la naïveté de Daphnis et de Chloé. Cette corruption de la naïveté est fort à redouter pour l'amour ingénu, quand il passe des romans de chevalerie dans les romans ou dans les poëmes du dix-huitième siècle.

Je faisais naturellement ces réflexions en lisant l'histoire de Huon de Bordeaux dans le vieux roman

de chevalerie de ce nom et dans le poëme d'*Oberon*
de Wieland. C'est la même histoire ; ce sont, à peu
près, les mêmes aventures ; mais quelle différence
de ton, d'allure de sentiments, de mœurs en un
mot! L'amour est ingénu dans le vieux roman ; il est
élégant et badin dans le poëte allemand.

Né en 1733 et ayant commencé à écrire de bonne
heure, Wieland appartient à cette première partie
du dix-huitième siècle, en Allemagne, qui imitait la
littérature philosophique de la France. Pour être
tout à fait de l'école du grand Frédéric, il ne lui
manque que d'écrire en français au lieu d'écrire en
allemand ; car c'est par la langue seulement qu'il
semble se rattacher à l'Allemagne. Wieland n'avait
pas commencé par être un disciple de la philosophie française. Il était d'abord un de ces jeunes
Allemands, comme j'en ai tant vu, plus disposés à la
contemplation qu'à la moquerie, plus rêveurs que
spirituels, plus exaltés que sérieux. Fils d'un mi-
nistre protestant, son éducation et ses habitudes
étaient religieuses. Il avait de l'horreur, disait-il
dans une lettre écrite en 1752, pour ceux qui tour-
nent la Bible en dérision et pour les esprits forts
pervertis, « Voltaire, d'Argens, Lamettrie. » Comment passa-t-il de ces sentiments de mysticisme
d'enthousiasme et de piété, au goût de la morale
mondaine et de la philosophie française du dix-
huitième siècle ? Comment l'élève de Platon devint-
il l'élève de Voltaire, et parfois même celui de Crébillon le fils?

« *Non sum qualis eram*, mon cher Zimmermann,
écrit-il à trente-cinq ou trente-six ans ; Platon a fait

place à Horace, Young à Chaulieu, l'harmonie des sphères aux symphonies de Jomelli, et le nectar des dieux au tokay des Hongrois... Il fallait, ou réformer mon platonisme, ou aller vivre dans quelque désert du Tyrol. » Dès ce moment, Wieland n'est plus Allemand; il n'en a plus les défauts ni les qualités. La morale mondaine, c'est-à-dire le bon goût plutôt que la vertu, et ce que Wieland appelle, dans son poëme de *Musarion*, la philosophie des Grâces, voilà le fonds de tous les ouvrages de Wieland. Il ne se fait pas scrupule d'y mêler des peintures voluptueuses, et c'est de ce côté que se trouve, entre lui et Crébillon le fils, plus de ressemblance que je ne voudrais. Crébillon le fils, qui n'est pas seulement un romancier libertin, comme on le croit d'après sa réputation, indique souvent avec beaucoup d'esprit les mouvements du cœur humain et comment l'homme passe peu à peu, et presque sans s'en douter, d'un sentiment à l'autre, du mysticisme, par exemple, au plaisir. C'est aussi un des talents de Wieland de tracer avec beaucoup de finesse la marche des sentiments ; il sait faire causer ses personnages de manière à ce qu'ils révèlent peu à peu ce qu'ils pensent et ce qu'ils sentent. Marivaux n'est pas plus ingénieux et plus pénétrant; mais Marivaux est plus vif et moins diffus.

Quel est le fond de cette philosophie des Grâces que Wieland préconise sans cesse? point de passions violentes, même en amour. « Je t'aime, dit la belle Musarion à Phanias, et mon amour est doux comme le souffle du zéphyr ; il agite légèrement le cœur; il n'excite point de tempêtes ; il ne cause point de tour-

ments, mais une joie paisible. Je t'aime enfin comme j'aime les Grâces et comme j'aime les Muses [1]. »
Une autre héroïne de Wieland, Danaé, dans *Agathon*, quand elle raconte ses erreurs, s'accuse surtout d'avoir manqué au vœu qu'elle avait fait aux Grâces; bizarre confiance aux Grâces, comme si elles garantissaient la vertu parce qu'elles excluent les passions! Si les héroïnes de Wieland prêchent la grâce, croyant prêcher la vertu, ses héros prêchent à peu près la résignation moqueuse de Candide, croyant prêcher la sagesse. Agathon a été tour à tour amant, homme d'État, voyageur; il a beaucoup senti et beaucoup vu. Quel est le résultat de son expérience? « Partout la législation, le gouvernement, la police lui paraissent remplis d'imperfections et d'abus. Mais pourtant les hommes, sans le secours des lois et d'un gouvernement, eussent été plus pervers et plus malheureux [2]. »

Comme Agathon, le Phanias de *Musarion* a beaucoup vu le monde, et il a aussi beaucoup aimé. Trahi par sa maîtresse et ruiné par ses amis, il s'enfuit d'Athènes et vient vivre dans la solitude. Musarion, sa maîtresse, qui l'aimait au fond, le suit dans son désert et finit par triompher de sa misanthropie. Que manque-t-il à Phanias pour être heureux? Il a une

---

[1] *Musarion*, chant III.

[2] Je retrouve ici la conclusion de J.-J. Rousseau qui, dans son troisième dialogue, défendant son *Discours sur l'inégalité des conditions humaines*, aboutit à cette pensée : « Rousseau a toujours insisté sur la conservation des institutions existantes, soutenant que leur destruction ne ferait qu'ôter les palliatifs en laissant les vices, et substituer le brigandage à la corruption. »

charmante cabane, un jardin mille fois plus gracieux et plus poétique que celui de Candide, lequel n'a qu'un potager ; il a Musarion, sa belle maîtresse, maintenant fidèle. Il a aussi la sagesse de sentir son bonheur et de n'en point souhaiter d'autre ; et cette sagesse, c'est l'amour qui la lui donne, sagesse aimable et douce, « qui regarde volontiers du bon côté les choses de ce monde ; qui se soumet au destin et ne cherche pas à savoir ce que Jupiter a voulu dérober à nos regards ; qui n'est ni dure ni malveillante pour les bonnes gens qui peuplent ce bas univers ; qui se contente de les trouver risibles, et soi-même par dessus le marché, et qui ne les en aime pas moins... qui, heureuse ou non, ne prend ce monde ni pour un paradis ni pour un enfer, et ne le croit ni si mauvais que le disent les prédicateurs, ni si beau que le peignent les jeunes poëtes, dont l'amour et le vin échauffent le cerveau [1]. »

Wieland ne demandait pas mieux que de prendre à son compte les sentiments qu'il prêtait à ses héros et à ses héroïnes. Il aimait qu'on reconnût le poëte dans le héros : « Je me suis efforcé, dit-il dans la préface de *Musarion*, d'exprimer dans le personnage de Musarion ce que je pense, ce que je sens, ce que je suis. Sa philosophie est celle que je pratique ; son jugement, ses principes, son goût, son humeur sont les miens. La douce lumière à travers laquelle elle voit les choses humaines, cet équilibre entre l'enthousiasme et la raison dans lequel elle maintient son âme ; cette moquerie légère qui lui sert à séparer

[1] *Musarion*, chant III.

du vrai tout ce qui est exagéré, inconvenant, chimérique ; cette ironie socratique qui cherche plutôt à adoucir la vérité dont le trop vif éclat blesserait les amours-
propres, qu'à faire sentir aux autres le piquant de
son esprit ; cette indulgence pour les imperfections
de la nature humaine, qui, en dépit de ses défauts,
est cependant la plus aimable chose que nous con-
naissions ; tous ces traits qui font que ma Musarion
ne ressemble guère aux sophistes ou aux hiéro-
phantes modernes, lesquels n'ont jamais sacrifié aux
grâces ; tous ces traits sont ceux de mon esprit et de
mon cœur [1]. » Aimable confession, où il entre peut-
être un peu de prétention, mais une prétention qui
nous semble douce et modeste, à nous qui avons
l'expérience des orgueils de notre temps.

En faisant des poëmes badins avec les romans de
chevalerie, Wieland croyait imiter l'Arioste, et,
malgré lui encore, il imitait la France et le dix-huitième siècle. M. de Tressan avait mis à la mode les
romans de chevalerie, à condition, bien entendu,
d'en changer le ton et de rendre libertin ce qui
n'était que naïf. Wieland suivit cet exemple, et ses
trois poëmes chevaleresques, *Amadis*, *Gyron le Courtois* et *Oberon*, sont trois vieux romans de chevalerie
accommodés au goût du dix-huitième siècle. Essayons
de comparer un instant, dans *Oberon*, le plus célèbre de ces trois poëmes, le poëte allemand du dix-
huitième siècle et le vieux romancier, et voyons
comment ils ont représenté cet amour ingénu dont
nous étudions en ce moment les diverses expressions.

---

[1] Préface de *Musarion*, **V, VI, VII.**

Huon de Bordeaux, qui est le héros du vieux roman de ce nom et de l'*Oberon* de Wieland, est un beau et vaillant chevalier, duc de Bordeaux, qui quitte son duché pour aller avec son frère rendre hommage à Charlemagne. Un méchant fils de Charlemagne, le prince Charlot, qui joue un grand rôle dans les romans de chevalerie, haïssait la famille de Huon de Bordeaux. Il dresse des embûches aux deux frères; mais il est tué par Huon. Quand Charlemagne apprit la mort de son fils, il voulait d'abord, dans sa colère, faire mettre à mort Huon et son frère, quoiqu'ils n'eussent fait que se défendre contre un traître. Il consentit cependant à pardonner à Huon, à condition qu'il irait à Babylone, « et qu'à l'heure solennelle où dans toute sa pompe le calife, entouré des émirs, se livre aux plaisirs du festin, il entrerait et abattrait la tête de l'homme qui se trouverait à sa gauche, de manière que le sang en rejaillît sur la belle table ronde. Quand cela sera fait, approche-toi chastement de l'héritière du trône, assise près de son père, et, devant tous, embrasse-la trois fois comme ta fiancée. Puis, tandis que le calife, surpris de cette scène inattendue, reste immobile et muet de ta hardiesse, jette-toi, d'après l'usage oriental, sur le bras d'or de son fauteuil, et prie-le de te donner pour moi, comme un présent qui resserre notre amitié, quatre de ses dents molaires et une poignée de sa barbe grise [1]. »

Huon accepte ces terribles conditions et part pour Babylone. Le roi des génies de l'air, Oberon, vient à

____

Oberon, chant I, strophes 66 et 67.

son secours et lui donne une coupe enchantée qui
se remplit toute seule d'un vin exquis entre les mains
de ceux qui sont en état de grâce, et se dessèche sous
les lèvres des pécheurs ; plus, un cor de chasse dans
lequel il suffit de souffler pour faire entrer en danse
tous ceux qui entendent ses sons merveilleux ; mais
ceux-là seuls aussi peuvent jouer de ce cor qui sont
en état de grâce. Avec ces deux instruments merveilleux, Huon arrive à la cour du calife, entre dans
la salle du festin, coupe la tête à l'émir qui est placé
à la gauche du sultan, et s'approche de l'héritière du
trône. C'est ici que nous commencerons à comparer
le vieux roman avec le poëme de Wieland.

Dans le vieux roman, la fille du sultan, la belle
Esclarmonde, ne connaît pas Huon, et Huon ne la
connaît pas non plus avant cette singulière et terrible
entrevue. Cependant ils s'aimeront, parce qu'ils sont
tous deux jeunes et beaux, et parce que Huon est
hardi et vaillant. Entre eux, l'amour est soudain
et ingénu. « Huon regarda la belle Esclarmonde
qui était auprès de son père l'amiral, s'approcha
d'elle et la baisa trois fois devant son père, dont
la pucelle fut moult ébahie ; mais, comme elle le
vit tout beau et sentit sa bouche qui était toute fraî-
che, avis lui fut que, si de lui ne faisait son ami, elle
mourrait de deuil. Aussi, avec la beauté qu'elle avait,
changea de couleur et parut être plus vermeille que
rose [1]. »

Dans Wieland, les choses ne se passent pas si sim-

---

[1] *Les prouesses et faits du très-preux, noble et vaillant Huon de
Bordeaux, pair de France et duc de Guienne.* A Lyon, par Benoist
Rigaud, 1585. P. 61.

plement et si naïvement. Huon de Bordeaux et la belle Rezia (c'est le nom de la fille du sultan) se connaissent avant leur première rencontre ; ils se sont vus en songe. Oberon a cru devoir envoyer au jeune chevalier, jusque-là fort indifférent à la beauté des dames, un rêve qui lui a montré Rezia ; et la même nuit Rezia a vu aussi en rêve son chevalier. Aussi, quand Huon entre dans le palais et qu'après avoir tué le voisin du sultan il s'approche de Rezia, « que devient-il en l'apercevant ? C'est elle ! s'écrie-t-il ; et, dans son ravissement, le chevalier laisse tomber son sabre et son turban. A ses boucles de cheveux, qui se déroulent en liberté, Rezia le reconnaît également. — C'est lui ! commence-t-elle à s'écrier ; mais la pudeur étouffe les paroles dans sa bouche de rose. Comme ensuite le cœur lui battit, quand, à la face de tous, le héros accourut, et, plein d'amoureuse audace, la prit dans ses bras, la baisa sur les lèvres, pendant qu'elle-même flottait, brûlante ou pâle tour à tour, entre son penchant et l'effroi virginal [1] ! »

J'aime mieux, quant à moi, Esclarmonde que Rezia. Le génie et les fées ne se sont pas mêlés de son amour, et elle aime Huon parce qu'il est beau et hardi.

Dans le poëte allemand, le péril d'Huon est si court qu'il met à peine à l'épreuve l'amour de Rezia ; car le cor merveilleux délivre en un instant Huon de ses ennemis. Oberon lui-même paraît et demande à Rezia si elle veut suivre Huon. Celle-ci baisse son voile, et les deux amants sont emportés

[1] *Oberon*, chant V, strophes 39 et 40.

dans un char magique, traîné par des cygnes, à travers les airs. Ce sont des aventures qui sentent la féerie d'opéra, et, quoique l'imagination du poëte jette sur ces aventures un éclat merveilleux, les amours d'Huon et de Rezia manquent du charme qui s'attache aux émotions et aux aventures humaines. La passion des deux amants devient une sorte d'extase et de béatitude qui se ressent du paradis de Mahomet. Ils jouissent plus qu'ils n'aiment. « En vain, dit le poëte décrivant le voyage aérien d'Huon et de Rezia, en vain la nuit étend sur l'atmosphère ses ailes chargées de vapeurs... Éclairées par une lumière surnaturelle, les âmes des deux amants peuvent se mirer elles-mêmes l'une dans l'autre. La nuit, pour eux, n'est plus la nuit : l'élysée resplendit autour d'eux. Un soleil intérieur les inonde de ses ardents rayons, et chaque instant leur crée des sens nouveaux. Au sein de leur ivresse, un sommeil enchanté les gagne peu à peu; leurs yeux se ferment, et l'âme affranchie du corps semble ne plus exister que dans le sentiment qui l'absorbe tout entière [1] ! »

L'amour de la belle Esclarmonde n'emprunte rien à la féerie, rien à la poésie; il ne prend sa force qu'en lui-même. De plus, il traverse des épreuves et des aventures humaines qui le rendent vraiment intéressant et dramatique. Ainsi, dans le vieux roman, Huon n'est pas délivré par Oberon des ennemis qui l'assaillent; il est, au contraire, accablé par le nombre, pris et jeté dans une noire prison, où il n'attend que la mort. « Mais la belle Esclarmonde,

---

quand la nuit fut venue et qu'elle fut couchée en son lit, il lui souvint du bon chevalier français qui, devant son père, l'avait trois fois baisée, dont elle eut une grande tristesse de ce que en la chartre (prison) était mis. Si se leva incontinent la damoiselle et se vêtit de tous ses habillements; puis, tout coyement (doucement) prit une torche de cire en la main, l'alluma et s'en vint incontinent vers la chartre et y vint si bien à point qu'elle trouva le geôlier dormant. Si lui embla (prit) les clefs, puis ouvrit l'huis de la chartre; et, quand Huon vit la clarté et l'huis de la chartre ouvert, il eut moult grand peur, et croyait pour qu'on le venait tirer hors pour le faire mourir ou aucunes injures lui faire. Il commença donc à faire de moult piteux regrets. La pucelle, qui bien savait parler français, et qui, le jour passé, l'avait ouy nommer, lui dit : Huon, ne t'esbahis point. Je suis la belle Esclarmonde, la fille de l'amiral, qu'aujourd'hui as par trois fois baisée. Si tu veux ma volonté faire, je mettrai toute ma peine à te tirer hors de cette prison; car tant suis amoureuse de toi que je n'ai eu pensée ni imagination fors à toi, pour t'ôter du grand danger où tu es. — Dame, ce dit Huon, Dieu veuille vous rendre la grant courtoisie que vous me voulez faire! Mais, ma chère damoiselle Esclarmonde, vous êtes Sarrasine et je suis chrétien; la vérité est que si je vous baisai, ce fut par le commandement du noble roi Charlemagne qui m'avait envoyé ici; et j'aimerais mieux être ici perpétuellement qu'être votre ami, tant que vous serez Sarrasine. — Huon, ce dit la princesse Esclarmonde, puisque vous avez cette volonté, vous finirez ici vos jours

misérablement, et si je puis, je vous le ferai cher
payer. »

Voilà des scènes de passion que je préfère à toutes
les scènes de féerie et de volupté que peint Wieland.
Quelle vérité dans l'amour d'Esclarmonde! Quelle
violence aussi et quel emportement digne de Roxane,
quand Huon rejette son amour! C'est là vraiment la
passion orientale, qui ne comprend rien à ces scrupules qui séparent le chrétien de la Sarrasine. Il y a
d'ailleurs, dans la réponse d'Huon, un mot qui doit
blesser Esclarmonde bien plus que le reproche d'être
Sarrasine : c'est que ce baiser trois fois répété, qui a
changé le cœur d'Esclarmonde, le chevalier ne le lui
a donné que par le commandement du roi Charlemagne. Esclarmonde pouvait s'imaginer que Huon,
quoiqu'il ne la connût pas, avait été attiré par le
bruit de sa beauté, ou que même, en la voyant, il
n'avait pas pu résister au charme qui l'entraînait
vers elle; que c'était là ce qui lui avait donné ce
merveilleux courage par lequel il avait séduit et
comme enchanté la jeune fille; et voilà qu'elle apprend de la bouche maladroite du chevalier qu'il n'est
venu que par ordre de Charlemagne! Quel désen-
chantement et quel dépit! Il mourra donc, puisqu'il
n'aime et ne combat que par l'ordre de son roi; il
mourra dans sa prison. L'amour d'Esclarmonde
s'est changé en haine. Elle le croit, du moins; mais
elle a beau vouloir oublier le chevalier, elle ne le
peut pas, et elle revient dans la prison voir et écouter Huon sans se montrer. Au bout du troisième
jour, ne pouvant plus résister à la pitié qu'elle
ressent pour ce beau chevalier, qui meurt de faim,

elle lui demande s'il veut lui promettre de la prendre pour femme et de la mener dans son pays de France : « Si cette chose tu me veux promettre et tenir, je te ferai donner à boire et à manger à ton plaisir. » Huon le promet, vaincu par la faim et j'espère aussi par l'amour. « Dame, dit Huon, je vous promets loyamment ; et, quand même je devrais être à toujours damné en enfer, si ferai-je votre volonté, quelle que fin que m'en doive advenir. — Et moi, dit Esclarmonde touchée sans doute d'un dévouement qui brave l'enfer pour l'amour d'elle, sache que, pour l'amour de toi, je me ferai baptiser et croirai en la loi de Jésus-Christ. »

Pourquoi Wieland a-t-il négligé ces scènes touchantes et gracieuses ? L'amour dans la prison ne vaut-il pas l'amour dans un char magique ? C'est dans la prison surtout qu'il est beau d'être aimé et d'aimer, et de compenser l'horreur des lieux par le charme de la passion qui éclaire et qui embellit tout. L'amour de Rezia et de Huon est à peine un enchantement de plus ajouté aux féeries d'*Oberon*. Mais l'amour d'Esclarmonde et de Huon charme la prison où ils s'aiment, et j'aime mieux l'enchantement qui vient du cœur que celui qui vient de la magie.

L'amour d'Esclarmonde pour Huon n'est pas seulement ardent et passionné : il est ferme et à l'épreuve des périls. Elle l'a aimé parce qu'il est brave et aussi parce qu'il est malheureux ; elle l'aimera, dût-elle être malheureuse, dût-elle même mourir pour lui. Le fidèle écuyer de Huon, le vieux Gérasme, a feint, pour le délivrer, d'embrasser la religion musulmane, et il vient à la cour du sultan avec une troupe de chevaliers, faux musulmans comme lui. Esclarmonde veut se confier à eux; mais ceux-ci, craignant qu'elle ne les trompe, persistent à soutenir qu'ils sont bons musulmans, et la menacent même de tout révéler au sultan, qui ne manquera pas de la faire brûler et de faire pendre le chevalier. « Ah ! sire, répond Esclarmonde à Gérasme, je vous prie que me veuillez mener avec vous, afin qu'encore une fois, avant que je meure, je puisse voir le chevalier, pour l'amour duquel je suis contente de mourir ; car, s'il meurt, jamais un seul jour après lui ne veux vivre. » Touché de cette marque d'amour et croyant enfin à la bonne foi d'Esclarmonde, Gérasme l'emmène avec lui dans la prison. C'est là que se fait la reconnaissance entre Huon, Gérasme et ses compagnons. Huon leur présente Esclarmonde comme sa fiancée et comme celle qui peut les délivrer tous. « Alors tous ensemble remercièrent très-grandement la pucelle. — Seigneurs, dit-elle, si vous voulez croire mon conseil, je vous dirai de quelle manière je vous aiderai à être hors de céans. Je veux d'abord que vous sachiez tous que je suis fermement croyant à Notre-Seigneur Jésus-Christ, et qu'aujourd'hui n'est homme que plus je haïsse que l'amiral mon père, parce qu'il ne croit pas en Notre-Seigneur Jésus-Christ et qu'il hait tous les chrétiens. » Dans l'emportement de sa foi nouvelle ou de son amour, Esclarmonde propose aux chevaliers chrétiens de les conduire dans la chambre de son père, afin qu'ils le tuent ; « et, quant à elle, elle veut bien être la première à lui bailler le premier coup. » Mais Huon, comme un bon et généreux chevalier, rejette cette proposition et se contente d'être délivré de prison avec ses amis.

Wieland, n'ayant pas éprouvé l'amour de Rezia et de Huon par les périls de la prison, l'éprouve par les périls du naufrage et du séjour dans une île déserte. Ce naufrage est, dans le poëme allemand comme dans le vieux roman, une punition qu'Oberon inflige à Huon. Celui-ci, en effet, partant avec Esclarmonde qui n'est encore que sa fiancée, avait juré à Oberon de ne pas la traiter comme sa femme avant de l'avoir épousée à Rome devant le pape; mais, pendant la navigation, il est tenté par la beauté d'Esclarmonde et il cède à la tentation. Aussitôt éclate une tempête qui brise le vaisseau et jette les deux amants dans une île déserte. Une fois qu'ils sont dans l'île, Wieland fait une idylle romanesque où il y a çà et là quelques traits d'amour ingénu, comme pouvait le comprendre et le peindre le dix-huitième siècle. Le vieux romancier ne laisse qu'un instant ses amants dans l'île déserte : ils y sont bientôt enlevés par des pirates. Mais, pendant cet instant, il y a un trait charmant. Esclarmonde pleurait de se trouver ainsi jetée dans une île déserte et sans secours. « Damoiselle, dit Huon, ne soyez en rien ébahie. Si nous mourions pour amour, nous ne serions pas les premiers : car Tristan mourut pour la belle Yseult et elle pour lui. Alors tout en pleurant s'embrasséren.. »

Je ne veux pas finir cette comparaison de l'*Oberon* et de *Huon de Bordeaux* sans dire un mot du personnage d'Oberon, le roi des génies dans Wieland et dans le vieux roman français. Wieland, dans sa préface, s'applaudit beaucoup de la manière adroite dont il a noué ensemble l'histoire d'Oberon et celle d'Huon de Bordeaux. Je n'aime guère, pour ma part, la liaison des deux histoires, qui se sont, pour ainsi dire, affaiblies en se rapprochant.

L'Oberon de Wieland étant un jour avec Titania, reine des fées, et considérant du haut de l'empyrée les diverses actions des hommes, vit une femme jeune et coquette qui trompait de la manière la plus audacieuse son mari, vieux, jaloux et aveugle. Oberon aurait pu mieux diriger ses regards. Irrité de ce spectacle, il s'écrie qu'il n'y pas dans le monde une seule femme fidèle ; et, comme Titania veut défendre les femmes, et pour cela, par conséquent, attaquer les hommes, le génie se fâche et déclare à Titania qu'il ne se croit plus aimé d'elle, qu'il la quitte et qu'il ne reviendra la trouver que le jour où se rencontrera « un couple élu par le destin dont le chaste et fidèle amour, ferme dans toutes les épreuves, dans la joie comme dans la douleur, aura racheté par son innocence le crime des inconstants [1]. »

Ce couple fidèle, qui doit ramener la paix dans le ménage du roi des génies, c'est Huon et Rezia. De cette manière, leurs amours, leurs épreuves, leurs périls semblent ne pas leur appartenir en propre. Ce sont des expériences que le génie fait à son compte sur la fidélité de leurs sentiments, et qu'il est toujours le maître d'arrêter à temps et avant qu'elles ne deviennent fatales au héros et à l'héroïne. Ils se remuent beaucoup ; mais le génie tient la corde au

---

[1] *Oberon*, chant VI, str. 101.

bout de laquelle ils s'agitent. Huon et Rezia sont pour ainsi dire des marionnettes élégantes, au lieu d'être des personnages qui souffrent ou qui jouissent pour leur propre compte.

Wieland, quand il fit *Oberon*, avait déjà traduit Shakspeare, et son *Oberon* se sent de celui que Shakspeare a mis en action dans le *Songe d'une nuit d'été*. L'Oberon de Shakspeare se fâche aussi contre la reine des fées Titania, sa femme, parce que celle-ci ne veut pas lui donner un jeune enfant, fils d'une fée de ses amies, dont Oberon veut faire un page. Une fois la discorde entrée dans le ménage de ces êtres capricieux et puissants, qui vivent dans l'air et qui en ont la mobilité et l'inconstance, les mortels eux-mêmes souffrent de l'agitation des génies : les amants se trouvent brouillés et séparés les uns des autres par l'effet d'enchantements bizarres, jusqu'à ce qu'enfin la réconciliation d'Oberon et de Titania ramène la paix dans le mobile empire de l'air et dans le mobile empire des amoureux.

Le drame fantastique de Shakspeare a cela de bon que je ne suis tenu de m'y intéresser à personne : je sais que j'assiste à une fantasmagorie. Le poëme de Wieland, au contraire, a la prétention de m'intéresser aux amours d'Huon et de Rezia, et même à la querelle d'Oberon et de Titania. Le récit du poëte allemand a du charme, les tableaux ont de la grâce; mais les personnages n'ont point de caractère, et par conséquent ils n'inspirent pas l'intérêt. Les deux premiers venus, pourvu qu'ils soient jeunes et beaux, nous plairaient autant que Huon et Rezia. Quant à la querelle d'Oberon et de Titania, c'est à peine si on en comprend la cause, et je ne puis guère être touché des chagrins volontaires que se font ces deux êtres merveilleux qui, ayant une puissance surnaturelle, devraient, au moins, avoir une raison ordinaire.

J'aime mieux, je l'avoue, l'Oberon du vieux roman. Ses aventures sont étranges, même pour un génie; mais il n'est ni capricieux ni fantasque. Il aime Huon et ne le jette pas de gaieté de cœur dans les épreuves les plus périlleuses, le tout pour éprouver sa fidélité en amour. L'Oberon du vieux roman est fils de Jules César et d'une fée qui habitait l'île de Céphalonie. Cette fée avait déjà eu autrefois un fils, qui fut roi d'Égypte et qui avait eu lui-même pour fils Alexandre le Grand. C'était donc la grand'mère d'Alexandre le Grand que Jules César avait aimée et dont il avait eu Oberon. Bizarre mélange que l'ignorance et l'imagination du moyen âge faisaient des grands noms de l'antiquité, avec sa croyance aux fées et aux génies et avec son goût des prouesses de la chevalerie! A la naissance d'Oberon, beaucoup de fées vinrent le douer de toutes sortes de qualités; mais il y en eut une qui, se trouvant moins bien accueillie que les autres, se fâcha et doua Oberon du malheureux don de ne plus grandir une fois qu'il aurait atteint l'âge de trois ans. Ce fut un grand émoi parmi les fées, et la fée qui venait de jeter ce mauvais sort sur Oberon voulut se raviser; mais il n'était plus temps, et tout ce qu'elle put, ce fut, puisque Oberon devait être un nain, d'en faire le plus joli nain du monde. Les nains ordinairement sont méchants et ne pardonnent pas aux gens d'être plus grands qu'eux. Oberon était bon, il aimait les hommes; mais il leur faisait peur, et ils le fuyaient tous, ce qui le désespérait. Huon fut plus brave: il vit venir à lui Oberon, ne s'enfuit pas et l'attendit. Oberon le prit en affection et le secourut dans ses aventures. Il voyait d'avance les périls qu'allait courir Huon, et il pleurait quand le destin ou bien les péchés d'Huon empêchaient qu'il ne pût lui venir en aide. Ainsi il pleure quand Oberon s'embarque avec la belle Esclarmonde, parce qu'il prévoit bien que le jeune homme enfreindra l'engagement qu'il vient de prendre, de traiter Esclarmonde comme sa sœur jusqu'à ce qu'il l'ait solennellement épousée à Rome devant le pape. Il pleure aussi quand Huon reste seul dans l'île déserte, attaché tout nu à un arbre, après que les pirates ont enlevé la belle Esclarmonde; et, quoique Huon soit encore sous le coup du péché qu'il a commis, Oberon cependant permet à deux génies inférieurs, qui comme leur maître ont l'âme humaine et bonne, d'aller consoler Huon et même de le faire sortir de l'île déserte. Enfin c'est Oberon qui fait le dénoûment du roman en délivrant Huon des embûches que son frère Girard lui tend à son retour pour lui ravir son duché de Guyenne, et en le réconciliant avec l'empereur Charlemagne.

C'est ainsi que, soit qu'il s'agisse de peindre l'amour d'Huon et d'Esclarmonde, soit qu'il s'agisse de donner un caractère et un rôle aux êtres merveilleux, l'imagination naïve du vieux conteur l'emporte, selon moi, sur les grâces de Wieland; c'est ainsi que l'amour ingénu est d'autant mieux peint dans les romans de chevalerie, qu'il y est représenté plus honnête et plus pur; et l'attrait qu'il a dans ces vieux tableaux se perd aussitôt que la coquetterie ou la volupté essaient de se mêler à la peinture pour l'enjoliver ou pour l'animer.

LXV.

C'est en Italie que l'églogue dramatique et romanesque semble avoir été inventée. L'idylle antique avait à peine deux ou trois personnages, peu ou point d'action, point de caractères. Elle n'était pas non plus consacrée uniquement à l'amour. Les Italiens rendirent l'action plus variée; ils augmentèrent le nombre des personnages; enfin ils firent de l'amour le sujet obligé de la pastorale dramatique.

L'*Arcadie* de Sannazar est la première pastorale romanesque ou dramatique qu'ait produite l'Italie, et elle est curieuse, à part même le charme des vers de Sannazar, parce qu'elle sert, pour ainsi dire, de transition entre l'églogue ancienne et la pastorale dramatique. Comme l'églogue ancienne, dont Sannazar a reproduit les traits les plus gracieux, l'*Arcadie* a la prétention d'être un tableau des mœurs champêtres. Mais l'amour, dans ce tableau, tient la première place, et cet amour est celui que Sannazar lui-même a ressenti. De ce côté, il y a quelque ressem-

blance entre l'*Arcadie* de Sannazar et la *Vita nova*
de Dante. A huit ans, Sannazar s'éprit d'amour pour
une jeune fille qui n'était aussi qu'une enfant, et
il cacha soigneusement son amour. La jeune fille, sans
s'apercevoir de cette passion, jouait avec lui, comme
font les enfants; et cependant, à mesure qu'elle croissait en âge et en beauté, l'amour de Sannazar s'ac-
croissait. Comme il n'osait pas découvrir sa passion à
son amie d'enfance, il souffrait en silence, et bientôt il
tomba dans un sombre chagrin. « Qu'avez-vous? lui
demandait souvent son amie. — Je ne pouvais, dit-il,
lui répondre qu'en soupirant. La nuit, quand j'étais
seul dans ma chambre, il me venait dans l'esprit je
ne sais combien de choses que je me proposais de
lui dire; mais je ne trouvais plus rien quand j'étais
en sa présence. Je pâlissais, je tremblais et je me
taisais. » Ne pouvant ni avouer ni vaincre son amour,
Sannazar pensa que l'absence pourrait peut-être le
guérir. Il quitta Naples (nous suivons le récit que
Sannazar fait de sa passion aux bergers de l'Arcadie)
et vint en Arcadie. Mais, hélas! comme il le dit lui-
même dans son églogue latine de Galatée :

> Vitantur venti, pluviæ vitantur et æstus,
> Non vitatur amor.....

L'absence ne le guérit pas de l'amour. « Et, si je me
trouvais autrefois malheureux, dit-il, même quand je
voyais celle que j'aime et que je lui parlais, en pensant que j'étais forcé de lui cacher la cause de mes
peines, qu'est-ce maintenant quand je me trouve si
éloigné d'elle et sans espérance peut-être de la revoir
jamais ou d'en entendre parler, surtout lorsque je
me souviens, dans les solitudes de l'Arcadie, des

plaisirs que je goûtais dans ma chère patrie?... Tout me rappelle ma maîtresse absente; je ne vois ni vallée ni forêt, où je ne croie que je vais tout à coup la retrouver. Au moindre bruit, tantôt un oiseau qui s'envole ou un rameau qui tombe, je tressaille et me retourne pour voir si ce n'est pas elle qui vient tou à coup consoler ma misère... Je ne m'entends jamais appeler Sannazar par quelqu'un d'entre vous, que je ne me souvienne qu'elle m'appelait de mon nom d'enfance, Sincero, et que je ne soupire. Si les sons de la flûte ou de la voix d'un berger viennent à mon oreille, je verse des larmes, me rappelant le temps heureux où je lui chantais les vers que je faisais, et où je m'entendais louer par elle [1]. »

Quand Sannazar revint à Naples, celle qu'il aimait était morte, et il la chanta dans ses églogues latines [2]. La fin de l'*Arcadie* est consacrée aussi à sa mémoire. Là, comme dans ses églogues latines, il mêle aux souvenirs de son amour le souvenir des beaux lieux qui furent sa patrie et son séjour, Naples, Baïes, Cumes, le Pausilippe, la Mergellina, et toute cette côte enchantée que désolent les volcans, et que la mer et le soleil ne cessent de ranimer et d'embellir.

« O Cumes! ô Baïes! ô lieux charmants, bains gracieux et doux! non, je ne pourrai plus vous entendre nommer, que mon cœur ne tressaille de douleur... Non, je ne verrai plus le lac Lucrin, le lac Averne ou la grotte de Tritola, que je ne cherche en soupirant la vallée solitaire, pleine encore du rêve

---

[1] *Arcadie*, édition des Aldes, p. 31, 32, 33.
[2] Voyez sa première églogue sur la mort de Philis.

enchanté de ma jeunesse! C'est là qu'elle s'arrêta pour écouter les sons de ma voix, toute simple et rude qu'elle était; et peut-être y trouverai-je encore la trace de ses pieds adorés [1], peut-être les fleurs qui s'épanouissaient alors sous sa présence ranimeront mes sens et me rendront la vision qui m'a charmé... Et vous, montagnes ardentes que Vulcain noircit des feux de son haleine ensoufrée, comment vous reverrerai-je sans verser des pleurs! C'est là, en effet, c'est aux lieux où s'engloutit l'onde bouillonnante, où s'ouvre sous le ciel le gouffre immense et d'où sortent de noires exhalaisons, c'est là que j'ai vu s'asseoir la beauté céleste que j'adore; et, à travers les grondements terribles du volcan, elle prêtait l'oreille à mes vers avec plus de plaisir. »

L'amour de Sannazar est le sujet principal de son *Arcadie*, si l'on peut dire que l'*Arcadie* ait un sujet. L'*Arcadie* n'est pas encore tout à fait la pastorale dra matique ou romanesque : elle n'est que le cadre où Sannazar a renfermé plusieurs églogues différentes, quelques-unes imitées de Virgile ou de Théocrite, la plupart consacrées à l'amour, surtout au sien, que l'absence d'abord, et bientôt la mort de sa maîtresse ont rendu plus touchant et plus tendre. Mais, outre les plaintes amoureuses de Sannazar, il y a, dans l'*Arcadie*, de véritables récits d'amour qui annoncent et préparent la pastorale romanesque du Tasse et de Guarini [2].

---

[1] La Fontaine a dit ·

    « Honorés par les pas, éclairés par les yeux

    « De l'aimable et simple bergère... »

[2] Voyez le récit de Carino, p. 38.

Quand le Tasse et Guarini firent, l'un son *Amintas*, l'autre son *Fidèle Berger* [1], ils ne se piquèrent
pas d'être plus simples et plus rustiques que Sannazar ne l'avait été. Ils le furent même beaucoup
moins. Leur génie élégant se prêtait mieux à la délicatesse qu'à la simplicité. Aussi leurs bergers n'ont-
ils rien qui sente la campagne : ils sont mignards
plutôt que naïfs. Tout est fiction dans l'*Amintas* et
dans le *Fidèle Berger,* fiction gracieuse et poétique
qui emprunte à l'antiquité ses dieux, ses idées et ses
noms. En effet, les bergers du Tasse et de Guarini
ne sont pas Italiens : ce sont des bergers de l'antique Arcadie et qui mènent paître leurs brebis, non
point aux bords du Tibre ou de l'Arno, mais aux
bords de l'Alphée. L'Arcadie qu'ils habitent n'est
pas la rude et sauvage Arcadie des vieux Pélasges
avec sa Diane adorée sous l'emblème d'une ourse,
et son Lycaon changé en loup [2] : c'est une Arcadie
élégante et policée où Diane n'est plus que l'amante
d'Endymion, et où l'Amour lui-même, brouillé
depuis quelque temps avec sa mère, s'est réfugié
comme dans un asile favori. Il y enflamme de ses
feux les bergers et les bergères, sauf Sylvie qui,
vouée dès son enfance au culte de Diane, dédaigne
l'amour et ses plaisirs. Mais l'Amour espère bien
vaincre enfin sa fierté. Dans le *Fidèle Berger* de
Guarini, Sylvio, jeune chasseur, est aussi farouche
que la Sylvie du Tasse et aussi ennemi de l'amour,

---

[1] Le *Fidèle Berger*, c'est ainsi que je traduis *Pastor fido*, au risque
de rappeler l'enseigne d'un célèbre confiseur de Paris; mais cette enseigne
même me semble un dernier écho de la vogue de la pastorale en France.

[2] Ottfried Muller, *Die Dorier*, I, r. 372 — Stace, *Thébaïde*, IV, 271.

mais, comme Sylvie, il finit par être aussi vaincu par
l'amour : car tel est l'intérêt et le nœud des deux pastorales qui prêchent déjà la morale facile de l'opéra. Le
chœur même, abjurant sa gravité antique, chante l'a-
mour et ses douceurs aux jours de l'âge d'or : Bel âge,
dit-il, non point à cause des ruisseaux de lait qui
coulaient dans les campagnes, ou du miel que dis-
tillait l'écorce des chênes, mais parce que l'honneur
ne gênait pas encore la liberté des désirs [1].

Dans l'*Amintas* et dans le *Fidèle Berger*, le Tasse
et Guarini ont voulu peindre l'amour ingénu ; mais
ils l'ont exagéré, tantôt le faisant sauvage et farouche, sous prétexte de le faire naïf ; tantôt le faisant
langoureux et raffiné, sous prétexte de le faire tendre et gracieux.

Sylvio, dans le *Fidèle Berger*, n'ignore pas seulement l'amour, il le déteste et le fuit. Il donnerait,
dit-il, mille nymphes pour une biche poursuivie par
son chien Mélampe et atteinte par ses flèches [2]. C'est
un chasseur farouche et qui, comme Hippolyte, s'est
voué au culte de la chaste Diane [3]. En vain Dorinde,
touchée de sa beauté, le supplie de l'aimer ; il résiste
aux prières de Dorinde, et c'est là que la naïveté de
Sylvio est exagérée à plaisir : « Écoute, belle nymphe. Tu me parles toujours de l'amour, et je ne sais
pas ce que c'est que l'amour. Tu veux que je t'aime,

---

[1] Acte IV. Malherbe a dit :

> Ces vieux contes d'honneur, invisibles chimères,
> Qui naissent aux cerveaux des maris et des mères....
>   (Stances, 1596. — Édit. de la Tour, p. 31, 1842.)

[2] Acte I, scène I.
[3] Acte IV, scène VIII.

et je t'aime comme je le puis et comme je le comprends. Tu dis que je suis cruel, et je ne sais pas ce que c'est que la cruauté ni ce que je dois faire pour n'être pas cruel[1]. » Pourtant ce cœur farouche s'attendrit enfin. Sylvio, en chassant les cerfs et les biches de la forêt, frappe par mégarde d'un trait Dorinde, qui le suivait partout sans se montrer. Touché de pitié alors, il s'approche d'elle et la prend dans ses bras pour la soutenir. Bientôt cette pitié devient plus tendre, et Dorinde, heureuse de sa blessure, s'écrie que, dans les bras de Sylvio, le coup qu'elle a reçu lui est cher et que la mort lui sera douce[2]. Dorinde, au surplus, ne meurt point; Sylvio la guérit à l'aide d'une herbe merveilleuse, et surtout par son amour. Mais cet amour, qui vient par hasard, n'a pas les caractères de l'amour ingénu. Sylvio, quand il résiste à l'amour, est farouche et sauvage plutôt que naïf et simple; et, quand il se met à aimer Dorinde, c'est par pitié plutôt que par tendresse.

Amintas représente mieux l'amour ingénu que ne le fait Sylvio, d'abord parce qu'il ressent l'amour au lieu de l'ignorer et de le détester, et que, de plus, cet amour n'a que les sentiments doux et simples qui conviennent aux champs, tels du moins que sont les champs dans la pastorale. Encore enfant, Amintas aimait Sylvie, et, dans l'innocence de leur premier âge, Amintas et Sylvie étaient toujours ensemble, aux champs, aux bois, à la pêche, à la chasse. « Peu à peu, dit Amintas, je sentis naître dans mon cœur un désir inconnu qui me faisait sou-

[1] Acte II, scène II.
[2] Acte IV, scène IX.

haiter d'être toujours près de Sylvie. Je goûtais, à la regarder, une douceur extrême, qui me laissait pourtant dans l'âme je ne sais quoi d'amer. Je soupirais sans savoir pourquoi, et c'est ainsi que j'aimai sans connaître ce que c'est que l'amour. » Ces traits sont bien ceux de l'amour ingénu. Malheureusement Amintas ne s'en tient pas à cette naïveté gracieuse, et il tombe dans je ne sais quelle élégance langoureuse, qui est devenue le jargon convenu des poëtes amoureux et des bergers d'idylle.

L'action de l'idylle italienne n'est pas beaucoup plus variée que les sentiments. Ce sont presque partout les mêmes scènes ; et il est curieux de noter quelques-unes de ces scènes qui sont devenues, pour ainsi dire, les lieux communs des romans et des comédies pastorales du dix-septième siècle. Un de ces lieux communs est le premier baiser de l'amour. Amintas, dans le Tasse, raconte par quelle ruse il l'a obtenu de Sylvie. Élevé avec elle, il l'avait aimée sans savoir encore ce que c'était que l'amour. Mais un jour, assis avec elle et Philis au pied d'un hêtre, une abeille avait piqué Philis à la lèvre, et Sylvie, pour guérir Philis, avait sucé la piqûre et dissipé le mal comme par enchantement. Amintas, devenu tout à coup rusé par amour, se plaint aussi d'être piqué par l'abeille, et Sylvie, dans son innocence, s'offre à le guérir comme elle a fait pour Philis. Ce baiser, plus *piquant* pour Amintas que l'aiguillon de l'abeille, n'est pas de l'invention du Tasse. Clitophon, dans le roman de *Leucippe et Clitophon*[1], se

____
[1] *Leucippe et Clitophon*, roman d'Achille Tatius.

plaint aussi d'une piqûre d'abeille, afin que Leucippe l'en guérisse de cette manière ; et, dans l'*Astrée* à son tour, Ursace, un jeune page, guérit ainsi la princesse Eudoxe [1].

Un autre lieu commun des romans et des pastorales dramatiques du seizième et du dix-septième siècle, est le dialogue avec l'écho. Dans *le Fidèle Berger*, Sylvio, encore insensible aux traits de l'amour, ne craint pas de défier hautement sa colère, et l'écho, en répétant les dernières syllabes des paroles de son défi, lui prédit sa prochaine défaite [2]. Ailleurs, c'est un berger désespéré des rigueurs de sa maîtresse, qui va se plaindre aux rochers d'alentour, et l'écho ne manque pas de répondre ingénieusement à ses plaintes et de le consoler. — Eh ! d'où sais-tu, dit Sylvandre à l'écho,

> Eh ! d'où sais-tu que son cœur généreux
> Sera vaincu, si je lui suis fidèle ?
>
> ÉCHO.
>
> D'elle [3].

Les échos étaient depuis longtemps à la mode dans

---

[1] *Astrée*, 2e partie, liv. XII, p. 898.

[2] Je ne puis pas traduire ce curieux dialogue, qui, une fois les mots changés, n'a plus de sens :

> E quali son le pene,
> Ch' a tuoi rubelli e contumaci dai
> Cotanto amare ? — AMARE (répond l'écho).
> E di me, che ti sprezzo, che farai,
> Se 'l cor più duro hò di diamante ? — AMANTE.
> Amante me ? se' folle.
> Quando sarò, che 'n questo cor pudico
> Amor alloggi ? — OGGI.
> Etc.   (Acte IV, sc. VIII.)

[3] *Astrée*, 1e vol., p. 6.

la littérature [1] ; car Érasme n'a pas dédaigné d'en
insérer un dans ses colloques. La pastorale, en prenant ce genre d'ornement, le prit avec le mauvais
goût et l'affectation qui y étaient attachés.

Reste encore un lieu commun de l'églogue dramatique : je veux parler du rôle des satyres dans la
comédie pastorale [2]. Le satyre est un des personnages obligés de l'églogue dramatique : le Tasse en
a un dans son *Amintas*, Guarini dans son *Fidèle Berger*, Hardi dans chacune de ses pastorales, Racan
enfin dans son *Arthénice* ou ses *Bergeries*.

Le personnage du satyre est emprunté de l'antiquité. Mais l'art grec avait exercé son pouvoir jusque
sur les formes et les sentiments des êtres bizarres,
moitié hommes et moitié bêtes, que la mythologie
désignait sous le nom de satyres. Autrefois, en effet,
le satyre était hideux et brutal. Mêlé au cortége de
Bacchus qui, dans l'ancienne mythologie, était un
dieu violent et grossier, il rappelait, par ses gestes
et par ses cris désordonnés, l'extravagance ou l'ob-
scénité mystérieuse des cultes orientaux. Bientôt le
génie grec, qui ne pouvait rien souffrir de difforme,
adoucit et embellit le dieu et son cortége. Au lieu
de ressentir l'ivresse brutale du vin, le dieu désormais l'inspire sans la partager ; il devient gracieux
et beau, digne de consoler la jeune Ariane aban-
donnée [3]. Les satyres, à leur tour, perdent cet aspect

---

[1] Voir l'histoire d'Écho et de Narcisse dans Ovide.

[2] Il y a un dernier lieu commun de la pastorale dramatique, celui du
magicien ou de la magicienne, que je réserve pour un chapitre à part.

[3]   At parte ex alia florens volitabat Iacchus.

(Catulle, *Noces de Pélée et de Thétis*, 252.

hideux qui en faisait l'épouvantail des petits enfants [1]; ils gardent seulement, des habitudes de leur
vie sauvage, un air mutin et hardi. La musique adoucit
leurs mœurs, ils apprennent l'art de jouer de la
flûte [2]; les bois et les vallons deviennent harmonieux;
partout aux cris et aux chants de l'ivresse succèdent
de doux accents que les nymphes charmées écoutent
sans effroi, quoique placées à côté des satyres aux
pieds de chèvre [3].

La poésie grecque avait fait plus encore pour les
satyres que la statuaire elle-même : elle leur avait
consacré un genre de drame à part, le drame satyrique. Ce drame, qui tient à la fois de la tragédie et
de la comédie, qui mêle le sérieux et le plaisant, le
rire et les pleurs, était, chez les Grecs, une sorte
de réparation bouffonne que l'art tragique faisait à

[1] « Satyrus qui ploratum infantis cohibet. » (Pline, *Hist. nat.*,
liv. XXXVI, chap. V.)

[2] Minerve ayant jeté sa flûte, parce qu'elle se trouvait laide quand
elle soufflait dedans, un satyre la ramassa :

> Inventam satyrus primùm miratur; at usum
>
> Nescit et inflatam sentit habere sonum ;
>
> Et modo dimittit digitis, modo concipit auras ;
>
> Jamque inter nymphas arte superbus erat.
>
> (Ovide, *Fastes*, liv. VI, v. 708.)

[3] Bacchum in remotis carmina rupibus
>
> Vidi docentem (credite, posteri !)
>
> Nymphasque discentes, et aures
>
> Capripedum satyrorum acutas.
>
> (Horace, Ode XIX, liv. II.)

Les nymphes avaient aussi, dans les scènes comiques, le rôle plaisant
ou bouffon des satyres. Voyez saint Augustin, *Cité de Dieu*, liv. VI:
« Qualis joculariter in mimo fieri solet quum petatur a libero aqua, a
iymphis aut nymphis vin um. Nonne nymphæ cachinnantur? solent enim
ad risum esse faciles. »

Bacchus. La tragédie, en effet, née dans les fêtes de Bacchus et destinée d'abord à chanter en chœur les louanges du dieu, l'avait bientôt oublié. Elle s'occupait de représenter les aventures des anciens héros; mais de Bacchus elle ne disait mot. Aussi le peuple, venu au théâtre pour assister à une fête religieuse et n'entendant parler que d'Œdipe, d'Oreste et de Clytemnestre, demandait souvent avec naïveté ou avec malice : Qu'y a-t-il en tout ceci pour Bacchus (τί πρὸς Διόνυσον)? Les poëtes alors inventèrent le drame satyrique. Il y était encore question des héros d'Homère; mais au moins le chœur était composé tout entier de satyres, et ceux-là n'oubliaient pas de chanter les louanges du dieu. De plus, ils avaient un rôle dans le drame, et ce rôle montre l'idée que la poésie grecque avait des satyres.

De tous les drames satyriques de l'antiquité, il ne nous en reste qu'un seul, *le Cyclope* d'Euripide. Le sujet est l'aventure d'Ulysse chez Polyphême, telle qu'elle est racontée dans Homère. Euripide, pour y introduire son chœur obligé de satyres, fait raconter par Silène, dans le prologue, que Bacchus ayant été enlevé par des pirates tyrrhéniens, les satyres se sont embarqués pour aller à sa recherche; mais la tempête les a jetés sur le rivage des cyclopes en Sicile, et ils sont esclaves de Polyphême, qui les a chargés de garder ses troupeaux. La pièce commence par une scène d'idylle. Devenus bergers, les satyres font paître les troupeaux de leur maître sur les collines de l'Etna; les uns crient aux chèvres vagabondes : « Revenez! ce n'est pas là que vous trouverez un air doux et frais, une herbe abondante et l'eau courante des ruisseaux... — Et vous, disent les autres aux brebis rassemblées à leur voix, laissez-nous presser vos mamelles gonflées de lait. » Puis, interrompant leurs soins champêtres et faisant un retour sur eux-mêmes : O, s'écrient-ils, dieu que je chéris, où vis-tu solitaire, agitant ta blonde chevelure, tandis que moi, ton serviteur fidèle, je suis esclave du cyclope au front percé d'un œil hideux, et que, vêtu de cette peau de bouc, j'erre misérablement loin de toi et de ton amitié [1]. »

Les satyres d'Euripide n'ont jusqu'ici rien de grotesque, et le drame satyrique n'est encore pour nous qu'une pastorale naïve ou une bacchanale gracieuse et même touchante, quand ils implorent leur dieu et leur ami. La scène change, ou plutôt la comédie arrive mêlée à la tragédie avec Silène et Ulysse, Silène qui joue dans le drame d'Euripide le rôle du bouffon ou du valet de comédie, qui est fripon, gourmand et lâche; Ulysse qui, jeté aussi par la tempête sur le rivage des cyclopes, demande, au nom de Jupiter suppliant, un abri et des vivres. Comme il a sauvé du naufrage quelques outres de vin, Silène est prêt à lui donner tous les troupeaux de Polyphême pour une de ces outres chéries; mais Polyphême arrive, et Silène alors prétend qu'Ulysse veut enlever de force les brebis de Polyphême. En vain Ulysse supplie noblement le cyclope de respecter les dieux et la loi sacrée de l'hospitalité : le cyclope est un ogre impie qui ne s'inquiète point des dieux. « Étranger, dit-il à Ulysse, la foudre de Jupiter ne me fait pas

---

[1] Euripide, *le Cyclope*, trad. de M. Artaud.

trembler; je ne sais point que Jupiter soit un dieu plus puissant que moi. Au surplus, je ne m'en soucie guère... Boire et manger chaque jour, et ne s'inquiéter de rien, voilà le Jupiter des sages... Que ceux qui ont établi des lois et embarrassé la vie humaine de mille soins inutiles, soient maudits! Je ne cesserai point de me réjouir le cœur, et je ne t'en croquerai pas moins. Voici donc les présents d'hospitalité que je t'offre, afin d'être irréprochable devant toi : un bon feu et cette marmite de la maison de mes pères, qui te fera bouillir à merveille et te vêtira chaudement [1]. »

Remarquons ici, en passant, un trait caractéristique de l'esprit d'Euripide. Polyphême ne parle pas des dieux, des lois et de la civilisation en homme qui les ignore, mais en homme qui les connaît et qui s'en moque. Il y a du sophiste dans l'anthropophage.

Les satyres du chœur ne s'associent pas, comme Silène, à la brutalité du cyclope : ils s'en indignent, au contraire; ils maudissent l'hôte impie qui massacre les suppliants réfugiés à son foyer. Aussi, quand Ulysse leur propose de l'aider à se venger en enfonçant un tison ardent dans l'œil unique de Polyphême, le chœur s'écrie avec ardeur : « Oui, je veux prendre part à son supplice... oui, je veux avoir le plaisir de broyer, comme un guêpier, l'œil du maudit cyclope! » Tant que le danger est loin, les satyres sont hardis et fermes; ils se disputent entre eux « à qui marchera le premier, à qui portera le tison, à qui l'enfoncera dans l'œil du cyclope. » Mais

---

[1] Traduct. de M. Artaud.

le moment approche : le cyclope est endormi, déjà le tison est embrasé. « Allons, dit Ulysse aux satyres, prenez en main le tison et entrez dans la caverne; il est suffisamment enflammé.

LE CHOEUR. — « Ne veux-tu pas régler ceux qui doivent les premiers s'armer de l'arbre en flammes?

DEMI CHOEUR. — « Pour nous, nous sommes trop loin de la porte pour atteindre son œil avec le tison enflammé!

DEMI CHOEUR. — « Et nous, nous sommes tout à coup devenus boiteux.

ULYSSE. « Hommes lâches! amis inutiles !

LE CHOEUR. — « C'est que nous avons pitié de notre dos et de nos épaules. Je ne me soucie pas de voir sauter les dents de ma mâchoire. Est-ce là de la lâcheté? Mais je sais une chanson magique d'Orphée qui fera que le tison ira de lui-même brûler l'œil unique du géant. »

Charmante raillerie des entreprises humaines! Le chœur est bon, juste, honnête; il déteste le mal, il aime le bien ; seulement, il est plus brave la veille du combat que le jour même; il aime mieux le projet que l'action et la parole que l'œuvre. Voilà le côté comique des satyres, et c'est par là qu'ils entrent dans la comédie. Mais de là au rôle que leur a fait, chez les modernes, la pastorale dramatique, il y a loin. Le satyre antique, soit que nous l'étudiions dans la sculpture ou dans la poésie grecque, est vif sans être violent, amusant sans être étrange; il est à la fois gracieux et plaisant; l'élégance se mêle en lui au grotesque. Le satyre moderne, au contraire, semble avoir repris, dans l'églogue dramatique, sa difformité et surtout sa grossièreté primitive. Moitié homme et moitié bouc, moitié bouffon et moitié sauvage, il représente le libertinage brutal, et il est destiné à faire contraste avec l'amour ingénu que l'églogue dramatique cherche à exprimer. Mais ici le contraste est trop heurté. L'imagination ne conçoit pas bien comment ces êtres grossiers vivent à côté des bergers élégants de l'*Amintas* et du *Pastor fido*. Ajoutez que dans l'églogue dramatique le satyre n'a jamais d'autre rôle que celui d'un ravisseur maladroit et lâche, qui se laisse duper par les bergères ou battre par les bergers. Dans le *Pastor fido*, le satyre guette la bergère Corisca et parvient à la saisir par les cheveux ; il veut l'entraîner, mais les cheveux lui restent dans la main : Corisca portait perruque ; détail étrange et qui ne convient certes guère à la simplicité des champs [1].

L'Italie n'a pas eu seule en Europe, au seizième siècle, la gloire de la pastorale : la *Diane* de Montemayor charmait l'Espagne, pendant que l'Italie admirait l'*Amintas* du Tasse. La *Diane* de Montemayor, qui est la première pastorale romanesque de l'Espagne et la plus célèbre, sinon la meilleure, n'a pas la forme dramatique que le Tasse et Guarini donnèrent à l'églogue. C'est, comme l'*Arcadie* de Sannazar [2],

[1] Le satyre, qui ne connaît pas l'usage des perruques, croit que Corisca lui a laissé sa tête entre les mains, et il s'étonne de la voir s'enfuir sans tête :

> .... Rimirate
> Il magico stupor di chi se 'n fugge
> E vive senza capo...   (Acte II, scène VI.)

[2] George de Montemayor, dans sa *Diane*, fait allusion à l'*Arcadie de* Sannazar (t. III, p. 26, édit. de Paris, 1587).

un mélange de récits et de chants amoureux. Seulement, dans la *Diane* de Montemayor, il y a déjà beaucoup de récits, et le roman commence à l'emporter sur le poëme.

« Toutes les passions de la *Diane* s'acheminent au mariage, » dit un des vieux traducteurs [1]; et c'est par là que l'amour y est honnête. Le mariage, cependant, n'y paraît pas sous un beau jour, dans le commencement du moins : car c'est le mariage qui fait que Diane est malheureuse. Elle aimait le berger Sirène; elle était aimée de Sirène; mais, dans un moment de dépit amoureux, ou pour obéir à ses parents [2], Diane a épousé un autre berger, plus riche, mais moins aimable et moins spirituel que Sirène, le berger Desio, qui est jaloux et bourru. Aussi n'appelle-t-on plus la belle Diane que la *mal mariée*. Toute mal mariée qu'elle est, Diane respecte ses devoirs. Elle est triste, mais elle n'est pas révoltée; elle ne change pas le mauvais choix qu'elle a fait en grief général contre le mariage; elle ne s'en prend qu'à elle-même et à son dépit, non à l'institution. Le chagrin de Sirène, trahi par sa bergère, est doux aussi et touchant. Longtemps absent depuis l'infidélité de Diane, il revient enfin dans son pays; il retrouve les lieux qui lui sont chers pour les avoir habités avec Diane. Là, partout où va Sirène, il entend parler de ses amours, et ces récits ravivent sa douleur. La nymphe

---

[1] Préface de Colin, 1er vol. de la *Diane*, 1578. Je me sers, pour la première partie de la *Diane*, qui est de George de Montemayor, de la traduction de Colin (1578), et, pour la suite de la *Diane*, qui est de Gil Polo, de la traduction de Chapuys (1582).

[2] L'auteur ne s'explique pas à ce sujet.

Doride a même fait de ces amours une chanson ou *complainte*, qu'elle chante aux bergères qui l'entourent :

> Au moment du départi,
> Sa bergère il regardait.
> Elle aussi le contemplait,
> Puis avec un grand souci
> Voulait commencer ainsi
> A parler ; mais ne parlait ;
> Sa douleur parlait pour lui [1].

La grande prêtresse de Diane, Félicia, qui est un peu magicienne, trouve que la seule manière d'adoucir la peine de Sirène, c'est de lui faire oublier son amour : elle fait donc prendre au berger un breuvage qui produit cet effet. Il s'endort, et, quand il est réveillé, il se sent si indifférent qu'il parle, sans être ému, de son ancien amour. Bien plus, il voit Diane, il s'entretient avec elle et il reste froid ; il lui souhaite même d'être heureuse. Heureuse sans lui ! quel trait amer d'indifférence ! « Bien que déjà nos amours soient passés, les reliques qui m'en demeurnt en l'âme sont suffisantes pour te désirer tout le contentement du monde. —Chacune de ces paroles était une lame dardée à travers le cœur de Diane, et Dieu sait si elle n'eût mieux aimé ouïr des plaintes que des assurances de telle liberté. Et, combien qu'elle répondît à toutes les choses que le pasteur lui disait, avec une certaine manière de nonchalance, et qu'elle employât toute sa discrétion pour ne lui donner à entendre qu'il lui fâchait de le voir tant libre, toutefois pouvait-on bien connaître le déplai-

[1] *Diane* de Montemayor, traduction de Colin, 1er vol., p. 52.

sir qu'elle prenait à ses paroles. » Malgré l'indifférence que Sirène doit à la magie, la nature l'emporte encore de temps en temps, et son amour se réveille à l'improviste. L'enchantement a résisté à la vue et à l'entretien de Diane; il cède à une rencontre imprévue. Sirène se trouve par hasard près du troupeau de Diane; les chiens alors, le reconnaissant, viennent le caresser et se coucher à ses pieds, et les brebis mettre leurs têtes entre ses mains, « chose qu'il ne put voir sans larmes, se souvenant qu'il avait tant de fois mené ce troupeau avec la belle Diane. »

En prenant pour héroïne de sa pastorale une bergère qui a trahi son amant, et pour héros un berger qui, grâce à la magie, devient presque indifférent, George de Montemayor a renoncé d'avance aux scènes d'amour naïf et ingénu; mais il a donné au dépit amoureux des deux amants je ne sais combien d'occasions d'éclater, et c'est dans ces occasions que George de Montemayor est un habile observateur et un peintre ingénieux du cœur humain. Sans cesse, en effet, Diane rencontre Sirène, et ils ne manquent pas, Diane de provoquer Sirène sur son indifférence, Sirène de reprocher à Diane son infidélité. « Mais il est bon, dit Diane, que tu me reproches de m'être mariée, ayant un père?—Mais il est bon, dit Sirène, que tu te sois mariée, ayant un amour.—Et quelle puissance, dit Diane, avait l'amour là où était l'obéissance qui se doit aux pères?— Mais quelle puissance, répond Sirène, ont les pères pour étouffer un amour si vrai et si entier que tu le montrais?... Ah! Diane, Diane! jamais je ne pensai qu'il y eût chose en ce monde qui pût rompre une si grande foi!..

Mais ne parlons plus des choses passées; et toi, Sylvan, prends ta flûte, et nous chanterons quelques vers [1]. » Ils chantent, mais ils chantent encore les choses passées; car Sylvan, comme Sirène, a aimé Diane, et, quoique guéri aussi, il sent se renouveler dans son cœur l'amer et poignant regret de l'amour et du bonheur passés. Ils chantent donc le temps où ils aimaient Diane, cette Diane qu'ils n'aiment plus, disent-ils; et, pendant qu'ils chantaient, « Diane était, avec son beau visage sur la main, dont la manche, retombant un peu, découvrait la blancheur d'un bras qui eût obscurci la neige. Elle tenait ses yeux baissés vers la terre, versant une si grande abondance de larmes qu'elle donnait à entendre plus de chagrin qu'elle n'en eût voulu montrer; et, quand les pasteurs eurent achevé de chanter, elle se leva avec un profond soupir, et, sans prendre congé d'eux, s'en alla le long de la vallée, rattachant ses cheveux dorés, dont le ruban était demeuré pris à une branche quand elle s'était levée; et, si les pasteurs n'avaient tempéré la grande pitié qu'ils eurent d'elle, par le peu de pitié qu'autrefois elle avait eu d'eux, le cœur de l'un ni de l'autre n'eût pu le souffrir. »

Ce tableau, dont les traits n'excèdent pas le cadre de l'idylle, est, selon moi, d'une beauté presque antique. Ce sont ces peintures de l'amour triste et dépité, sans que la tristesse tombe jamais dans la monotonie, sans que le dépit aille jamais jusqu'à la violence, qui me font préférer la première partie

[1] Pages 171 et 172.

de la *Diane*, celle de George de Montemayor, à la continuation de Gil Polo.

Il y a, dans la deuxième partie de la *Diane*, beaucoup plus de récits épisodiques et de nouvelles que dans la première. L'amour est le sujet de ces nouvelles; mais cet amour est raffiné et subtil plutôt qu'ingénu, et les événements touchent à l'invraisemblance des romans de chevalerie. Non-seulement il y a de la magie, il y a aussi des géants: dans la pastorale espagnole, les géants remplacent les satyres de la pastorale italienne.

Lope de Véga, dans son *Arcadie*, fort postérieure à la *Diane*[1], a mis un géant qui aime une bergère, le géant Alaste, espèce de Polyphême aimable et bon, que je préfère même pour le caractère, sinon pour l'expression de la passion, au Polyphême de Théocrite et de Virgile, et dans lequel enfin se trouvent, par une rencontre fort imprévue, quelques traits du *Gulliver* de Swift.

Il y a deux Polyphêmes différents dans les idylles de Théocrite[2] : l'un triste et plaintif, qui, assis sur un rocher et contemplant la mer, essaie de fléchir par ses chants le cœur de Galatée; et ce cyclope, tout horrible qu'il est, finit par exciter notre pitié, parce qu'il est amoureux et malheureux. L'autre est un amant dédaigneux, qui aime Galatée, mais qui sait que, pour soumettre la nymphe, il faut, dit-il, feindre de la dédaigner. Le Polyphême amoureux est modeste; il sait qu'il est laid, il sait l'horreur de son front percé d'un seul œil; mais il est riche,

---

[1] *La Diane*, 1561. — *L'Arcadie*, 1610.
[2] Voyez la VIe et la XIe idylle.

il a des troupeaux par milliers; le lait ruisselle sous ses mains et son antre est tapissé de vigne. Il aime Galatée depuis le jour où il l'a vue venir, toute jeune encore, avec sa mère sur la montagne. Oui, il est laid; mais il se parera; il brûlera, s'il le faut, le poil velu qui lui couvre le corps. Ah! s'il pouvait, un jour, faire paître ses chèvres avec Galatée, et la voir de ses mains délicates traire le lait de ses génisses! « O cyclope, cyclope! s'écrie-t-il enfin, qu'as-tu fait de ta raison? pourquoi chercher qui te fuit? Tu trouveras peut-être une autre Galatée plus belle que celle que tu poursuis. J'ai vu des jeunes filles qui souriaient en me regardant, ou qui chuchotaient doucement à mon approche. Je puis aussi, si je le veux, être aimé sur la terre. »

Voilà comment le Polyphême amoureux devient peu à peu le Polyphême dédaigneux et fat qu'a voulu peindre aussi Théocrite, comme pour montrer que l'art pouvait, quand il le voulait, faire de quelqu'un de ces hideux cyclopes que l'Odyssée nous avait appris à craindre et à détester, tantôt un héros d'élégie, qui saurait nous toucher par la vérité et la douceur de ses plaintes, tantôt un personnage de comédie, un fat grotesque qui se croit beau, tout épouvantable qu'il est. Polyphême, en effet, s'est miré dans la mer un jour qu'elle était calme, et il s'est trouvé beau. Oui, sa barbe était douce et belle, son œil était unique, mais beau, et la blancheur de ses dents surpassait l'éclat du marbre de Paros. Aussi le cyclope est courtisé : « Ne vois-tu pas, lui dit-on, que Galatée vient jeter des oranges à ton troupeau et à ton chien? C'est un défi, beau chevrier; et toi, tu ne la regardes même pas, et tu restes assis à chanter tes douces chansons. — Je la vois bien, répond le fat ; mais je dis que j'aime une autre bergère, afin que Galatée m'aime encore davantage ; car telle est la femme : elle fuit qui la cherche et cherche qui la fuit. Aussi je laisse Galatée sortir de la mer et venir jeter un regard d'envie sur mon antre, sur mes pâturages, sur moi, et j'attends que, vaincue par mes rigueurs, elle vienne elle-même dans mon antre.—Et d'où te vient, ô cyclope ! cette science du cœur des femmes? — C'est la vieille Cotyttaris qui m'a tout appris. »

L'antiquité avait su faire de son Polyphème, tantôt un amant tendre et naïf, tantôt une sorte d'Adonis grotesque. L'Alaste de Lope de Véga a quelque chose de ces deux caractères du Polyphème antique. Seulement il n'a pas de fatuité. Il est crédule, et c'est par là qu'il est plaisant. Il se croit trop aisément aimé ; mais, pour se faire aimer, il ne recourt point aux dédains calculés du cyclope ; il aime : c'est là tout son art, et c'est par là qu'il m'a touché. Écoutez un peu l'histoire de cet amoureux et malheureux géant.

Il est fils de Jupiter et d'Olonie, une des nymphes de Diane. Diane, pour la punir de sa faute, l'avait changée en montagne ; mais, au bout de sept mois, la montagne s'ouvrit et Alaste naquit. Il n'est pas beau ; il ne ressemble cependant pas aux cyclopes. « Il n'avait rien de désagréable en toute sa personne que l'étrange grandeur de ses membres [1]. » Quand

----

[1] *Arcadie* de Lope de Véga, traduct. de Lancelot, p. 52, 1624.

il vient s'asseoir auprès de la jeune Chrysalde, la
bergère qu'il a choisie pour l'aimer, « on eût dit que
celle-ci était au pied d'une haute montagne [1].» Comme
c'était la première fois que Chrysalde voyait un
géant, elle crut qu'elle allait être dévorée, et elle
s'évanouit. Mais Alaste, aussitôt qu'elle eut repris
ses sens, lui adressant la parole avec tous les compliments de la galanterie castillane, la supplie de
n'avoir pas peur, et, « pour lui faire voir que la nature ne l'avait pas rendu tout à fait barbare, il lui
chante une chanson qu'il a composée à sa louange;
mais c'était avec un son épouvantable et d'une voix
qui étourdissait et rendait sourds les oiseaux et les animaux de la montagne [2]. » Chrysalde écouta la chanson
du géant, et, pour obtenir qu'il la laissât partir, elle
lui donna un des rubans qui attachaient ses cheveux.
Le géant, en chevalier ou en berger galant, noua
avec ce ruban quelques-uns des poils de sa longue
barbe et laissa partir la bergère, qui se garda bien
de revenir de toute une année vers la montagne qu'habitait le géant. Alaste cependant « attendait toujours
la venue de sa bergère avec tant de plaisir et d'im-
patience, qu'un autre cœur, moins géant que le sien,
n'eût pas été capable d'en supporter la douleur [3]. »
Enfin, ne la voyant pas venir, il résolut de l'aller
chercher dans le village qu'elle habitait. « A peine
fut-il entré dans ce paisible village, que les habitants
commencèrent à fuir, les femmes à s'enfermer et les
enfants à crier. Cependant le géant, qui ne savait

Page 53. — Voyez Gulliver à Brobdingnac.

[2] Pages 61 et 62.

[3] Page 150.

pas où était la maison de Chrysalde, courut incontinent après le premier homme qu'il aperçut, lequel
fuyait de toute sa force... » Le géant, ayant atteint
aisément le villageois, se fait indiquer la demeure
de Chrysalde. Il entre en baissant la tête jusqu'en
terre, et trouve la bergère, qui reste frappée d'effroi
en l'apercevant. Il lui fit tant de révérences et lui
dit des paroles si pleines de douceur et d'affection
que la bergère, se remettant peu à peu, lui promit,
pour se délivrer le plus vite possible de cette visite,
qu'elle l'irait voir en sa montagne. « Il lui demanda
encore, avec tout le respect et la civilité qu'il savait,
quelque nouveau gage pour assurance de l'effet de
sa promesse et pour servir d'entretien à son amour,
en attendant son accomplissement. Alors cette petite
bergère, encore troublée de sa première appréhen-
sion, lui donna la chemise qu'elle ouvrageait pour
celui qui devait être son époux, car elle était fiancée
depuis quelques jours. Le géant la prit avec mille
actions de grâce, et aussitôt, comme si c'eût été une
manche fort étroite, il la mit en l'un de ses bras
velus, et prit congé d'elle, fort satisfait d'avoir été
éclairé de la splendeur de ses beaux yeux... Il sortit
du village, sans qu'un seul homme osât paraître devant lui de plus près que dessus les toits, les tou-
relles et les chapiteaux de leurs maisons, où ils étaient
montés pour le regarder passer [1]. »

La bergère avait promis d'aller à la montagne, et,
comme tout le village craignait que le géant ne re-

---

[1] Pages 151, 152 et 153. — Voir l'entrée de Gulliver dans la capitale
de Lilliput.

vînt, elle fut forcée d'accomplir sa promesse. Elle
part donc et elle arrive à la montagne, « où de loin
elle vit Alaste assis au pied d'un grand rocher qui,
comme un autre Polyphème pour Galatée, chantait
ses amours et promettait de lui donner des ours nou-
veau-nés et de jeunes lions. Dès qu'il aperçut sa
bergère, il mit son instrument à terre, et, se levant
debout, il égala de sa grandeur la hauteur du rocher [1]. » La bergère lui témoigne, de son côté, une
joie qui n'est que feinte, et le géant, pour mieux fêter
sa bienvenue, la prie d'entrer dans sa caverne, « lui
disant qu'il lui ferait voir de belles curiosités et lui
donnerait de grands trésors. A cette demande, Chrysalde eut grand'peur; mais elle n'osa pas contredire
le géant, et, se fiant au pouvoir qu'elle avait sur lui,
elle le suivit dans la caverne, qui était tout étincelante de marbres et de pierres précieuses. Alaste
donna à sa bergère une infinité de pierreries, d'or et
d'argent.... Outre ces richesses, il lui apporta des
fruits, des châtaignes conservées dans leurs héris-
sons, des fruits d'arbousiers, des coings jaunes, des
noix savoureuses, des nèfles soigneusement gardées,
des fromages de crème et du miel vierge... La bergère fit ses compliments et ses remerciements à tous
ces petits présents de village; mais, pour le regard
des pierreries, elle prit toutes celles qui lui agréaient,
car pour cela seulement elle n'eut ni crainte ni terreur [2]. » Enfin elle promit au géant de faire en sorte
que ses parents consentissent à leur mariage. La mé-

[1] Page 5 5.
[2] Page 1 50.

chante bergère trompait le bon géant ; car, de retour au village, elle s'occupe de ses noces avec le berger qui lui était fiancé. Ces noces même se célèbrent avec grande joie, quand tout à coup, au milieu du festin, le géant Alaste, prévenu par un rival du fiancé de Chrysalde, arrive et entre dans une grande cour où il voit plusieurs tables couvertes de viandes et environnées de parents et de convives.... « A cette vue, il fit un cri si épouvantable que la plupart des invités tombèrent à terre, éperdus de frayeur.... Le père et le beau-père, prosternés à genoux, lui présentaient et offraient Chrysalde, estimant que c'était le seul moyen d'apaiser sa passion et de se garantir de sa fureur[1]. » Ils ne se trompaient pas : dès qu'il vit Chrysalde à ses pieds, Alaste devint calme et se repentit de sa colère. Il s'approche du père et de la mère de la bergère, leur dit de se rassurer, et que, pourvu qu'on lui donnât Chrysalde en mariage, selon la promesse qu'elle lui avait faite, il était satisfait et pardonnait à tout le monde. « Les pauvres pasteurs qui, pour sauver leur vie, auraient donné toutes les filles du village, louèrent grandement la magnanimité du géant.... Puis, ils le prièrent de prendre place à la table en attendant que l'on fût allé quérir ceux qui ont l'autorité de faire les mariages.... Ces offres et ces compliments furent très-agréables au géant qui, leur mettant à tous ses mains dessus leurs têtes en signe d'amour et de paix, s'assit pour souper avec eux, ayant auprès de lui la craintive Chrysalde, qui l'entretenait de douces paroles. C'était un passe-temps

[1] Pages 166 et 167.

de voir la terreur qui possédait le cœur de tous les villageois, car, à chaque fois que le géant levait les bras pour prendre quelques viandes dans les plats, ils croyaient qu'il les allait avaler et engloutir tous en vie [1]. »

Parmi les bergers, cependant, il y en avait un qui avait entendu raconter l'aventure d'Ulysse avec Polyphême, et qui engagea ses compagnons à tuer le géant de cette manière. Ils commencèrent par l'enivrer, ce qui ne fut pas difficile, le géant ne buvant ordinairement que de l'eau. Une fois Alaste enivré et endormi, « les villageois, contents de voir réussir leur stratagème, pour rendre leur victoire plus certaine, apportèrent de grosses cordes dont ils lui lièrent les jambes et les bras; puis, comme les pygmées, qui voulurent tuer le généreux fils d'Alcmène, ils montèrent sur son corps ainsi que sur une montagne, et avec leurs houlettes, leurs bêches et leurs cognées, et à coups de pierre [2], » ils tuèrent le bon géant, qui fut victime de sa douceur et de l'amour qu'il avait pour Chrysalde.

Voilà l'histoire du géant Alaste, qui est, de tous les personnages de l'*Arcadie* de Lope de Véga, celui qui m'a le plus intéressé et qui exprime le mieux l'amour ingénu. Je le préfère de beaucoup, par exemple, aux deux héros principaux du roman, Anfrise et Bélisarde. Comme le Sirène et la Diane de George de Montemayor, l'Anfrise et la Bélisarde de Lope de Véga ne commencent à devenir intéressants que lorsque,

<hr>

[1] Pages 168 et 169.

[2] Page 169.

s'étant séparés dans un moment de dépit amoureux, et Bélisarde s'étant mariée, ils se revoient au moment où ils ne peuvent plus s'appartenir et comprennent alors qu'ils s'aiment encore et se sont toujours aimés. Chose bizarre que, dans les deux pastorales espagnoles, ce soit le sentiment du regret qui vienne animer l'amour, et qu'au lieu de l'amour heureux et ingénu qui convient particulièrement à la pastorale, nous y trouvions surtout la peinture de l'amour dépité et malheureux.

La scène d'adieux d'Anfrise et de Bélisarde, quand ils reconnaissent leur mutuelle erreur, est digne de Lope de Véga, du grand poëte dramatique. Le repentir, la douleur, l'amour sans espérance, le respect du devoir y éclatent avec une vivacité et une vérité admirables de sentiments. Anfrise, désespéré d'avoir quitté Bélisarde et de l'avoir vue épouser un de ses rivaux, était devenu fou comme Roland. Ayant enfin recouvré la santé, il sortait pour la première fois et se promenait dans les prairies qu'il avait parcourues tant de fois avec Bélisarde, quand il vit Bélisarde elle-même assise toute seule sur le marbre d'une fontaine. Elle pleurait. Il s'approcha, et la bergère, le voyant venir, essuya ses yeux. Ils se regardèrent ainsi quelque temps, et comme Anfrise, encore affaibli par la maladie, chancelait, Bélisarde le pria de s'asseoir. Anfrise se mit de l'autre côté de la fontaine, et, appuyant le bras sur le bassin, il se mit à pleurer lui-même. « De quoi pleurez-vous, cruel? lui dit la bergère. Vous éclatiez hier de rire avec Safise, et aujourd'hui vous fondez en larmes auprès de moi ! — Ingrate bergère, répond Anfrise, vous me demandez de quoi je pleure, feignant de croire que ce soit pour Safise. Ah! si j'ai fait semblant d'aimer Safise, c'est que j'avais vu votre inconstance; c'est que j'avais été le témoin de votre perfidie, de mon injure et de la bonne fortune d'Olympio! — Olympio! Ah! le soir que je parlai à Olympio sur le bord de ce ruisseau, ce fut en vengeance des jalousies que vous me donnâtes, et non pas que j'eusse de l'amour pour lui, puisque, cette nuit-là même, après une infinité de larmes et de désespoirs, je délibérai de me marier avec Salicio, ne voulant pas vous laisser croire que j'aimasse Olympio, et je l'exécutai dès le lendemain.

ANFRISE. — « Que m'avez vous dit, Bélisarde? Est-il vrai que vous n'aimassiez pas Olympio, et que le déplaisir de me voir aimer Safise vous ait portée à tel désespoir que de vous marier à Salicio?

BÉLISARDE. — « Est-il vrai que, croyant que je favorisais Olympio, vous ayez feint d'aimer Safise? O Anfrise! trop d'amour et trop de jalousie nous ont tous deux rendus coupables; l'excès et la violence de ces deux passions ont ruiné nos espérances... Hélas! j'observerai toujours la loi du respect que l'on doit à l'honneur, et il n'y a point d'amour qui me puisse dispenser de cette retenue... Il se faut donc séparer, cher Anfrise, et se dire pour jamais le dernier adieu... Adieu donc, seul objet de mon imagination! et, puisque je ne puis plus disposer de mon corps, je vous donne mon esprit et vous consacre toutes les puissances de mon âme[1]! »

Ces nobles et touchants adieux d'Anfrise et de Bé-

____
[1] Pages 380-389.

lizarde me rappellent ceux de Pauline et de Sévère dans *Polyeucte* :

> Adieu, trop vertueux objet et trop charmant !
> — Adieu, trop malheureux et trop fidèle amant !

C'est la même élévation de sentiments; c'est la même amertume de regrets amoureux, plus forte et plus poignante encore dans Anfrise et Bélisarde que dans Sévère et Pauline, parce qu'Anfrise et Bélisarde regrettent l'emportement de leurs dépits jaloux, tandis que Pauline et Sévère ne se plaignent que des rigueurs du sort.

Des pastorales espagnoles que nous venons d'examiner, il n'y en a aucune jusqu'ici qui soit consacrée à peindre l'amour ingénu. Sera-ce dans la *Galatée* de Cervantes que nous trouverons cette peinture, qui est si propre à l'idylle? « Les bergers de la *Galatée*, dit Cervantes dans sa préface, ne sont bergers que pour le plaisir de l'être. » C'est donc encore ici cette race de bergers impossibles qui peuplent l'Arcadie des poëtes. Des bergers et des bergères de ce genre aiment d'autant plus volontiers qu'ils n'ont rien autre chose à faire. Mais ce n'est point là qu'il faut chercher l'amour ingénu. Les bergers et les bergères de Cervantes expriment trop souvent leur amour d'une manière raffinée. On sent qu'ils ont fait leur rhétorique et parfois même leur philosophie, ou qu'ils la font encore, si j'ose ainsi parler. Avec de pareils défauts, qui sont après tout les défauts de tous les bergers de leur temps, les personnages du roman de Cervantes semblent, au premier coup d'œil, avoir gagné à passer entre les

mains de Florian, qui les a rendus plus simples. Il
y a une simplicité que donne le goût, et c'est celle-
là que Florian a mise dans l'élégante imitation qu'il a
faite de la *Galatée* de Cervantes. Seulement, il a du
même coup ôté à la *Galatée* ses défauts et ses qualités.

Un parallèle détaillé de la *Galatée* de Cervantes et
de celle de Floriau serait nécessaire pour montrer
combien la *Galatée* de Florian a moins de défauts et
moins de beautés que celle de Cervantes. Je me con-
tenterai de quelques traits que je prendrai dans l'histoire de Théolinde, qui est un des plus touchants
épisodes de la *Galatée* espagnole, et que Florian a
conservé en l'abrégeant et parfois aussi en le gâtant.

« Sur les rives de l'Hénarez, qui apporte à votre
Tage le tribut de ses eaux toujours fraîches, dit à Galatée et à ses compagnes la Théolinde de Cervantes,
je naquis de parents qui n'étaient pas les derniers de
notre commune : c'étaient des laboureurs, et je fus
accoutumée dès l'enfance aux travaux de la campagne. Je menais paître mes brebis dans les communaux
du village, et j'accommodais si bien mes sentiments
à l'état que le sort m'avait donné, que je n'avais de
goût que pour voir croître et multiplier mon troupeau, sans m'occuper d'autre chose que de lui pro-
curer les meilleurs pâturages et l'eau des plus
limpides fontaines. Je n'avais et je ne croyais pas
pouvoir jamais avoir d'autres soucis que ceux qui
me venaient des travaux qui m'occupaient. J'aimais
la solitude des bois, et souvent, provoquée par le
chant des oiseaux, j'y chantais les chansons du hameau et je choisissais celles où il n'était point

question des soupirs et des pleurs qui trahissent les âmes amoureuses. Que de fois, pour me plaire et pour passer le temps, j'errais au bord des ruisseaux et dans les vallons, cueillant des fleurs de toutes sortes et m'en faisant une guirlande dont je couronnais mes cheveux! Ensuite j'allais me contempler dans les claires eaux de quelque fontaine, et ces passe-temps innocents me plaisaient tant que je ne les aurais jamais voulu changer contre aucun autre plaisir. »

Voilà la Théolinde de Cervantes; voyons celle de Florian.

« Mon village, dit Théolinde dans Florian, est sur les rives de l'Hénarez célèbre par la fraîcheur de son onde. Mon père est laboureur. Les travaux champêtres occupaient seuls ma vie. Tous les matins, je menais paître mes brebis. Seule, au milieu des bois, la solitude ne m'ennuyait point. J'écoutais les oiseaux, je chantais avec eux; je cueillais la rose vermeille, le lis sans tache, l'œillet bigarré. Un bouquet rendait heureuse ma journée; je n'aimais rien que mes agneaux; je ne cherchais dans la campagne que des fleurs et de l'ombre. »

De ces deux bergères, quelle est celle qui est le plus occupée de son troupeau, de le mener paître aux meilleurs endroits et de le faire boire aux meilleures eaux? Quelle est celle qui est la plus simple, c'est-à-dire qui est le plus bergère et qui songe le moins à le paraître?

Plusieurs fois Théolinde s'est moquée des bergères qui venaient lui confier leurs chagrins d'amour. Il y en a une entre autres, Lidie, qui est venue tout en pleurs se jeter dans ses bras, et, à la voir ainsi désespérée, Théolinde lui a demandé si elle avait perdu son troupeau, ou si son père ou son frère était mort. « Non, répond Lidie, mais Eugénio est parti sans me rien dire, et je viens ce matin même de voir entre les mains de Léocadie un ruban rouge que j'avais donné à Eugénio. » Non seulement Théolinde n'a pas plaint Lidie ; mais elle a ri de son chagrin, qu'elle n'a pas compris : « Qu'est-ce que vaut un ruban rouge, lui a-t-elle dit, pour que tu sois si affligée de le voir à Léocadie et qu'Eugénio le lui ait donné? » Piquée d'une réponse si contraire à celle qu'elle attendait, Lidie s'est éloignée en pleurant plus fort et en souhaitant que Théolinde fût quelque jour aussi malheureuse qu'elle et ne trouvât pas de pitié.

Florian a traduit fidèlement cette scène entre Théolinde et Lidie. Il a supprimé seulement, comme trop naïf sans doute, l'argument de Théolinde sur le ruban rouge, et je le lui reproche, parce que le prix différent que Théolinde et Lidie attachent à ce ruban montre mieux que toute autre chose ce que c'est qu'aimer et ne pas aimer.

Le souhait que Lidie avait fait contre Théolinde s'accomplit bientôt. A la fête du village, elle rencontre un berger étranger, qui avait si bonne mine et si noble contenance que toutes les bergères l'admiraient. Théolinde l'admire aussi, et cette admiration triomphe de son insensibilité. « Aussitôt que je le vis, dit-elle aux bergères qui l'écoutent, je sentis mon cœur s'attendrir ; un feu qui me brûlait se répandit dans toutes mes veines, et, sans savoir pourquoi, je sentis que mon âme était heureuse d'attacher

ses regards sur le beau visage du berger inconnu.
Sans avoir aucune expérience des cas d'amour, je
reconnus que c'était l'amour qui m'avait pris... Ah!
que de fois ce jour-là j'eus envie d'aller trouver
Lidie, qui était avec les autres bergères, et de lui
dire : Pardonne-moi, Lidie, l'aigreur de la réponse
que je t'ai faite l'autre jour; car le mal dont tu
te plaignais, je l'éprouve maintenant plus que toi-
même. » Comme tous les bergers et toutes les bergères qui étaient à la fête s'occupaient de l'étranger,
le trouble de Théolinde échappa à tous les regards.
On pria l'étranger de chanter, et, sans se faire prier,
il commença à chanter d'une voix si merveilleuse
que tout le monde était ravi de l'entendre : « Je tremblais, dit la Théolinde de Florian, que la chanson de
l'étranger ne parlât d'amour. S'il est amoureux, me
disais-je, il ne doit songer qu'à l'amour. Heureusement
il ne chanta que les plaisirs de la vie pastorale et les
moyens de conserver les troupeaux; il ne dit rien de
ce qui fait mourir les bergères. » — Je craignais fort
que cette agréable antithèse entre ce qui conserve
les troupeaux et ce qui fait mourir les bergères ne
fût un de ces raffinements pédantesques empruntés
par la pastorale espagnole à la pastorale italienne.
Non : l'antithèse est de Florian et non de Cervantes.
La Théolinde espagnole est plus vraie et plus touchante. « L'étranger, dit-elle, ne chanta que l'éloge
de la vie pastorale, les travaux de la campagne et les
moyens de conserver les troupeaux. J'en fus bien
contente, car il me semblait que, si le berger était
déjà amoureux, il n'aurait pu chanter que l'amour,
parce que c'est la condition des amants de regarder

comme perdu tout le temps qui se passe à parler d'autre chose que de la cause de leur tristesse ou de leur joie. Voyez, bergères, comme il m'avait fallu peu de temps pour devenir maîtresse en l'école d'amour. »

Ces traits d'amour ingénu que Florian n'a pas toujours su conserver, rachètent, dans la *Galatée* de Cervantes, la galanterie prétentieuse du roman. Les bergers de Cervantes n'ont pas la naïveté pastorale; mais ils ont quelquefois l'ingénuité humaine, c'est-à-dire cette vraie et charmante simplicité de sentiments qui n'est le propre d'aucun temps, si ancien qu'il soit, pas même de l'âge d'or, mais qui est de tous les âges, parce qu'elle est vraiment celle du cœur humain.

XLVI.

L'ARCADIE DE SYDNEY. — LA PASTORALE DANS SHAKSPEARE.

L'Angleterre suivit de près l'Espagne dans la carrière de la pastorale romanesque. Un des plus brillants cavaliers de la cour d'Élisabeth, Philippe Sydney, qui savait l'italien, le français et l'espagnol, qui admirait l'*Arcadie* de Sannazar et la *Diane* de Montemayor [1]; qui aimait la poésie, la guerre et l'amour, et qui mourut dans une bataille aux Pays-Bas; Philippe Sydney voulut que l'Angleterre eût aussi sa pastorale, et il fit l'*Arcadie*, qu'il dédia à sa sœur, la comtesse de Pembrocke, qui était une des beautés de la cour d'Élisabeth et qui avait les mêmes goûts littéraires que son frère. C'est à cette sœur chérie qu'il envoyait son *Arcadie* à mesuré qu'il la faisait [2].

De toutes les *Arcadies* que nous avons déjà vues, l'*Arcadie* de Sydney est assurément la moins pastorale. C'est un roman de chevalerie dans le genre

---

[1] Voyez, dans la *Défense de la poésie* par Sydney, ce qu'il dit de Sannazar, p. 503-513, et dans ses sonnets la traduction de quelques chansons amoureuses de la *Diane* de Montemayor, p. 487, 488. (*Arcadie*, édit. in-fol.)

[2] Voyez la dédicace de Sydney à sa sœur.

d'*Amadis*, dont Sydney était grand partisan [1], mais où l'auteur a introduit des bergers pour se conformer à la mode. Malgré cette invraisemblance, qui n'est pas plus choquante, après tout, dans l'*Arcadie* de Sydney que dans l'*Astrée*, le roman de Sydney est intéressant. Le cœur de l'homme y est étudié avec finesse, l'amour y parle un langage noble et élevé, quoique prétentieux; l'amour ingénu y est souvent représenté avec beaucoup de charme, et, quoiqu'il soit entre princesses et chevaliers, au lieu d'être entre bergers, comme le voudrait le lieu de la scène, il n'y perd pas la grâce et la naïveté qui lui sont naturelles.

Le prince Mussidore et le prince Pyrocle, l'un fils et l'autre neveu du roi de Macédoine, après avoir rempli la terre de leurs exploits, sont jetés en Laconie par un naufrage, et de là viennent en Arcadie, où ils tombent amoureux, Mussidore de la princesse Pamèle, et Pyrocle de la princesse Philoclée, toutes deux filles de Basilius, roi d'Arcadie. Le roi Basilius, qui s'est pris d'une belle passion pour la vie pastorale, a quitté son palais pour vivre dans un séjour champêtre appelé les *Loges*, loin de sa cour et au milieu des bergers. De ces bergers, un seul est grossier : c'est le bouvier Damétas, qui est le favori du roi et qui joue, dans le roman de Sydney, le rôle d'un bouffon ou d'un *gracioso* de mauvaise humeur. Les autres bergers sont élégants et parlent le langage du beau monde. « C'est ici, dit Sydney, que les muses distribuent leurs dons avec tant d'a-

---

[1] Voir la *Défense de la poésie*, p 502, même édition.

vantages que les moindres de nos bergers ont des pensées qui vont par-dessus le commun, de sorte que les plus savants des autres nations s'estiment honorés de les imiter[1]. » Non-seulement les bergers de Sydney sont savants et ingénieux, ils sont riches, ils ont du loisir. « Ils vivent exempts des inquiétudes qu'apporte la pauvreté, et s'entretiennent dans l'abondance, qui est la nourrice de la poésie[2]. »

C'est parmi ces bergers et dans la cour champêtre du roi Basilius, que le prince Mussidore et le prince Pyrocle s'introduisent, l'un sous le nom du berger Dorus, l'autre déguisé en amazone sous le nom de Zelmane. Ce déguisement sert Pyrocle plus qu'il ne le veut; car, s'il lui donne le moyen d'être souvent auprès de la princesse Philoclée, il fait en même temps que le vieux roi Basilius devient amoureux de la fausse amazone. Je laisse de côté les aventures que produit la passion ridicule du vieux roi Basilius, pour m'attacher seulement aux amours de Pyrocle et de Philoclée, de Pamèle et du prince Mussidore. C'est là qu'est l'amour ingénu dont nous cherchons l'expression. Mais, avant de raconter les amours de nos deux héros ou de nos deux bergers, il m'est impossible de ne pas dire pourquoi Pyrocle avait pris ce nom de Zelmane. Il y a là une histoire d'amour vraiment belle et touchante.

Pendant que Pyrocle faisait ses grandes prouesses en Asie, il avait rencontré la fille du roi de By-

----

[1] T. Ier, p. 81, traduction de Baudouin.
[2] Ibid., p. 85.

thinie, la princesse Zelmane, qui s'était éprise de lui ; et, comme son père, le roi Plexirtus, persécutait Pyrocle et Mussidore, Zelmane, se déguisant en page, avait quitté sa famille et suivi Pyrocle. Celui-ci, ne la reconnaissant pas, avait accepté ses services. Jamais page ne fut plus fidèle, plus vigilant, plus empressé que Zelmane auprès de Pyrocle. Il y a, dans les romans de chevalerie, bien des aventures de ce genre ; mais ce qui rend celle-ci plus belle et plus touchante que les autres, c'est le dénoûment. Zelmane avait plus de zèle que de force, et bientôt, consumée par son amour et par l'idée qu'étant fille du plus cruel ennemi de Pyrocle, celui-ci ne l'aimerait jamais, elle succombe à ses chagrins et meurt. Avant de mourir, elle révèle à Pyrocle son sexe et son amour. En vain Pyrocle, touché de pitié, veut lui faire espérer qu'elle ne mourra pas : « Non, non, dit-elle, mon cher maître, il ne me reste plus ni désir ni espérance de vie, sachant bien que vous ne m'eussiez jamais aimée. » A ces mots, les larmes lui coulèrent des yeux en abondance ; puis, laissant aller quelques soupirs : « Et certainement, ajouta-t-elle, rien ne vous pouvait obliger à m'aimer : c'est pourquoi il me doit suffire que l'étrange procédé dont j'ai usé vous témoigne à jamais la sincérité de mon amour. Ce qui me console, c'est que la peine que j'ai eue à me résoudre à vous découvrir la violence de mon mal me promet que vous ne me jugerez pas tout à fait dépourvue de modestie. Aussi est-ce là, mon cher maître, la pensée que je veux vous prier de garder de moi, et, si vous l'avez, je le préfère à la vie même ; et je vous prie derechef, continua-t-elle, qu'après ma mort, la pitié vous oblige quelquefois à penser à moi, si l'amour ne le peut faire. Je vous en conjure par ces yeux mourants à qui la mort sera moins sensible que le regret d'être privés de votre vue ; par cette chevelure que j'ai moi-même coupée, qui devait être un des ornements de mon sexe, au lieu qu'elle est maintenant une des marques de ma servitude ; et enfin par le service que j'ai tâché de vous rendre, que les dieux savent avoir été plein d'amour et d'honnêteté. N'oubliez pas la femme du monde qui vous a le plus aimé ; et, si jamais vous donnez à quelque autre dame votre amour, c'est-à-dire le plus grand bonheur auquel elle puisse aspirer ; s'il vous advient de lui raconter ma faute, je vous prie d'en parler avec plus de pitié que de mépris [1]. »

Ce dernier vœu de Zelmane s'accomplit fidèlement ; car c'est à Philoclée que Pyrocle raconte cette aventure, et son récit est plein d'une douce et tendre pitié qui émeut Philoclée sans l'inquiéter, et lui rend Pyrocle encore plus aimable, en voyant combien il a été aimé, avec quel dévouement, avec quels sacrifices, et surtout en pensant que, tout aimé qu'il était, Pyrocle n'a pas encore aimé lui-même. Pyrocle, en effet, en finissant son récit, avoue que l'amour de Zelmane aurait pu toucher son âme, « si mon destin, dit-il, ne m'eût entièrement réservé pour vous, et, ce qui eût été plus étrange, c'est que j'eusse aimé une personne après sa mort ; mais vraiment la merveille

n'eût pas été bien grande, vu qu'elle vous ressem-
blait en quelque chose [1]. »

A Dieu ne plaise que je veuille soupçonner la sincérité du prince Pyrocle! mais ce récit amoureux, si
bien fait pour émouvoir Philoclée sans l'inquiéter,
puisque Zelmane est morte; cet aveu d'une émotion
qui allait devenir de l'amour, si le ciel ne lui eût réservé un meilleur destin; cette idée, subtile peut-être,
mais douce à l'oreille d'une amante, que ce n'aurait
été que Zelmane morte que Pyrocle eût aimée; cette
ressemblance même qui vient si à propos excuser
ou autoriser la tendre souvenance que Pyrocle a
gardée de Zelmane, tout cela, qui est si propre à
exciter la tendresse, sent l'expérience d'un des plus
brillants cavaliers du règne d'Élisabeth, qui aime et
qui sait l'exprimer.

Pamèle et Philoclée sont plus simples et plus
naïves dans leur amour que les deux princes leurs
amants, et c'est là que revient l'idylle ou la peinture de l'amour honnête et ingénu. Dès que Philoclée voit la fausse Zelmane, elle s'éprend d'affection pour elle. Cette affection ne se tient pas
aux bornes de l'amitié et devient de l'amour, sans
que Philoclée d'abord s'en aperçoive. Quand elle s'en
aperçoit, il n'est plus temps d'y résister; elle ne peut
plus que s'en affliger. Ce progrès, insensible à la fois
et irrésistible, de l'amour dans le cœur de Philoclée,
est observé et dépeint par Sydney de la manière la
plus ingénieuse. « Philoclée souhaite d'abord que
Zelmane et elle puissent passer leur vie ensemble

[1] *Ibid.*, p. 100.

comme deux nymphes de Diane; puis, se représentant qu'elle ne serait point encore aussi heureuse
qu'elle voulait l'être, si cela même arrivait, puisqu'il
y aurait d'autres nymphes qui vivraient aussi bien
qu'elle avec Zelmane, elle souhaitait d'être sa sœur
afin qu'elles fussent unies l'une à l'autre par un lien
naturel et indestructible. Mais, d'un autre côté,
quand elle vint à considérer qu'encore qu'elle eût le
bonheur de l'avoir pour sœur, un mari la lui enlè-
verait, et qu'ainsi elle en serait privée, la force de la
passion la rendit un peu plus hardie et fit qu'elle
désira de changer de sexe, ou bien que Zelmane fût
homme, afin de pouvoir s'appartenir l'un à l'autre
par un heureux mariage. »

Pendant que Philoclée se laisse aller insensible-
ment aux charmes de cet amour qu'elle croit impossible, Pamèle, sa sœur, aime, de son côté, le prince
Mussidore caché sous le nom et les habits du berger
Dorus. Loin de laisser voir au berger l'amour qu'elle
a pour lui, elle le traite le plus froidement du monde,
ce qui désespère Dorus. Mais cet amour qu'elle
cache au berger, elle le laisse éclater devant sa
sœur Philoclée; non que là encore elle n'ait l'embarras et le détour d'un cœur qui veut faire un aveu
et qui n'ose le faire; mais ces détours ne peuvent pas
tromper Philoclée, éclairée par sa propre expérience
et qui sait tous les embarras ou toutes les finesses
d'un cœur vraiment épris. Il y a une scène des deux
sœurs qui est pleine de grâce et de finesse, quand
la nuit, couchées dans le même lit, voulant se faire
mutuellement la confidence de leurs amours, elles
s'en laissent surprendre le secret, au lieu de se l'a-

vouer sincèrement comme elles le voulaient. « Eh bien, ma sœur, dit Philoclée à Pamèle, nous sommes seules comme nous le voulions, et vous pouvez me dire librement la cause de vos ennuis. —Oui, mais tirons d'abord les rideaux : il me semble que cette lumière me gêne. » Philoclée tira les rideaux et s'apprêtait à écouter sa sœur, tout en pensant aussi à l'aveu qu'elle voulait faire elle-même, quand Pamèle, soupirant et ne pouvant se résoudre à parler de son amour : « Tenez, ma sœur, dit-elle, attendez encore un peu et permettez que nous passions d'abord à d'autres discours. Dites-moi, je vous prie, s'il n'est pas vrai que les jeux de nos bergers ont de beaucoup gagné en invention et en grâce depuis la venue de Dorus? » Question charmante, et qui contient l'aveu qu'elle voulait éloigner. Voilà bien l'état d'un cœur amoureux, qui ne veut pas parler de sa tendresse et qui ne peut pas parler d'autre chose. « Philoclée vit bien à quoi tendaient ces paroles, et partant pour en tirer davantage : Véritablement, dit-elle, je me suis maintes fois étonnée comment il se pouvait faire que la nature eût doué de tant de belles qualités un simple berger comme celui-ci…. Mais ce m'est une merveille encore plus étrange de voir comment, avec ces rares qualités, son humeur peut s'accommoder de l'humeur brutale de Damétas[1]? — Ah! répondit Pamèle, que vous seriez étonnée si vous en saviez la cause! Toutefois je me trompe moi-même, vu qu'à n'en point mentir, je ne la sais non plus que vous. Mais, mon Dieu!

---

[1] Damétas est le chef des bergers de la loge royale de Basilius.

comment sommes-nous venues à parler de ce berger?
— Oh! ma Pamèle, dit Philoclée, c'est à ce coup que
je vous ai prise.... Je vois bien que vous aimez Dorus
N'usez plus de dissimulation envers moi [1]. »

Ce sont des scènes de ce genre qui font pour moi
de l'*Arcadie* un véritable roman d'amour, le précur-
seur de l'*Astrée* et même de *Zaïde* et de la *Princesse
de Clèves*, c'est-à-dire de la peinture fidèle de l'amour
honnête et délicat.

Les grandes pastorales romanesques du seizième
et du dix-septième siècle, la *Diane* de Montemayor
en Espagne, l'*Arcadie* de Sydney en Angleterre,
l'*Astrée* en France, ont encore un autre mérite à mes
yeux. Ces scènes et ces conversations amoureuses qui
remplissent les pastorales et qui nous semblent fades
et affectées, tempéraient, par leur douceur, la rudesse
primitive des mœurs féodales. Il fallait ce soin et ce
raffinement pour créer la politesse; il fallait que les
guerriers bardés de fer du quinzième siècle devinssent
d'abord les galants bergers du seizième siècle, pour
devenir plus tard les brillants et spirituels cavaliers
du dix-septième siècle. Céladon est pour quelque
chose dans la galanterie majestueuse de Louis XIV.

Ne croyons pas cependant que l'*Arcadie* de Sidney
soit, plus que l'*Astrée* elle-même, un roman tout
pastoral. La politique et la morale ont une grande
part dans l'*Arcadie* comme dans l'*Astrée*, et Sidney
n'a pas oublié plus que d'Urfé ce qu'il avait vu et ce
qu'il avait fait. Le guerrier et le politique se mêlent
sans cesse au romancier. Tel était, en effet, le double

_____
[1] Tome II, p. 692 et suiv.

caractère de Sidney : il fit la guerre et il négocia ; il fut général dans les Pays-Bas, il fut ambassadeur à Vienne. Grand seigneur anglais, il avait le souvenir des guerres civiles de son pays, et il avait souvent eu sous les yeux le spectacle des agitations populaires. Aussi trouvons-nous dans l'*Arcadie* des tableaux d'émeutes et d'anarchie qui semblent pris sur le fait, une connaissance remarquable des causes et des effets des séditions, la peinture aussi des avantages d'un gouvernement stable et ferme pour faire pendant au tableau de l'anarchie, et quelques allusions visibles au génie d'Élisabeth et même à sa beauté, ce qui dénote le courtisan. Voyez, par exemple, comment il peint la sédition des Arcadiens courant à la loge royale, pleins de colère, gesticulant, se plaignant confusément, et, lorsque Zelmane, c'est-à-dire le prince Pyrocle, se met à leur demander d'exprimer et de rédiger leurs plaintes afin d'y satisfaire, ne pouvant plus s'entendre et près d'en venir aux mains. « Ceux-ci voulaient que le roi tînt sa cour en un lieu, ceux-là dans un autre, et chacun dans le sien. Il y en avait aussi qui ne désiraient rien tant que d'avoir de nouveaux conseillers ; mais, lorsqu'ils étaient sur le point de les créer, les vieux leur semblaient encore meilleurs…. Les artisans voulaient qu'on abaissât le prix du blé et du vin sans le hausser à l'avenir ; les laboureurs et les vignerons voulaient le contraire. Si les paysans requéraient le droit de franchise dans les principales villes, les bourgeois ne pouvaient aucunement approuver cela ; et, comme les gens de village ne recherchaient rien tant que l'entière ruine des gentilshommes, les habitants des villes, principalement les pâtissiers, les barbiers et autres semblables qui gagnent ordinairement leur vie parmi la noblesse, désiraient seulement une réformation qui n'empêchât pas les nobles de faire leur dépense ordinaire... Les principaux bourgeois, et les marchands en particulier, ne s'assuraient que sur leurs richesses et dédaignaient les ouvriers des moindres métiers. Ceux-ci, à leur tour, les haïssaient fort et se croyaient assez puissants pour leur résister au besoin, à cause de leur grand nombre... tellement qu'au lieu des grands cris qu'ils faisaient auparavant, on n'entendit parmi eux qu'un murmure incertain et confus. Les uns ne savaient s'ils devaient suivre les conseils de Zelmane et rentrer dans l'obéissance; les autres flottaient entre la crainte de passer outre dans leurs désordres, et le regret de s'en désister, et presque tous eussent bien voulu que c'eût été à recommencer, parce qu'ils ne voyaient point de moyen d'y mettre une fin [1]. »

Sidney, heureux et fier de la tranquillité glorieuse que goûtait l'Angleterre sous le sceptre d'Élisabeth, de cette reine qui a accrédité et popularisé en Angleterre le règne des femmes, aime à faire l'éloge des gouvernements paisibles et fermes, ce qui est, dit-il, « la chose du monde que les hommes aiment davantage [2]. » Mais ne croyez pas que cette paix que loue Sydney soit celle que procure le despotisme : il est trop Anglais pour aimer le pouvoir absolu. Il ne conçoit de bon gouvernement que celui que produit

[1] Tome III, p. 268, 270, 271.
[2] Tome III, p 668.

l'union politique du prince et des sujets, et il met cette doctrine toute anglaise dans la bouche de son roi modèle, le roi Evarchus, « qui reconnaissait, avec autant de sagesse que de vertu, que lui et ses sujets formaient un corps politique, dont il était comme le chef [1]. »

Sydney, dans sa morale, ne vise pas seulement à plus de politesse et à plus d'élégance dans les habitudes du monde : il vise aussi à plus de douceur et à plus de pureté dans la vie domestique. Il songe au bonheur de la famille non moins qu'à l'éclat de la cour; et ce bonheur de la famille si cher aux Anglais, il le fonde sur le respect des lois du mariage et sur la douceur que le mari doit toujours avoir envers sa femme. Voici des vers qu'il place dans la bouche d'un de ses bergers et qui sont comme les commandements du mariage tel qu'on l'entend dans l'Arcadie, c'est-à-dire dans la bonne compagnie que rêve Sydney :

> Si tu veux, selon ton pouvoir,
> Que ta femme te soit fidèle,
> Tâche aussi de l'être envers elle,
> Et rends-lui ce même devoir.
> Ne la tance point rudement
> Que pour les fautes apparentes [2];
> Mais aux choses indifférentes,
> Traite-la toujours doucement.
> Rends-toi conforme à son amour
> Et lui donne une honnête crainte,
> Sans la tenir dans la contrainte
> Ni sans l'épier tout le jour.

[1] Tome Ier, p. 736.
[2] *Les grandes fautes.*

Il ne me reste plus qu'un trait à signaler dans l'*Arcadie* de Sydney : c'est le mélange de la comédie et de l'idylle ; non que ce soit là quelque chose de nouveau dans la pastorale romanesque. Les satyres et les géants, tels que nous les avons vus dans la pastorale italienne et dans la pastorale espagnole, représentaient l'élément comique. Sydney, dans son *Arcadie,* n'a mis ni satyres ni géants, et il a rejeté ce merveilleux grotesque si cher aux Italiens et aux Espagnols. C'est un pas fait vers la vraisemblance et un nouveau signe du passage de la pastorale au roman. Mais il a retrouvé dans son bouvier Damétas, qui est le favori du roi Basilius, quelque chose du satyre de l'idylle, à cause de la profession, et quelque chose du chevalier couard des romans de la *Table ronde,* à cause de la lâcheté et de la vanterie du personnage. Le combat entre Damétas et Clinias, tous deux poltrons, tous deux armés en chevaliers et tous deux courant l'un contre l'autre, grâce à leurs chevaux plus braves et plus guerriers qu'eux, est une véritable scène de comédie qui touche au grotesque. Il y a du Falstaff de Shakspeare dans le Damétas de Sydney, ou plutôt, pour suivre l'ordre du temps, il y a du Damétas dans le Falstaff.

Shakspeare connaissait l'*Arcadie* de Sydney, et les pastorales italiennes et espagnoles: car, dans son théâtre, la pastorale romanesque a sa part. Non-seulement il a introduit çà et là des bergers; mais il a représenté, dans plusieurs de ses pièces, des princes et des seigneurs qui se font bergers par dégoût du monde, et qui vivent ou veulent vivre dans la solitude. Seulement, comme il a représenté des exilés et des dégoûtés du monde, plutôt que des bergers, la pastorale chez lui est philosophique plutôt que champêtre. Mais avec Shakspeare il n'y a pas à craindre que le drame tombe dans la déclamation ou dans la philosophie romanesque. Il n'est jamais dupe des sentiments qu'il met en scène, et même, quand il peint des enthousiastes, il a soin de ne pas l'être lui-même. S'il représente des rois qui se font bergers, l'idylle ne lui fait pas illusion pour cela : il en sait l'invraisemblance, et le bouffon Touchstone se moque fort gaiement de ceux qui veulent ainsi mener la vie pastorale sans être de vrais bergers.

Corin. — « Et comment trouvez-vous cette vie de berger, monsieur Touchstone ?

Touchstone.—« Franchement, berger, en ce qu'elle est solitaire, je l'aime beaucoup ; mais, par rapport à ce qu'elle est retirée, c'est une misérable vie ; ensuite, par rapport à ce qu'on la passe dans les champs, elle me plaît assez ; mais, comme ce n'est pas une vie qu'on passe à la cour, elle est ennuyeuse. Comme vie sobre et frugale, voyez-vous, elle convient beaucoup à mon humeur ; mais en voyant qu'il n'y a pas plus d'aisance que cela, elle me répugne infiniment[1].»

Nous rions de ce galimatias du bouffon ; mais au fond Touchstone définit la vie pastorale comme la voudraient mener les dégoûtés du monde, à la fois solitaire et mondaine, dans une chaumière qui ait les agréments d'un château, vivant sobrement, mais avec aisance. Voilà la vie de la campagne comme la rêvent les citadins ; voilà la fausse idylle que Shaks-

---

[1] *Comme vous voudrez,* acte III. scène **IV.**

peare met en scène et dont il se moque. Car, prenez-y garde, ce poëte, dont quelques personnages sentent si bien le charme de la campagne et de la solitude et le font si bien sentir, dont quelques autres personnages raillent impitoyablement les faux bergers, les faux solitaires, l'églogue de convention en un mot, ce poëte aime à faire la contre-partie de tous les sentiments qu'il met en jeu. Pascal, voulant définir la condition de l'homme, dit : « S'il s'élève, je l'abaisse ; s'il s'abaisse, je l'exalte. » Telle semble être la mission que Shakspeare s'est donnée pour peindre les sentiments de l'homme, élevant ceux qu'il a abaissés, abaissant ceux qu'il a élevés, n'en laissant aucun qu'il n'en montre tour à tour le bon et le mauvais côté ; peignant l'amour dans ce qu'il a de plus pur et de plus ingénu, nous le verrons tout à l'heure, et dans tout ce qu'il a de plus frivole ou même de plus grossier ; vrai peintre enfin de l'humanité, qui n'est ni toujours bien, ni toujours mal, et ayant, pour faire ce double portrait de l'humanité, une sagacité de jugement égale à la vivacité de son imagination. Son regard voit tout, et son pinceau sait tout reproduire et tout colorer. Dans sa pièce *Comme vous voudrez*, il y a une part d'enthousiasme pour l'églogue et une part de raillerie contre l'églogue ; une part d'estime pour la rêverie, qui est une bonne et douce chose pour les dégoûtés du monde ; pour la mélancolie elle-même, qui a son charme ; mais il ne faut rien exagérer : la rêverie mélancolique touche à l'inaction et à la misanthropie. Ne dites pas surtout avec Jacques, dans *Comme vous voudrez,* que vous avez *une tristesse originale et plaisante* : la tristesse cherchée est de mauvais aloi. « Tant pis, comme le dit la jeune et belle Rosalinde, tant pis pour qui hait sa propre existence et gronde presque le Créateur de l'avoir fait ce qu'il est [1]. » Rosalinde a raison : il y a dans la mélancolie beaucoup d'orgueil et un grain de révolte contre le Créateur.

Rien d'excessif donc, rien d'absolu, voilà la vraie sagesse de Shakspeare, qui, de ce côté, est un des plus véritables devanciers de la morale honnête et douce que prêche le *Spectateur* au dix-huitième siècle. Dans Shakspeare, l'énergie et le mouvement du drame ont fait perdre de vue la justesse et le bon goût de sa morale; mais je retrouve partout chez lui cette fine et charmante censure des sentiments exagérés. Voici un roi de Navarre [2], jeune encore, qui, avec quelques seigneurs de la cour, jeunes aussi, veut passer trois ans dans la retraite et dans l'étude, résolution solennelle et confirmée par serment entre le roi et ses amis, dont Shakspeare sourit doucement et qu'il punit doucement aussi par le prompt démenti que se donnent les jeunes sages. Les quatre misanthropes, en effet, deviennent bientôt quatre amoureux qui se cachent les uns des autres. Dans *Cymbeline*, même sagacité à pénétrer et même habileté à montrer le cœur humain. Les deux jeunes princes qui ignorent leur rang et que Bellarius a élevés dans la solitude, Guiderius et Arviragus, tout simples et tout inexpérimentés qu'ils sont, ont cependant l'idée d'un monde plus animé et plus brillant que

---

[1] *Comme vous voudrez*, acte **IV**, scènes **I** et **III**.
[2] *Peines d'amour perdues*.

leur retraite, et ils voudraient le connaître ; tandis que Bellarius, qui a connu le monde et la cour et qui en est dégoûté, jouit sans trouble de sa retraite champêtre. Shakspeare a raison : le monde fait les solitaires, et la solitude fait les mondains.

Les scènes entre les deux jeunes princes et Imogène, dans *Cymbeline*, sont une idylle charmante, pleine de grâce, d'élévation, de vérité surtout, ce qui est toujours le trait caractéristique du génie de Shakspeare. Voyez, quand ils s'éveillent et qu'ils saluent le ciel, comme Bellarius prête aisément ses sentiments à ses fils et leur vante la vie qu'ils mènent dans la solitude : « La vie que nous menons ici est plus noble que celle qui se passe, à la cour, à briguer des rebuts; elle est plus riche que celle qui s'épuise en vains travaux pour de vaines récompenses; plus fière que celle du courtisan, qui se carre dans un habit de soie qu'il n'a pas payé... Non, il n'est point de vie comparable à la nôtre.

GUIDERIUS. — « Vous parlez d'après votre expérience. Nous, enfants, novices, comme de jeunes oiseaux qui n'ont pas encore volé hors de leur nid, nous ignorons quel air on respire loin de notre asile. Peut-être que cette vie est pour vous la plus heureuse, si la plus heureuse est la plus tranquille...

ARVIRAGUS. — « De quoi pourrons-nous parler, lorsque nous serons vieux comme vous? Lorsque nous entendrons la pluie et les vents battre le triste décembre, confinés dans cette froide caverne, comment charmerons-nous, en discourant ensemble, les heures glacées de l'hiver? Nous n'avons rien vu[1] ! »

---

[1] Acte III, scène III.

Bientôt un compagnon se joint aux deux jeunes gens. Imogène, leur sœur, qu'ils ne connaissent pas et qui ne les connaît pas non plus, vient, déguisée en homme, se réfugier dans leur caverne. Ce nouveau compagnon anime tout à coup la vie des deux frères. Ils l'aiment comme un frère, comme plus tard *ils aimeront une épouse* [1]; mais ils voient qu'il est tourmenté de quelque infortune :

Guiderius. — « Que je voudrais l'en affranchir!

Arviragus. — « Moi aussi, quelle qu'elle fût et quoi qu'il m'en coûtât de peines et de dangers.

Bellarius. — « Ce jeune homme, quoique dans le malheur, paraît issu de nobles ancêtres.

Arviragus. — « Comme sa voix est céleste!

Guiderius. — « Avec quelle noblesse et quelle grâce le sourire se mêle à ses soupirs! [2] »

C'est à peine s'ils veulent le quitter pour aller à la chasse. Juste pressentiment : au retour de la chasse, ils trouvent étendu dans la caverne ce jeune frère qu'ils aimaient comme une sœur, et dont la faiblesse et la beauté avaient un charme qu'avaient senti les jeunes solitaires. Imogène a bu une potion soporifique, croyant boire un breuvage salutaire, et elle paraît morte. Quelle douleur pour les deux jeunes gens, quand ils rapportent sur la scène ce frère chéri! Mais, pour s'exprimer, cette douleur ne trouve que de douces paroles et de gracieuses images. C'est ici surtout que le drame prend le ton de l'idylle, mais d'une idylle funèbre :

[1] Acte III, scène VI.
[2] Acte IV, scène II.

ARVIRAGUS soutenant dans ses bras le corps de Fidèle (c'est le nom qu'avait pris Imogène) :

« Elle est morte, notre colombe chérie! Je voudrais, passant en un jour de seize ans à soixante, avoir changé ma vive jeunesse contre le bâton du vieillard, et n'avoir pas vu ce spectacle.

GUIDERIUS. — « O le plus beau, le plus tendre des lis! Tu n'as pas penché sur le bras de mon frère la moitié des grâces que tu avais lorsque tu respirais debout et vivant.

BELLARIUS. — « En quel état l'as-tu trouvé?

ARVIRAGUS. — « Tel que vous le voyez, ce sourire sur les lèvres, comme s'il eût senti, non le trait profond de la mort, mais la piqûre légère d'un papillon qui de son aile eût chatouillé son sommeil. Sa joue droite reposait sur un coussin.

GUIDERIUS. — « En quel endroit?

ARVIRAGUS. — « Sur le rocher de la caverne, ses bras ainsi entrelacés. J'ai cru qu'il dormait, et j'ai quitté mon épaisse et bruyante chaussure qui retentissait trop sous mes pas.

GUIDERIUS. — « En effet, sa mort n'est qu'un sommeil, et sa tombe ne sera qu'un lit de paix (*Il prend la main de Fidèle*). Les fées attendries viendront la visiter souvent, et jamais les reptiles impurs n'oseront s'en approcher.

ARVIRAGUS, *avec attendrissement*. — « Oui, tant que l'été durera, tant que je vivrai dans ces lieux, Fidèle, je viendrai parer ton tombeau des plus belles fleurs. Jamais tu ne manqueras des primeroses du printemps : elles ont la douce pâleur de ton visage; ni de la jacinthe azurée comme tes veines; ni de la feuille de l'églantine, dont le parfum est moins doux que ton haleine [1]. »

Ici, nous sommes en pleine idylle, et Shakspeare n'a rien à reprocher à Sannazar ou à George de Montemayor. Mais il ne garde pas longtemps ce ton de berger éploré et cette douleur que Guiderius même trouve trop efféminée [2]. La guerre approche de la retraite de Bellarius. En vain celui-ci veut s'éloigner : les deux jeunes princes résistent; le bruit des armes les attire au lieu de les effrayer. — « Quel plaisir, dit Arviragus, quel plaisir trouvons-nous dans la vie pour la dérober avec tant de précautions aux événements et aux hasards ?...

GUIDERIUS. — « Plutôt cesser de vivre que d'exister ainsi ! De grâce, seigneur, allons joindre l'armée...

ARVIRAGUS. — « Par ce soleil qui luit ! je vais au camp. Quelle honte pour moi de n'avoir jamais vu d'homme mourir ! A peine ai-je vu couler d'autre sang que celui des biches timides ou des chevreuils..... Je rougis de lever les yeux sur ce soleil auguste, de jouir du bienfait de ses rayons et de rester si longtemps un solitaire obscur et ignoré !

GUIDERIUS. — « Par le ciel ! j'irai aussi, seigneur, et, si vous voulez me bénir et me permettre de vous quitter, je me charge des événements. Si vous n'y consentez pas, alors que l'épée des Romains fasse tomber sur ma tête le sort dû à ma désobéissance !

ARVIRAGUS. — « J'accepte et je répète ce vœu.

BELLARIUS. — « Puisque vous faites si peu de cas

[1] Acte IV, scène III.

[2] GUIDERIUS. — « Cesse, mon frère, cesse, je te prie ; ne prends plus plaisir à prodiguer ce langage efféminé. »

de vos jours, jeunes gens, je vous accompagne. Si votre destinée est de mourir dans les guerres de notre patrie, mes enfants, mon lit y est aussi, et j'y veux trouver enfin le repos. Conduisez-moi; marchons! »

Encadrée dans le drame sans en rompre l'unité, cette idylle de *Cymbeline*, qui n'a point l'amour pour sujet, est gracieuse et vraie. Elle peint la curiosité ardente de la jeunesse, la vivacité des premières affections, l'enthousiasme d'un jeune courage, tout ce qu'il y a enfin d'aimable et de touchant dans les premières émotions de l'âme humaine. Cette idylle est, dans le théâtre de Shakspeare, ce qui se rapproche le plus du genre pastoral. On voit en même temps comment elle s'en distingue et comment elle échappe à la fadeur de la pastorale par la nature des sentiments et des personnages. Shakspeare s'est toujours tenu à distance de la pastorale telle qu'elle florissait en Espagne et en Italie, prenant volontiers le contre-pied de la société et du monde dans les tableaux qu'il fait de la solitude et des charmes de l'indépendance, allant même, dans les *Deux Gentilshommes de Vérone*, jusqu'à faire l'éloge de la vie des bandits ou bannis, dont Valentin, un des deux gentilshommes et le plus honnête, est devenu le capitaine [1]; s'approchant, comme on le voit, du paradoxe qui fait le fond des *Brigands* de Schiller, mais opposant aux mondains des solitaires et même des bandits, plutôt que des bergers : tant il a peu de goût pour ce personnage de convention! tant son génie repousse ce qui n'a pas une réalité quelconque!

[1] « Ces hommes bannis, parmi lesquels j'ai vécu dans cette forêt, sont tous doués d'estimables qualités. » (Acte **V**, scène iv.)

Mais, si l'églogue romanesque répugne au génie de Shakspeare, il y a cependant un sentiment que cherche à peindre cette églogue, qui est vrai et qui doit plaire à Shakspeare : c'est l'amour ingénu. Shakspeare, qui a peint toutes les sortes d'amour, l'amour jaloux et emporté dans *Othello*, l'amour ardent et passionné dans *Roméo et Juliette*, l'amour sombre et mélancolique dans *Hamlet*, l'amour conjugal avec ses plus nobles dévouements dans *Porcie*, dans *Imogène*, dans *Hélène de Narbonne*, l'amour filial dans *Cordelia*, l'amour volage et léger dans le *Songe d'une Nuit d'été*, dans les *Peines d'amour perdues*, dans la *Douzième Nuit*, dans *Troïle et Cresside*, Shakspeare n'a pas manqué non plus de peindre l'amour ingénu et naïf, cet amour dont nous cherchons l'expression dans la pastorale. Perdita et Florizel dans le *Conte d'hiver*, mais surtout Miranda et Ferdinand dans la *Tempête*, représentent ce genre d'amour avec un charme qui l'emporte de beaucoup sur la grâce affectée des bergers du Tasse, de Guarini et de George de Montemayor.

Miranda, fille de Prospero, autrefois duc de Milan, vit solitaire et cachée dans une île déserte où la tempête l'a jetée. Le duc Prospero est un grand magicien : il sait tous les secrets de la sorcellerie; mais il n'a pas su prévenir et déjouer une conspiration ourdie contre lui par son frère Antonio, et il a été chassé de son duché. Comme, dans la géographie de Shakspeare, Milan est un port de mer, le duc Prospero a été embarqué sur un mauvais bateau, seul avec sa fille et quelques livres de magie. Ces livres lui ont servi, dans son île déserte, à se soumettre les génies bons et mauvais qui y habitaient; ils lui servent aussi à se venger de son frère Antonio et du roi de Naples Alonzo, allié d'Antonio. En effet, ces deux princes passant avec une flotte près de l'île de Prospero, celui-ci excite une tempête qui brise les vaisseaux et jette tout le monde sur le rivage. Parmi les naufragés est le fils du roi de Naples, le jeune Ferdinand, que Prospero a choisi pour l'époux de sa fille. Aussi a-t-il chargé Ariel, le plus gracieux des bons génies qui lui obéissent, de séparer dans la tempête Ferdinand de tous les autres naufragés, et de l'amener dans l'endroit où Miranda s'est endormie. Ariel a exécuté l'ordre de Prospero, et Ferdinand, jeté sur le rivage et croyant avoir seul échappé à la tempête, entend tout à coup une douce harmonie dont il suit les sons invisibles; et c'est ainsi que, guidé à son insu par cette musique divine « qui charme la tempête et qui calme ses fatigues, » Ferdinand arrive jusqu'aux lieux où dort Miranda. Celle-ci s'éveille alors, et, voyant devant elle ce beau jeune homme : « Est-ce un esprit, s'écrie-t-elle, ô mon père! Comme il regarde autour de lui! comme il est beau! mais c'est une apparition! » Elle craint, en effet, qu'il ne s'évanouisse comme un des génies de l'île, comme un des gracieux compagnons d'Ariel. Ferdinand, à son tour, en voyant Miranda et plein encore du souvenir de l'invisible musique: « Voilà, dit-il, la déesse que suivent les chants mystérieux qui m'attiraient! O créature merveilleuse! réponds-moi : Es-tu une vierge née sur la terre? — Moi, seigneur, je suis une simple fille qui n'ai jamais aperçu d'homme que mon père. »

Ainsi s'éveillent dans ces deux jeunes âmes les premières pensées d'amour; mais Prospero, en magicien qui connaît le cœur de l'homme, veut que cet amour ait ses chagrins et ses peines, afin de mieux l'aiguillonner. Il fait de Ferdinand son esclave. En vain celui-ci tire son épée pour se défendre, il se sent engourdi par un pouvoir magique; il cède et se résigne à la prison, « heureux, dit-il, et ne regrettant pas la liberté des autres hommes, si seulement une fois par jour il peut apercevoir Miranda. » Il travaille donc; il coupe du bois et le porte comme un esclave; mais Miranda pleure de la fatigue qu'elle lui voit souffrir. Elle le plaint, elle le console, elle veut même l'aider dans son travail; ses mains délicates essayent de porter le bois pesant et raboteux : « Vous semblez las, dit-elle.—Non, ma noble maîtresse, non : la fraîcheur du matin est avec moi, quand vous êtes près de moi; mais, je vous en supplie, dites-moi, afin que je puisse le mettre dans mes prières, dites-moi votre nom. » Et Miranda lui dit son nom. Alors Ferdinand lui dit qu'elle est belle, belle comme son nom, bien digne d'être aimée. Les paroles de Ferdinand ont la grâce et l'ardeur d'un premier amour. Non pas que Ferdinand, élevé à Naples, ait la pureté de Miranda, mais il n'a pas encore connu l'amour qu'inspire la beauté ingénue et naïve. Miranda est pour lui une création divine, formée de ce qu'il y a de plus doux et de plus beau parmi toutes les créatures. Il a parfois contemplé des femmes qui étaient belles; mais elles ne remplissaient pas son âme d'un pareil enchantement; elles avaient toutes quelque défaut qui gâtait leur grâce.

« Mais toi, toi, tu es la plus parfaite et la plus accomplie des créatures. »

MIRANDA. — « Je ne connais personne de mon sexe, et je n'ai pas vu jusqu'ici d'autre femme que moi quand je me regarde dans le miroir; je n'ai jamais vu non plus personne que je puisse appeler homme, excepté vous, mon bien-aimé, et mon père chéri. Je ne sais pas quels sont les traits des hommes hors d'ici; mais, sur mon innocence qui est le joyau de ma dot, je ne souhaite pas dans le monde d'autre compagnon que vous, et mon imagination ne sait pas se figurer d'autres traits que les vôtres que je puisse aimer. » Douces paroles, pleines de la grâce de l'amour ingénu, et qui éveillent aussi dans l'âme de Ferdinand les plus doux et les plus nobles sentiments! C'est pour Miranda, c'est par amour pour elle, amour qu'il a senti dès qu'il l'a vue, qu'il se soumet au vil emploi qu'il remplit, lui prince et peut-être roi maintenant. « M'aimez-vous? » dit alors Miranda, qui voit bien qu'elle est aimée : car même les plus innocentes et les plus naïves ne font cette question que lorsqu'elles sont sûres de la réponse. — « Ciel et terre, s'écrie Ferdinand, soyez témoin de ma parole!... Oui, au-dessus de tout ce qu'il y a dans le monde, je vous aime, je vous estime et je vous honore!

MIRANDA. — « Folle que je suis de pleurer de ce qui me donne tant de joie!

FERDINAND. — « Pourquoi pleurez-vous?

MIRANDA. — « Ah! je pleure de ne pas mériter mon bonheur, parce que je n'ose offrir ce que je désire donner, parce que je n'ose accepter ce que je mourrais de ne point avoir. Mais quelle puérilité! Plus

mon secret veut se cacher, plus il s'échappe.
Adieu donc, mauvaises ruses de la honte! Et toi,
franche et sainte innocence, laisse-moi parler. Oui,
je suis votre femme, si vous voulez être mon mari;
sinon, je mourrai vierge en vous restant fidèle. Vous
pouvez me refuser d'être votre compagne; mais je
veux vous servir, que vous le vouliez ou non.

FERDINAND. — « Vous serez ma femme et maîtresse,
et la plus chérie de toutes les maîtresses, et moi
toujours ainsi à vos pieds! »

Le père de Miranda, le magicien Prospero, et le
génie de l'air qui lui obéit, le vif et gracieux Ariel,
surveillent invisibles l'entretien de Miranda et de
Ferdinand; car ils veulent qu'ils s'aiment. Mais ils
n'ont pas besoin, je crois, de prendre beaucoup de
peine pour cela, et le charme naturel qui attire l'un
vers l'autre Ferdinand et Miranda se passe aisément
de l'aide de la magie.

Comme Shakspeare est le poëte des contrastes,
il ne nous laisse pas longtemps dans les douceurs de
l'idylle, et à côté de Ferdinand et de Miranda, qui représentent les plus purs et les plus gracieux instincts
de l'âme, il a placé Caliban, espèce de monstre difforme, qui représente les instincts bas et grossiers de
l'humanité. Création étrange que celle de Caliban !
OEuvre de l'imagination la plus hardie, expression de
la vérité la plus triste, il personnifie les appétits
matériels de l'homme : c'est le sauvage brutal et non
pas le sauvage naïf et ingénu, comme on l'invente
parfois, quand on oppose les vertus de la barbarie
primitive aux vices de la civilisation. Au temps de
Shakspeare, on faisait beaucoup de voyages de dé-

couverte et beaucoup de récits des merveilles qui se rencontraient dans les îles lointaines ; peut-être même faisait-on de ces îles lointaines des Arcadies ravissantes, et des anthropophages qui les habitaient des sauvages beaux et vertueux. Le bon sens profond de Shakspeare s'est impatienté de ces censures capricieuses de la civilisation, et alors, découvrant aussi son île lointaine, il y place, il est vrai, son Arcadie et ses héros d'idylle, beaux, jeunes, amoureux, honnêtes, l'image enfin de l'humanité dans son innocence primitive ou rêvée ; mais il y met aussi l'image fidèle de l'humanité brutale, telle qu'elle est avant ou après la civilisation. Caliban est l'homme fait brute par ses vices et par son ignorance. Voilà le vrai sauvage ! dit-il aux panégyristes de l'état de nature. Mais, afin que les panégyristes de la civilisation ne se hâtent pas de triompher plus qu'il ne faut de cette énergique peinture de la barbarie, le jour où Caliban goûte de la civilisation, il n'en devient que plus méchant. Il apprend à parler ; « mais tout le profit qu'il en retire, c'est de savoir maudire, » et il maudit son bienfaiteur. Il a voulu déshonorer sa fille, la jeune et belle Miranda ; et ne croyez pas qu'il s'en repente : il a, quand Prospero lui reproche sa brutale infamie, un rire grossier et cynique, un regret effronté. Faut-il encore un dernier trait à ce portrait du sauvage que pervertit le contact de la civilisation ? il adore comme son Dieu un des matelots échappés du naufrage, parce que ce matelot a une bouteille d'eau-de-vie et que Caliban en a goûté : c'est la bouteille du matelot qui fait sa divinité. Ne riez pas ; ne dites pas, comme un autre matelot qui survient pendant que Caliban baise le pied du maître de la bouteille, ne dites pas : « Voilà un sot monstre, un monstre bien idiot ; » l'homme adore aisément qui l'enivre, soit le matelot qui lui dit : Bois ! soit le tribun qui lui dit : Règne ! quiconque, enfin, satisfait ses appétits et ses passions. Caliban, dans la scène avec le matelot, ne représente plus seulement le sauvage brutal ; il représente le révolté crédule et ardent, qui crie : Vive la liberté ! « parce qu'il change de maître et d'esclavage. » Mais le sauvage ou le révolté, c'est toujours l'homme tel qu'il se dégrade sous la loi de l'instinct ou sous la loi de la corruption.

Quel railleur que Shakspeare ! Il représente la barbarie primitive sous la forme de Caliban, et la civilisation européenne sous l'emblème d'une bouteille d'eau-de-vie ; et, pendant qu'il est en train, voilà qu'il se moque aussi des faiseurs de gouvernements, des publicistes rêveurs, des législateurs systématiques. A peine réunis dans l'île, les naufragés songent à faire une république, au lieu de songer à pourvoir à la nécessité. Il y a là un honnête seigneur, Gonzale, qui a un plan de gouvernement tout prêt, et qui trouve l'occasion excellente pour le mettre en pratique. La république que gouvernerait Gonzale ne ressemblerait pas aux gouvernements ordinaires. « D'abord il n'y admettrait aucune espèce de trafic ; le nom de magistrat, les procès, l'écriture, n'y seraient point connus ; ni pauvreté, ni richesse, ni maîtres, ni serviteurs ; point de contrats, d'héritages, de limites, de partages de champs ; ni vignobles, ni terres en friche. Je n'y voudrais ni argent, ni huile, ni blé, ni vin ; nul travail ; tous les hommes seraient oisifs, et les femmes aussi ; mais elles seraient vertueuses et chastes. Surtout point de souveraineté. »

SÉBASTIEN. — « Et cependant il voudrait en être roi !

ANTONIO. — « Oui ; la fin de sa république en était le commencement. »

Que dites-vous de ce dernier trait ? Est-ce Machiavel ou Montesquieu qui, avec la triste expérience de l'histoire, tire cet horoscope des républiques dont la fin défait toujours le commencement ? Est-ce Rabelais qui s'est plu à rassembler dans la république de Gonzale toutes les chimères contradictoires, l'oisiveté et la chasteté, l'abondance sans le travail, l'égalité et la royauté, que sais-je ? un autre monde et une autre humanité ? Il n'y a pas une utopie ancienne et nouvelle, passée ou future, qui n'ait sa place dans la constitution de Gonzale. Gonzale, aussi bien, n'a d'autre tort que de se contredire phrase à phrase, à chaque mot ; et c'est là ce qui fait qu'il est comique. Les autres législateurs se contredisent seulement lois à lois, et c'est là ce qui fait qu'ils semblent sérieux.

J'ai cherché à caractériser la pastorale dans Shakspeare, et à montrer combien elle ressemble peu à la pastorale italienne ou espagnole. Shakspeare, pour échapper à la fadeur ou à l'afféterie de ces deux pastorales, semble avoir voulu, dans ses tableaux de la vie solitaire et champêtre et de l'amour ingénu, mettre à côté des plus gracieuses peintures les images les plus bouffonnes, comme celle de Touchstone, ou les plus hideuses, quoique les plus vraies, comme celle de Caliban; il a multiplié à dessein les contrastes. C'est ainsi que, dans ses scènes champêtres ou pastorales, il ne ressemble à personne de ses devanciers, pas plus à son contemporain et à son compatriote Sydney, qu'à tout autre. Il y a même, dans la manière dont il peint l'amour ingénu et dans la création du personnage de Miranda, un trait caractéristique du génie de Shakspeare que je dois remarquer. Élevée dans une île mystérieuse et solitaire, Miranda réprésente la femme belle, pure et tendre, mais elle n'a rien de cette pudeur délicate et scrupuleuse que le christianisme a trouvée dans la nature même de la femme, et qu'il a si heureusement cultivée. Miranda a plus d'innocence que de pudeur. Dès qu'elle voit Ferdinand, elle l'aime, et, dès qu'elle s'en croit aimée, elle lui dit le secret de son cœur sans scrupule, avec une grâce pleine d'abandon, cédant à un doux et gracieux instinct, sans chercher à le contenir. Tout, dans Ferdinand et dans Miranda, relève de l'instinct de l'amour, c'est l'affection de deux âmes jeunes et naïves, qui ne connaissent pas le scrupule et qui n'ont pas l'embarras de le vaincre.

XLVII.

DE LA PASTORALE DRAMATIQUE EN FRANCE
DEPUIS LE COMMENCEMENT DU DIX-SEPTIÈME SIÈCLE
JUSQU'A MOLIÈRE.

L'imitation de l'*Astrée* et de la pastorale dramatique ou romanesque, telle que nous venons de la voir en Italie, en Espagne et en Angleterre, fit éclore en France, au commencement du dix-septième siècle, je ne sais combien de pastorales. « Pendant plus de quarante ans, dit Segrais, on a tiré presque tous les sujets des pièces de théâtre de l'*Astrée*, et les poëtes se contentaient ordinairement de mettre en vers ce que d'Urfé y fait dire en prose aux personnages de son roman. Ces pièces-là s'appelaient des pastorales, auxquelles les comédies succédèrent. J'ai connu une dame qui ne pouvait s'empêcher d'appeler les comédies des pastorales, longtemps après qu'il n'en était plus question [1]. » Faisons donc rapidement l'histoire du drame pastoral en France depuis Henri IV jusqu'à Louis XIV. Ce genre de drame, qui tenait maladroitement le milieu entre la tragédie et la comédie, a disparu aussitôt que la tra-

[1] *Segraisiana, Histoire du Théâtre français*, t. IV, p. 517.

gédie et la comédie eurent pris avec Corneille et avec Molière le caractère qui leur appartenait; mais il a régné pendant près de cinquante ans sur le théâtre, avec la prétention de peindre, mieux que la tragédie et la comédie, cet amour ingénu dont nous étudions en ce moment l'expression.

Les premières pastorales dramatiques qui soient dignes en France de quelque attention, sont celles du poëte Hardy. Hardy[1], qui était pauvre, avait fait marché, avec les comédiens du temps, de leur fournir autant de pièces qu'ils en auraient besoin, et, de 1600 à 1625, il remplit scrupuleusement ses engagements; car il dit, dans la préface de son cinquième volume, qu'il a fait plus de six cents drames. Scudéry, dans sa comédie des *Comédiens,* représentée en 1635, lui attribue jusqu'à huit cents drames divers, et dit qu'à Hardy seul appartient la gloire d'avoir relevé le théâtre français, tombé depuis tant d'années. Sarrasin reconnaît qu'il a tiré la tragédie du milieu des rues et des échafauds des carrefours. De ces cinq cents pièces dramatiques, Hardy n'en a fait imprimer que quarante et une, dont cinq pastorales[2]. Les pastorales de Hardy n'ont rien, non plus que ses tragédies, qui soit fort intéressant; il n'y faut pas chercher grande invention, soit dans les caractères, soit dans l'intrigue. Il indique les passions plutôt qu'il ne les développe, parce qu'il travaillait à la hâte; mais le jeu des acteurs y suppléait[3]. Les pièces de Hardy ne

---

[1] Frères Parfait, t. IV, p. 13.

[2] Les cinq pastorales de Hardy sont : *Alphée,* 1606; *Alcée,* 1610, *Corine,* 1614; l'*Amour victorieux,* 1618; le *Thiomphe d'Amour,* 1623.

[3] Aussi les comédiens regrettaient les pièces de Hardy, et mademoi-

sont que des esquisses; toutefois ces esquisses sont curieuses, parce qu'elles montrent quel est, dès ces premiers temps, le caractère particulier de notre théâtre.

Hardy, certes, n'est pas gêné par les unités de temps et de lieu : d'un acte à l'autre, ses personnages vieillissent de quarante ans ou passent de Rome à Paris. Cependant rien ne ressemble si peu au théâtre anglais ou au théâtre espagnol que le théâtre de Hardy. Cela ne tient pas seulement à ce que Hardy n'est pas un homme de génie, comme le sont Shakspeare et Lope de Véga, ses contemporains[1]; cela tient à une cause plus générale. La tragédie française aura plus tard, grâce au génie de Corneille et de Racine, la grandeur des caractères et l'ardeur des passions; elle exprimera avec une force et une grâce infinies les sentiments du cœur humain ; mais elle aura toujours une sorte de répugnance pour le mouvement tumultueux de la scène, elle aimera mieux le récit et le discours, quoique un peu froids, que l'action turbulente et désordonnée. Cette répugnance est déjà visible dans Hardy et dans ses successeurs : les longs récits et les longs

selle de Beaupré, une des bonnes comédiennes de l'hôtel de Bourgogne, disait, en parlant de Hardy et de Corneille : « M. Corneille nous a fait un « grand tort : nous avions ci-devant des pièces de théâtre pour trois écus, « que l'on nous faisait en une nuit; on y était accoutumé, et nous « gagnions beaucoup. Présentement, les pièces de M. Corneille nous coû- « tent bien de l'argent, et nous gagnons peu de chose. » Il est vrai qu ces vieilles pièces étaient misérables; mais les comédiens étaient excel lents, et ils les faisaient valoir par la représentation. (Frères Parfait, tome V, page 29.)

[1] Hardy, né en 1560. — Shakspeare, 1563. — Lope de Véga, 1562.

discours abondent; parfois le dialogue est pressé et rapide, sans être beaucoup plus dramatique pour cela; l'entretien tourne à la rhétorique. Ce sont des sentiments qui s'entrechoquent, plutôt que des passions qui se répondent. Ce ne sont point les règles d'Aristote qui ont donné à la tragédie française sa simplicité, et parfois même sa raideur : elle tient ses qualités et ses défauts de sa nature originelle. Corneille et Racine ont perfectionné la tragédie française ; mais ils n'en ont pas changé le caractère.

Il ne faut donc pas demander aux pastorales de Hardy l'intérêt d'une action dramatique, puisque ses tragédies même n'ont guère ce genre d'intérêt. Voyons seulement s'il a su exprimer d'une manière heureuse cet amour ingénu qui est, ne l'oublions pas, le sentiment que l'églogue doit surtout représenter.

La première des pastorales de Hardy est intitulée *Alphée*. Alphée est une jeune bergère que son père ne veut pas marier, parce que l'oracle a prédit que ce mariage serait malheureux. Il la garde donc dans sa maison, sans lui laisser voir aucun des bergers du canton. Mais, l'ayant menée un jour au temple de Diane pour assister à une fête solennelle, il l'y perd dans la foule. La pauvre Alphée, tout inquiète, demande partout son père; un jeune berger, Daphnis, lui propose respectueusement de la ramener chez elle. En route, le berger dit à Alphée qu'elle est belle :

Tu n'es qu'amour, que douceur, que merveilles !

ALPHÉE.

Commence, Alphée, à boucher tes oreilles.

DAPHNIS.

Quelles façons de faire sont cela?

ALPHÉE.

Je suis l'avis paternel en cela.

La pauvre Alphée a tellement peur de déplaire à son père en écoutant le berger, qu'elle veut qu'il marche devant elle : elle le suivra de loin. « Pourquoi me traiter comme un pestiféré? dit Daphnis. Je ne suis pas malade, sinon du mal que me fait votre beauté, qui m'a volé ma liberté. » Alphée répond, comme l'Agnès de Molière :

> Moi retenir chose qui t'appartient!
>
> . . . .
>
> Où? depuis quand? le moyen? l'apparence?
> Tu te méprends; je n'ai pas l'assurance
> Ni le désir de te faire aucun tort.
> Or, sans discours, marchons un peu plus fort.

DAPHNIS.

> Tu ne seras que trop tôt arrivée.

Et, toujours causant malgré la prière d'Alphée, Daphnis lui parle de l'amour et lui dit que ce dieu doit lui faire sentir déjà son *aigre-douce pointure*.

ALPHÉE.

> Oh! qu'à tes pieds présentement j'expire,
> Si ce que c'est qu'amour je saurais dire.

Eh quoi! lui dit Daphnis,

> Donc n'as-tu vu, rustique passe-temps,
> S'entrebaiser les tourtres[1] au printemps?
> Les oisillons, sous l'obscur des ramées,
> Voler après leurs femelles aimées?

---

[1] Les tourtereaux.

> .Donc n'as-tu vu les taureaux négliger
> Les prés herbus, le boire et le manger,
> Lorsque l'amour furieux les tourmente?

Le personnage d'Alphée, qui représente la **naïveté** de la jeune fille, est imité de la Sylvie du Tasse dans son *Amintas*. La naïveté du jeune homme, telle que Guarini l'a représentée dans le Sylvio de son *Fidèle Berger*, a été aussi mise en scène par Hardy dans une autre de ses pastorales, dans *Corine*. Le berger Caliste y joue le rôle du Sylvio de Guarini. Toutes les bergères l'aiment à cause de sa grâce et de sa beauté; mais Caliste est insensible à l'amour, non pas peut-être comme Sylvio, qui méprise hautement l'amour : Caliste l'ignore; c'est un enfant plutôt qu'un jeune homme. Me croiras-tu, dit Mélite, une des bergères qui l'aiment, à Corine, sa compagne, qui l'aime aussi,

> Me croiras tu? hier, sur la vesprée, (le soir)
> Je l'aperçus folâtrer dans la prée (le pré),
> Courir après son ombre qui fuyait,
> Si qu'impuissant de l'atteindre, il criait.

Caliste arrive, et les deux bergères lui souhaitent la bienvenue :

CORINE.

> L'Amour et Pan préservent d'infortune
> De nos bergers l'espérance commune!

MÉLITE.

> L'Amour et Pan, les Grâces et Cypris
> De nos bergers gardent le mieux appris!

Caliste ne répond rien à tous ces beaux compliments; il ne demande qu'à retrouver son passereau qu'il a perdu,

> Le plus privé, le plus beau qui se voye;
> Dessus mon doigt il becquette sa proie;
> D'une cerise il fera trois repas,
> Et l'appelant, me suivra pas à pas.

Ces naïvetés ne font qu'enflammer l'amour des deux bergères, qui veulent à toute force que Caliste leur dise qui d'elles deux il aime le mieux. Caliste répond qu'il ne hait personne; mais, pressé de répondre plus clairement, il promet de donner la préférence à celle des deux bergères qui lui fera le plus joli bouquet. La réponse est d'un enfant. Une autre fois, pressé encore par les deux bergères, il leur répond d'une manière plus piquante et plus adroite, qu'il se prononcera pour celle des deux qui saura le plus longtemps garder le silence. Voilà les deux bergères devenues muettes; personne ne peut plus leur arracher un mot. Cela fait un grand émoi et surtout un grand étonnement dans le village; on va consulter la magicienne Mérope, croyant que Corine et Mélite sont ensorcelées. Enfin l'Amour, pour terminer cet enchantement et la pièce, descend du ciel, enflamme le cœur de l'indifférent Caliste, qu'il donne à Corine. Un autre berger, Arcas, obtient la main de Mélite.

Dans la pastorale intitulée *Alcée*, les amours d'Alcée et de Damocle n'ont rien de cette puérilité affectée, que Hardy prenait pour de l'ingénuité. Il y a même une intrigue, et par conséquent un intérêt dramatique.

Damocle aime Alcée et il est aimé d'elle; mais il est pauvre, et le père d'Alcée, Phédime, veut marier sa fille au riche Dorilas. En vain Alcée supplie son père et lui représente que Damocle et elle ont été

> Tous deux nourris ensemble dès longtemps,
> Comme deux fleurs qu'enfante le printemps.

Phédime résiste aux prières de sa fille. Songez, dit-il, aux deux amants,

> Songez, enfants, quelle misère apporte
> Le mariage à ceux de notre sorte ;
> La faim leur fait connaître, au premier jour,
> Qu'où elle habite, il n'y a point d'amour.

Ce n'est pas que Phédime ne soit philosophe. L'esprit français, qui hait les préjugés et qui fronde volontiers la noblesse, **cet** esprit n'a pas attendu Voltaire pour monter sur le théâtre : il perce déjà dans Hardy. Je sais bien, dit Phédime, que

> La vertu seule anoblit les humains ;
> Qui la possède a droit de bourgeoisie
> Chez ceux d'Afrique, et d'Europe et d'Asie.

Mais, quoique philosophe, Phédime ne va pas jusqu'à préférer pour gendre le pauvre Damocle au riche Dorilas. Prières et menaces, tout est inutile. Alcée alors tombe malade de chagrin, et Phédime, vaincu par l'inquiétude, lui ramène Damocle. L'aspect de son amant rend la force à Alcée :

> Je ne suis plus malade à ton aspect,

dit Alcée à Damocle en se soulevant à demi sur son lit ; et celui-ci, s'asseyant près de ce lit, raconte à sa bergère que Phédime est venu le chercher et lui a promis la main de sa fille. A chaque mot de Damocle, Alcée se ranime et se reprend à la vie et au bonheur : Tu me ravis, dit-elle à son amant,

> D'ouïr conter tant d'heureuses merveilles,

> De voir le fil renoué de mes jours,
> En renouant celui de nos amours.

La situation est touchante; mais Hardy ne sait pas d'une situation faire une scène; il ne sait pas entretenir l'émotion; il manque de force ou de patience; il ébauche, il n'achève pas.

Cette lutte entre la volonté d'un père et les penchants des enfants, qui fait le fond de beaucoup de comédies, est aussi le sujet d'une autre pastorale de Hardy, le *Triomphe de l'amour* [1]; mais cette pastorale est loin de valoir l'*Alcée,* et je n'en parle qu'à cause de la controverse établie, au dernier acte, entre les droits de l'amour et l'autorité paternelle. Céphée aime Clytie, que son père veut donner au riche berger Atys; et, comme Céphée a délivré Clytie qu'enlevaient deux satyres, il a le droit, selon une loi d'Arcadie, d'épouser celle qu'il a sauvée; mais le père de Clytie, Phédime, ne veut pas obéir à cette loi:

> L'autorité paternelle précède,

dit-il,

> Car tout aux lois de la nature cède.

CÉPHÉE.

> Qu'appelez-vous de nature la loi,
> Sinon laisser une âme libre à soi,
> L'affection des enfants ne contraindre?
> Certes alors je n'aurai de quoi craindre.

Pan, à qui le procès est renvoyé, juge (qui l'aurait cru?) en faveur des pères; mais le jugement est cassé par l'Amour, qui descend du ciel.

Cette introduction des dieux dans la pastorale

[1] 1623.

montre le penchant de ce genre de drame, qui est tout de convention, vers l'opéra mythologique, autre drame aussi de convention, où les dieux du vieil Olympe et de la pastorale devaient régner longtemps encore.

L'*Amour victorieux* [1] est une pastorale mythologique; mais elle est intéressante et vive, et c'est avec *Alcée* celle que je préfère dans Hardy. Philère et Nérée aiment Lycine et Adamante, deux bergères aussi orgueilleuses que belles, qui veulent se vouer au culte des dieux. Les bergers invoquent l'Amour, qui, pour punir les deux dédaigneuses, les enflamme tout à coup pour les deux bergers, qu'il rend du même coup les plus indifférents du monde. Ainsi tout est changé : ce sont maintenant les bergers qui rebutent et dédaignent les bergères. En vain un vieux satyre, qui, au lieu d'être le bouffon de la pièce, en devient l'Ariste, essaye de persuader à Nérée que, puisque maintenant Adamante l'aime, il n'a rien de mieux à faire que de l'épouser ;

> ..... qu'un amour vagabond
> Plus que l'hymen en malheurs est fécond.
>
> . . . .
>
> Crois-moi, berger ; une femme t'est due,
> De bons parents honnêtes descendue,
> Belle.. . . . .

Et Adamante est tout cela. Le satyre a raison et parle en sage ; mais Nérée, de Céladon qu'il était, est devenu un Hylas : il veut garder sa liberté. Le satyre croit pourtant qu'il y a encore dans le cœur

<hr>

[1] 1618.

de Nérée un reste de tendresse, et qu'il ne pourrait
pas résister aux prières de sa maîtresse :

> Si d'aventure elle te recherchait,

dit-il,

> Lui veux-tu rien mander ? je vais la voir.

NÉRÉE.

> Que je suis libre et hors de son pouvoir,
> Content, joyeux, sans soins, sans tyrannie.
> Adieu, satyre.

Que dites-vous de ce ton de légèreté et presque de
fatuité ? Quelle revanche prise des dédains d'autrefois ! et comme ces bergers qui, aussitôt qu'ils n'aiment plus, deviennent durs et insolents, montrent
bien ce que c'est que la mobilité du cœur humain et
sa profonde insensibilité, dès qu'il n'est plus passionné ! Cette connaissance et cette peinture des passions
humaines, chose si rare chez Hardy, est encore plus
visible dans la scène où les deux bergers se racontent
les rebuts qu'ils ont fait essuyer à leurs maîtresses,
qui sont venues les supplier. C'est déjà de la fatuité
que d'avoir l'idée de se raconter ainsi leurs dédains
et d'en triompher l'un devant l'autre. Il y a en même
temps, à travers leur fatuité, un reste d'amour qui
perce involontairement et qui fait comprendre qu'aussitôt que cessera cet enchantement d'indifférence
que l'Amour a voulu, ils reviendront de grand cœur
à leurs bergères. Aussi ne leur en veut-on pas de leur
dureté momentanée, quoiqu'ils s'en applaudissent.
Toute cette scène est vive et intéressante. Voyons,
dit Philère à Nérée, racontons-nous

> Tout ce qui s'est passé de leur amour.

NÉRÉE.

Hier, j'étais seul, pensif, en silence,
Près la fontaine, à paître mon troupeau,
Qu'elle[1], feignant chercher un sien agneau,
Me vint trouver toute décolorée,
Les yeux battus et la face éplorée.

PHILÈRE.

N'avais-tu point quelque ressentiment [2]
Des premiers temps, voyant son châtiment ?

NÉRÉE.

Si peu que rien.

Et encore ce peu qu'il ressentait, il a su si bien le cacher, qu'Adamante a dû croire qu'il était entièrement insensible. Philère, à son tour, raconte la manière dont Lycine l'a abordé. Le voyant endormi à l'ombre, elle est venue lui heurter le pied comme par mégarde :

Dis-moi, berger, telle fut son entrée,
Si tu n'as point la bête rencontrée
Que je poursuis, et me pardonne aussi,
Sans y penser, ton sommeil accourci.

Mais le berger, se moquant de sa demande, a coupé court à l'entretien ; la pauvre Lycine alors s'est mise à pleurer, ce qui n'a pas le moins du monde touché le berger. Et maintenant, disent les deux bergers, se félicitant de leur fierté,

Veuille le ciel libres nous conserver,
Sans jamais plus nos désirs captiver !
Veuille le ciel permettre que notre âge

[1] Adamante.
[2] Ressouvenir

Passe joyeux et coule sans servage,
N'aimant sinon qui voudra nous aimer !

A entendre ainsi parler ces bergers, nous serions
tentés de nous croire au dix-huitième siècle, lisant
quelque roman de Crébillon le fils, où deux jeunes
fats se racontent leurs bonnes fortunes, leurs imper-
tinences, et s'en promettent d'autres. Heureusement
qu'au dénoûment l'Amour vient rendre aux bergers
la tendresse qu'ils ont toujours eue pour leurs bergères et qu'un court enchantement leur avait ôtée.
L'Amour la leur rend à l'aide d'une épreuve qui
me semble d'autant meilleure que je ne la prends
que pour une épreuve; car, si c'était plus, la pastorale toucherait déjà à la tragédie. Un oracle déclare
que, si les bergers persistent à dédaigner les bergères,
une des deux bergères doit être sacrifiée sur l'autel de
l'Amour, et que le sacrificateur sera un des deux
bergers; le sort désignera la victime et le meurtrier.
Tout s'apprête dans le temple pour ce sacrifice, et
le grand-prêtre tire au sort. La bergère choisie par le
sort est Lycine et le berger est Philère, c'est-à-dire
que l'amant devra immoler l'amante, puisqu'il ne
veut plus l'aimer. Lycine, désespérée de n'être plus
aimée, se résigne aisément à périr; il y a même pour
elle quelque douceur à périr de la main de Philère.
Le discours qu'elle lui adresse est touchant et passionné :

> Rassure-toi, Philère : je ne veux
> T'adresser plus mes inutiles vœux.....
> Le désespoir de fléchir ta fierté,
> Me rend le jour d'odieuse clarté.
> Ces bras n'auraient besoin d'aucun cordage,

> Ces pieds, ce corps, ni ces yeux de bandage,
> Si tu lisais combien mon cœur content
> Le coup mortel de ta fureur attend ;
> Si tu savais combien je te désire
> Complaire, avant que l'âme je soupire.
> Que tardes-tu de lancer le couteau
> Dedans ce sein autrefois tes délices
> Et réservé à d'autres sacrifices ?
> Dépêche-moi ; tu t'es assez vengé
> Depuis qu'amour mon courage a changé.

La langue a vieilli, et les mots n'expriment plus pour nous ce qu'ils exprimaient autrefois ; mais quelle passion touchante et vive se sent encore sous ce vieux langage ! quel heureux mélange de désespoir, de résignation, d'amour surtout, d'amour qui adoucit pour Lycine l'instant de la mort, depuis qu'elle sait qu'elle n'est plus haïe ! Qui résisterait à ces paroles, à ce sein découvert et palpitant de tendresse, non de terreur ? et comment Philère ne retrouverait-il pas son amour pour sa maîtresse ? Aussi déclare-t-il qu'il prend Lycine pour sa femme :

> Otez le glaive, éteignez cette flamme !
> . . . . . Je la reçois pour femme
> Devant les dieux et vous, je le promets !

Et la pièce finit par une leçon que l'Amour, descendant du ciel, adresse aux beautés qui seraient tentées d'être trop cruelles : Vous voyez, dit l'Amour,

> Comment je sais l'orgueil humilier.
> Dépouillez-vous d'un courage trop fier ;
> Fuyez ce nom d'ingrate et de cruelle.....
> La courtoisie augmente la beauté ;
> A la laideur convient la cruauté.

Les ébauches de Hardy plaisaient à son siècle encore inexpérimenté, et je le conçois aisément aprè' avoir lu, parmi ses pastorales, *Alcée* et *l'Amour victorieux*. On prenait facilement pour des tableaux de main de maître des esquisses où il y avait, de temps en temps, un trait vif et délicat. On croyait de bonne foi que le théâtre avait, dès ses premiers pas, atteint le but. Ajoutez à cela la facilité ordinaire des admirations contemporaines : Hardy était égalé à Sophocle; ses partisans disaient même qu'il avait surpassé à la fois Eschyle, Sophocle et Euripide [1]. Il était admiré comme Ronsard l'avait été. Hardy, aussi bien, est de l'école de Ronsard; il a les mérites et les défauts de cette école : ses vers sont rudes et durs, ils enjambent sans cesse les uns sur les autres; mais souvent aussi ils sont expressifs et parfois gracieux [2].

Racan, au contraire, dont la pastorale intitulée *Arthénice* [3] surpassa, dès le premier moment, les pastorales de Hardy, Racan est de l'école de Mal-

---

[1]
> On laisse ces vieux monuments
> D'Eschyle, Sophocle, Euripide;
> Tu les as surpassés tous trois...
> Et l'on permettra que tu dies
> Qu'à peine ils ont tant fait de vers
> Que tu as fait de tragédies.
>
> (Théâtre de Hardy, 1er vol., préface.) .

[2] Dans sa pièce intitulée *Arsacome*, le Scythe Arsacome vient demander au roi de la Tauride de lui donner sa fille en mariage. Le roi lui reproche sa pauvreté. Prends garde, lui dit Arsacome,

> « Pauvre d'or, je suis riche en fer pour te défendre. »

Le vers est digne de Corneille.

[3] 1618.

herbe, c'est-à-dire de l'école qui a fixé la langue. Aussi les bergeries de Racan ont leur place dans la littérature française. Elles ne sont pas seulement une curiosité, elles sont une lecture. Quel charme, au sortir de la poésie encore rude et grossière du vieux Hardy, d'entendre retentir les sons d'une langue élégante et pure! Petits oiseaux des bois, s'écrie la bergère Arthénice, que son père refuse d'unir au berger Alcidor qu'elle aime et dont elle est aimée,

> Petits oiseaux des bois, que vous êtes heureux
> De plaindre librement vos tourments amoureux !
> Les vallons, les rochers, les forêts et les plaines
> Servent également vos plaisirs et vos peines.
> Votre innocente amour ne fuit point la clarté ;
> Tout le monde est pour vous un lieu de liberté [1].

En vain Arthénice représente à son père l'amour qu'elle a pour Alcidor et qu'Alcidor a pour elle : son père ne se laisse pas toucher par de pareils arguments. Alcidor est jeune et aimable,

> Mais ces jeunes bergers, si beaux et si chéris,
> Sont meilleurs pour amants qu'ils ne sont pour maris.

---

[1] Mairet, dans sa *Chryséide*, assez mauvaise pastorale, a imité ces vers sans les égaler. L'apostrophe aux oiseaux était un des lieux communs de l'élégie pastorale.

> O vous, petits oiseaux, qui, toujours amoureux,
> Vivez en liberté, que vous êtes heureux !
> Vous dressez votre vol là par où bon vous semble ;
> Vous chantez vos amours et vous veillez ensemble.
> Tantôt vous vous jouez dessus les arbrisseaux,
> Tantôt dedans les bois, tantôt sur les ruisseaux.
> Ah ! petits animaux, innocents et fidèles,
> Que n'ai-je, comme vous, du plumage et des ailes !

Bientôt Arthénice, se croyant trahie par Alcidor, veut, dans son désespoir, se vouer au culte des druides et renoncer au monde. A cette époque, le théâtre n'osait pas parler de Dieu ni des couvents, de peur de ressembler en quoi que ce fût aux anciens mystères qui avaient été interdits, par arrêt du parlement [1], comme scandaleux à force de simplicité. Aussi les héros dramatiques attestaient les dieux du vieil Olympe, et, quand les bergères voulaient par dépit renoncer à l'amour et au mariage, elles se faisaient druidesses, n'osant dire religieuses. Du reste, les sanctuaires druidiques ressemblaient trait pour trait aux couvents, et les conseils que la grande prêtresse Philothée donne à Arthénice sont, en beaux vers, les conseils que doit donner une supérieure éclairée, qui ne veut pas que les novices prennent pour une vocation le dégoût passager du monde. Notre règle, dit Philothée à Arthénice,

---

[1] Arrêt de 1548 contre les mystères. — La comédie lettrée et profane, dans ses commencements, aimait fort à se vanter de ne point ressembler aux anciens mystères et aux anciennes moralités. Le poëte comique Grevin dit dans le prologue de la *Trésorière :*

> Non, ce n'est pas de nous qu'il faut,
> Pour accomplir cet échafaud,
> Attendre les farces puisées
> Qu'on a toujours moralisées ;
> Car ce n'est notre intention
> De mêler la religion
> Dans le sujet des choses feintes.
> Ainsi jamais les lettres saintes
> Ne furent données de Dieu,
> Pour en faire après quelque jeu.

(*Théâtre fr.*, t. III, p. 222.)

> Notre règle est étroite et malaisée à suivre.
> Dans un désert austère, il faut mourir et vivre,
> Prendre congé du monde et de tous ses plaisirs,
> N'avoir plus rien à soi, pas même ses désirs.

Silène, qui est bon père, voit avec chagrin sa fille Arthénice se vouer aux autels ; il lui dit que jamais les dieux ne peuvent vouloir qu'un enfant abandonne ses parents. C'est une sorte de plaidoyer contre les couvents :

> Les dieux que vous servez en ce désert austère
> N'ôtent pas les enfants d'entre les bras d'un père.

Arthénice résiste aux supplications de son père. Mais elle est plus faible contre les plaintes de son amant. Alcidor, en effet, en apprenant la résolution d'Arthénice, s'était de désespoir jeté dans l'Oise, genre de mort qui était d'étiquette dans les pastorales depuis que Céladon s'était jeté dans le Lignon. Mais l'Oise avait fait comme le Lignon : elle avait déposé le berger sur la rive, et, quand Alcidor revient à la vie, il reconnaît les lieux qu'il a si souvent parcourus avec Arthénice :

> Ces aliziers, témoins de nos plaisirs passés,
> Ont encore en leurs troncs nos chiffres enlacés.
> Cette vieille forêt, d'éternelle durée,
> L'accusera sans fin de sa foi parjurée.
> Ces vieux chênes ridés savent combien de fois
> Ses plaintes ont troublé le silence des bois,
> Lorsqu'en la liberté de leur ombre immortelle,
> Elle osait prendre part au mal que j'ai pour elle.

Ces beaux vers touchent le cœur de la bergère, qui renonce à se faire druidessse et épouse enfin Alcidor.

J'ai cité avec plaisir les bergeries de Racan, parce qu'elles marquent, dans le genre de la pastorale, le moment où notre langue poétique atteint son juste point d'élégance et de clarté. C'est par là que Racan est supérieur, comme poëte, non-seulement à ses prédécesseurs, mais à ses successeurs, tels que Mairet, Gombaud et Rotrou. Le style du théâtre dans Mairet, dans Rotrou et même dans Corneille, est beaucoup plus incorrect et plus négligé que le style des bergeries de Racan. L'école de Malherbe semble, au théâtre, avoir attendu Racine.

La pastorale de Mairet intitulée *Sylvie* eut un grand succès pendant la première moitié du dix-septième siècle, et, quand *le Cid* parut en 1636, seize ans après *Sylvie,* on comparait encore volontiers *le Cid* avec la *Sylvie.* J'ai lu la *Sylvie* et je ne la compare pas au *Cid;* mais je conçois qu'en 1620 elle ait ravi le public. Il y avait là, en effet, quelque chose de nouveau après les pastorales de Hardy et même après les bergeries de Racan. Dans Racan, la nouveauté, c'est le style; dans Mairet, la nouveauté, c'est l'éloquence dans la passion. L'amour n'avait pas encore, sur le théâtre, parlé ce langage à la fois noble et passionné. Le sujet de la *Sylvie* s'y prêtait. Ce sont bien encore, il est vrai, des amours pastorales, et la scène se passe aux champs. Sylvie n'est qu'une simple bergère; mais Thélame, son amant, est un prince. Il est fils du roi de Sicile, et il quitte son palais tous les matins pour venir trouver Sylvie dans la prairie où elle fait paître son troupeau. C'est l'églogue mêlée à l'épopée. De là naturellement, dans le langage de Thélame et dans l'expression de son amour, une élévation particulière de sentiments. Sylvie a encore la naïveté de l'amour tel qu'il convient à l'idylle ; mais Thélame a déjà l'éloquence de la passion, telle qu'elle convient à la tragédie. Ce mélange de scènes tantôt gracieuses et tantôt élevées donne à la *Sylvie* un caractère tout nouveau, et elle sert de transition entre la pastorale et la tragédie.

Qu'il me soit permis de citer deux scènes de la *Sylvie*, l'une où l'églogue règne encore, l'autre où la tragédie commence à poindre. Au commencement du second acte, Thélame et Sylvie sont assis, l'un à côté de l'autre, dans une belle prairie ; ils s'entretiennent de leurs amours et de leurs espérances ; ils goûtent le charme de quelqu'une de ces heures où tout nous enchante et nous sourit, où les bois sont plus verts et le ciel plus pur et plus serein. Ces moments de l'âme ne comportent ni action ni mouvement ; ils sont pleins d'une sorte de langueur amoureuse que Mairet me semble avoir exprimée heureusement. Oui, dit Sylvie à son amant,

> . . . . . . Voici le lieu le plus charmant
> Que je puisse trouver.

THÉLAME.

> Je crois que sa beauté lui vient de ta présence,
> Que tes yeux seulement le font gai comme il est,
> Que c'est par ta beauté que la sienne me plaît.

> . . . .

Cependant Sylvie, quel que soit son bonheur, est inquiète et troublée :

> . . . . J'ai si peur que quelqu'un ne nous voie,
> Que j'en sens de moitié diminuer ma joie.

Je crois que ces rochers ne sont pas assez sourds
Pour n'avoir pas ouï nos folâtres discours ;

. . . .

Que ces feuilles enfin et ces fleurs que je vois
Sont, pour nous découvrir, autant d'yeux et de voix.

THÉLAME.

Que crains-tu ? l'amour même est notre intelligence[1] ;
Il veille sur nous deux avecque diligence.
C'est lui qui tient exprès ces rameaux enlacés
Pour défendre au soleil de nous voir embrassés.

Deux poëtes modernes, M. Lebrun dans le *Cid d'Andalousie*, et M. Victor Hugo dans *Hernani*, ont aussi voulu exprimer ces moments de joie et de repos que goûtent deux amants qui s'entretiennent seuls, dans quelque beau lieu qui s'embellit encore de leur bonheur. Tels sont, dans le *Cid d'Andalousie*, Estelle et don Sanche : ils doivent être unis le lendemain, et le soir ils causent doucement. Cependant la nuit vient : Allons, dit Estelle,

Du château regagnons l'avenue ;
Il est temps d'y songer.

DON SANCHE.

Quoi ? la nuit est venue?

. . . .

Pourquoi de ces jardins nous retirer, Estelle ?
Dans le ciel transparent la nuit brille si belle !
Au banc qui nous a vus tant de fois nous asseoir,
Respirez avec moi l'air embaumé du soir.
Ne vous plaît-elle pas, cette heure aimable et pure

[1] Est d'intelligence avec nous.

> Où le calme du ciel descend sur la nature,
> Où le monde s'efface, où l'homme disparaît,
> Où l'âme seule enfin jouit de son secret,
> Et, libre de témoins, de bruit et de lumière,
> Vers ses pensers chéris s'échappe tout entière.

Dans *Hernani*, même situation et mêmes sentiments exprimés par dona Sol :

> Tout s'est éteint, flambeaux et musique de fête,
> Rien que la nuit et nous : félicité parfaite !
> Dis, ne le crois-tu pas ? sur nous, tout en dormant,
> La nature à dessein veille amoureusement.
> Pas un nuage au ciel ; tout, comme nous, repose.
> Viens, respire avec moi l'air embaumé de rose ;
> Regarde : plus de feux, plus de bruit, tout se tait.
> La lune tout à l'heure à l'horizon montait,
> Tandis que tu parlais ; sa lumière qui tremble
> Et ta voix. toutes deux m'allaient au cœur ensemble.
> Je me sentais joyeuse et calme, ô mon amant !
> Et j'aurais bien voulu mourir en ce moment.

Mairet et les deux poëtes que j'ai cités ont peint le même moment de l'âme ; chacun seulement l'a fait avec le goût de son temps. Mairet penche vers la recherche et vers les *concetti* ; l'expression est affectée, le sentiment est vrai. M. Lebrun penche un peu vers la rêverie germanique ; et M. Hugo, outrant ce penchant, prête à sa dona Sol une mélancolie capricieuse, où la fantaisie tient plus de place que la passion. Non pas que je veuille ôter aux amants ces désirs et ces vœux de mourir ensemble qu'ils font si souvent : « Puissions-nous ainsi expirer ensemble! » disent deux amants dans Plaute[1] ; mais ce

---

[1] Utinam sic efferamur !

vœu s'exhale dans un baiser d'adieu et au moment
d'une séparation qu'ils croient éternelle. Ici, au
contraire, Hernani et dona Sol sont unis pour toujours; ils le croient, du moins; ils sont sur le seuil
de la chambre nuptiale, et ce vœu de mourir semble
un caprice de mysticisme amoureux plutôt qu'un
sentiment naturel et vrai.

Nous avons vu comment Mairet sait exprimer
l'amour à la fois gracieux et passionné qui convient
à la pastorale. Voyons comment il sait aussi faire
parler à l'amour un langage élevé et digne de la tragédie. Thélame, ne l'oublions pas, est prince et fils
du roi de Sicile. Sylvie n'est qu'une simple bergère:
elle craint donc que Thélame ne soit forcé, par la
raison d'État, d'épouser quelque princesse. Thélame
cherche à la rassurer :

> J'aime bien mes sujets ; je ferais tout pour eux ;
> Mais, par raison d'État me rendre malheureux,
> C'est le dernier effet d'une imprudence extrême
> Que tu ne voudrais pas me conseiller toi-même.
> Crois-tu que, pour se voir sur un trône doré,
> D'une foule idolâtre à genoux entouré,
> On nage pour cela dans un fleuve de joie,
> Libre des mouvements que la douleur envoie ?
> Non, non ! Fort peu souvent les solides bonheurs
> Se fondent sur l'éclat des biens et des honneurs ;
> Les vrais contentements attachés aux personnes
> Ne suivent que de loin la pompe des couronnes.
> Pour moi, quand aujourd'hui je pourrais échanger
> Ma qualité de prince en celle de berger,
> Pourvu qu'avecque toi je coulasse ma vie,
> Les rois les plus contents me porteraient envie.

Voilà le véritable langage de la tragédie française,

et je suis frappé de voir comment, dès ces premiers commencements, les idées philosophiques se mêlent naturellement à l'expression des passions. C'est là un des caractères particuliers de notre théâtre : toujours l'idée générale s'y mêle aux sentiments individuels. Les héros n'y parlent pas seulement pour eux-mêmes, ils parlent pour tout le monde; ils n'expriment pas seulement leurs passion s, ils tâchent aussi d'exprimer les passions générales de l'humanité. Dans les mauvais auteurs, ce goût des idées générales tombe dans le lieu commun, la tirade devient sentencieuse et le héros disparaît pour faire place au philosophe. Mais sachons aussi qu'à l'aide de ces idées générales, nos grands auteurs ont donné à leurs écrits un caractère philosophique qui a fait leur succès. Il y a des littératures plus originales que la nôtre; il n'y en a pas de plus humaine.

La pastorale de Gombaut, intitulée *Amaranthe*[1], a aussi laissé un nom. Elle a quelques-unes des qualités et quelques-uns des défauts de la *Sylvie*. Elle a d'abord, comme la *Sylvie*, le défaut de n'être presque pas une pastorale. Nous touchons au roman à grandes aventures; les événements sont extraordinaires et confus; mais les personnages, et deux surtout, Amaranthe et Oronte, ont des passions qu'ils expriment d'une manière vive et touchante. C'est par là que le drame se soutient.

Le héros de la pièce, le berger Alexis, est un amant mélancolique et pleureur, qui intéresse peu, sauf qu'il est aimé d'Amaranthe, qui ne veut ni l'a-

[1] 1625.

vouer aux autres, ni se l'avouer à elle-même; et c'est ce personnage d'Amaranthe qui fait vraiment l'intérêt de la pastorale. Amaranthe est une bergère d'une merveilleuse beauté, que tous les bergers de Phrygie adorent; mais elle les dédaigne tous. Les autres bergères ne trouvent plus d'amants ni de maris. Cela devient une calamité publique, et les dieux, consultés, déclarent qu'Amaranthe doit faire un choix entre tous les bergers. Ce qui soutient la fierté d'Amaranthe, c'est qu'elle aime le berger Alexis. Mais Alexis, berger inconnu et jeté par un naufrage en Phrygie, sans parents et sans biens, ne peut pas être l'objet du choix d'Amaranthe; voilà pourquoi, ne pouvant pas choisir celui qu'elle aime, elle ne veut choisir personne. Cependant le jour fatal arrive où Amaranthe doit se prononcer. Alexis est désespéré, et, sachant bien qu'il ne peut pas être choisi, il dit à Amaranthe qu'il n'a plus qu'à mourir. Ce langage irrite et afflige Amaranthe. Elle ne veut pas dire à Alexis qu'elle l'aime; mais elle ne veut pas non plus qu'il croie qu'elle en aime ou qu'elle en choisira un autre. Pourquoi, d'ailleurs, serait-elle forcée de faire un choix? Ne peut-elle pas se consacrer à Diane et ôter ainsi tout espoir aux bergers, et toute jalousie aux bergères? Qui t'oblige, dit-elle à Alexis, qui parle toujours de mourir,

> Qui t'oblige à tenir ce funeste langage!
> Est-ce donc un effet d'un généreux courage
> D'être sans résistance à l'effort des malheurs
> Et d'implorer la mort aux vulgaires douleurs?
> Sur quoi peux-tu fonder ces plaintes insensées?
> Sais-tu bien mes desseins? Lis-tu dans mes pensées?

> As-tu, par mes regards ou par mes actions,
> Reconnu quelque objet de mes affections ?
> Es-tu de ces amants qui me portent envie,
> Qui veulent, malgré moi, que je sois asservie ?
> Et viens-tu de si loin combler mal à propos
> Le nombre des bergers qui troublent mon repos ?
> Quel oracle t'apprend qu'il faut que je réponde,
> Comme il plaît, à l'erreur qui déçoit tout le monde,
> Et non pas au dessein de les égaler tous,
> Et de n'avoir jamais ni d'amant ni d'époux ?
> De leurs vaines langueurs je ne suis point touchée.

Elle finit par avertir Alexis de ne pas se présenter avec les autres bergers, quand elle déclarera sa résolution :

> Si tu n'es pris, au moins ne sois pas refusé.

Ce vers est charmant. C'est un aveu fait avec une délicatesse ingénieuse, digne des romans de Mme de La Fayette, mais qui ne se sent guère de la simplicité pastorale.

Le personnage d'Oronte, et surtout ses passions, ne sont guère non plus de l'idylle. Oronte est une bergère vouée au culte de Diane ; mais, depuis qu'elle a vu Alexis, elle l'aime, et, désespérée de voir qu'épris d'Amaranthe, Alexis ne répond pas à ses vœux, elle fait rendre un oracle qui condamne Alexis à mort comme ayant tué un cerf consacré à la déesse. A peine a-t-elle fait le mal, qu'elle s'en repent. Ses remords sont violents comme ses passions ; mais ses remords s'expriment en maximes générales, ce que fait toujours volontiers la tragédie française :

> O ! que la conscience est un pesant fardeau !

s'écrie-t-elle ;

> O vengeance, d'abord douce et pleine de charmes,
> Mais qui contre moi-même enfin tournes tes armes
> Et fais voir à celui qui s'est le mieux vengé,
> Qu'il est le plus coupable et le plus affligé !

Le dénoûment aussi, quoique heureux, est plutôt tragique que pastoral. Au moment où Alexis va périr, Amaranthe déclare qu'elle l'aime, et, puisque les dieux lui ont ordonné de faire un choix entre tous les bergers, puisqu'ils ont promis de consacrer son choix, elle choisit Alexis; et c'est lui qu'on veut immoler au nom de je ne sais quel oracle !

> Non ! non ! s'il doit mourir, je mourrai la première,

s'écrie Amaranthe; car, autant elle était timide et réservée à laisser voir son amour, quand Alexis n'était pas menacé, autant, maintenant qu'il est en péril, elle est hardie et ferme. A ce moment suprême, les ménagements ne sont plus de saison. Aussi n'hésite-t-elle pas à défendre hautement Alexis. — Pourquoi, dit Alexis, veux-tu défendre celui que condamne la loi des cieux ? — Les hommes, répond Amaranthe par un vers que Voltaire eût envié à Gombaut,

> Les hommes font des lois qu'ils imputent aux dieux.

La pastorale, en penchant chaque jour davantage vers le roman ou la tragédie, régna longtemps en France sur le théâtre. Elle vint enfin échouer contre deux écueils. Le premier de ces écueils, ce fut la ressemblance, chaque jour plus grande, de la pastorale avec la tragédie ou avec la comédie. La pastorale, en s'élevant, touchait à la tragédie, qui devait ъa remplacer[1]. D'un autre côté, elle touchait aussi à la comédie, quand elle cherchait à s'égayer. Le satyre, personnage destiné à faire rire le peuple, n'avait pas beaucoup à changer pour devenir le valet de la comédie. Outre le satyre, la pastorale avait aussi le matamore ou le capitan, bravache bouffon, qui descend du *Miles gloriosus* de Plaute, qui se rajeunit au seizième siècle dans le Pichrochole de Rabelais, et qui, devenu le représentant des rodomontades espagnoles, défraie en France la comédie pendant la première moitié du dix-septième siècle. L'auteur de *la Grande Pastorelle*[2], Chrétien des Croix, qui semble avoir voulu y mettre tout ce qui était à la mode de son temps, des amours croisés et contrariés, comme dans la *Diane de Montemayor*[3], un magicien, un satyre, deux ou trois jeux d'écho, y a mis aussi un capitan et son valet. C'est par ces deux derniers personnages que *la Grande Pastorelle* touche à la comédie. Le capitaine Briarée est proche parent du capitan de Corneille dans l'*Illusion comique*. Le capitan de Corneille est fanfaron en guerre comme en amour[4]. Le capitaine Briarée

---

[1] Avant *le Cid*, les pastorales sont nombreuses ; après *le Cid*, il ן en a beaucoup moins.

[2] *La Grande Pastorale*, 1613.

[3] L'Amour, qui fait le prologue, explique ainsi le sujet de la pièce :

> *Floris*, bergère, aimera, trop fidèle,
> Un *Ariston*, à ses désirs rebelle,
> Et *Ariston Chloride* chérira,
> Qui d'*Euryale* amoureuse sera.
> Cet *Euryale*, en dédaignant *Chloride*,
> Recherchera *Floris*, que son cœur guide

[4] *Illusion comique*, acte II, scène II.

est aussi un foudre de guerre et d'amour : Je peux,
dit-il.

> Je peux tout seul autant que tous les preux,
> Et rien ne peut m'égaler que les dieux.
> Encor mon bras les ferait bien descendre
> De leur pourpris, si je veux l'entreprendre.
> Et cependant, parmi cette vertu,
> Je sens mon cœur d'un bel œil combattu.

Frontalin, le valet de Briarée, ne s'accommode pas
de voir que son maître, occupé de soupirer ses amours,
oublie l'heure du repas :

> Qui meurt de faim (dit-il) ne peut faire l'amour;
> Qui fait l'amour doit manger nuit et jour.

Ce contraste entre les grands sentiments et les
grossiers instincts, entre l'amour et la gourmandise,
entre le maître et le valet, est fréquent dans Molière,
où le valet parodie sans cesse le beau langage du
maître. Il vient de la pastorale, et ce n'est pas le seul
emprunt que Molière semble avoir fait à ces pastorales oubliées. Nous rions tous de Sosie étudiant
la harangue qu'il doit faire à Alcmène, et préparant
ses bonnes façons de saluer et de haranguer. Le
valet de Briarée, Frontalin, est aussi chargé par son
maître de haranguer Chloride en son nom :

FRONTALIN.

Il faut d'abord faire la révérence?

BRIARÉE.

Oui, d'une brave et superbe assurance.

FRONTALIN.

Après cela?

BRIARÉE.

Après ? dire bonjour.

FRONTALIN.

Çà, je vais donc bien commencer l'amour !

Et il aborde Chloride, mais d'une manière si grotesque que Briarée le rappelle bien vite. Cela trouble Frontalin : Vous me faites oublier, dit-il à son maitre,

Maints beaux discours que j'avais à propos,
Dont je ne sais, à cette heure, trois mots.

Briarée alors reprend en beau style la déclaration d'amour qu'il avait chargé son valet de faire en son nom, et qui s'est trouvée si maladroitement interrompue : Pour vous servir, dit-il à Chloride,

Je quitte les combats,
Les fiers assauts et les cruels débats,
Les coups, les fers, les batailles, les guerres,
Les camps armés, les lances, cimeterres,
Les morions, pertuisanes, brassards,
Plastrons, boucliers, salades et hasards ;
Enfin je suis tout à votre service.

Cette énumération grotesque, qui est plus à l'usage d'un armurier que d'un soldat, montre le genre de comique de ces personnages attitrés pour faire rire : c'est un comique de caricature plutôt que de caractère.

Le second écueil sur lequel vint échouer la pastorale fut le ridicule. La littérature qui, comme je l'ai déjà remarqué [1], prend souvent le contre-pied de la société, était, sous Richelieu, à travers les conspira-

____

[1] Voyez le dernier chapitre du Iᵉʳ volume.

tions et les échafauds, toute champêtre et toute pastorale. La manie de l'églogue ne gâta pas seulement les livres, elle alla plus loin : un baron de Gascogne se fit berger, épousa une fille de village, et tous deux, habillés en berger et bergère, allaient garder les troupeaux. Il est vrai qu'ils avaient le bon esprit de faire tout cela dans leur parc [1]. Ne nous étonnons pas de cette manie. De tout temps, la littérature a porté au cerveau de quelques dupes. Notre temps a eu, grâce à lord Byron, ses Lara et ses Manfred, braves gens que le ciel avait faits pour être d'honnêtes bourgeois, de bons pères de famille, et qui se drapaient en titans mélancoliques, en bandits rêveurs, visant au crime sans en avoir l'étoffe, et n'atteignant pas même à l'originalité du ridicule. Les faux bergers du dix-septième siècle hâtèrent le discrédit de la pastorale : la parodie arriva. Sorel, dans son roman intitulé *le Berger extravagant,* essaya de faire contre la fausse bergerie ce que Cervantes, dans *Don Quichotte,* avait fait contre la chevalerie errante. Il fut, certes, moins amusant et moins élevé que Cervantes; mais les romans pastoraux ne valaient pas les romans de chevalerie.

Thomas Corneille fit, du roman de Sorel et sous le même titre, une comédie qui a pour nous le mérite de résumer les principaux traits du roman de Sorel et de nous dispenser de le lire :

[1] Voyez *le Berger extravagant,* p. 322. Voyez aussi, dans les *Amitiés, amours et amourettes* de Lepays (1664) une lettre (1er livre, lettre 47) à madame de H..., « que l'auteur était allé voir à une maison de campagne, où il la trouva en habit de bergère avec quelques autres dames habillées de la même manière. »

LYSIS.

Vous blâmez les bergers, mais trop aveuglément.
Est-il façon de vivre en douceurs plus féconde ?
Et leur nom n'est-il pas aussi vieux que le monde ?
Lorsque Deucalion voulut hommes forger,
De sa première pierre il naquit un berger.
Jadis les plus grands rois, que gloire m'est de suivre,
Faisaient leurs fils bergers pour leur apprendre à vivre.
Les dieux cent fois en terre en ont pris les habits ;
Apollon chez Admète a gardé les brebis....
Or, quant à nos moutons, est-il qui vaille mieux ?
Outre qu'on s'en nourrit, on les tond, et sans peine
Tout berger en reçoit un doux tribut de laine.
Pour se faire adorer autrefois, ce dit-on,
Jupiter emprunta la forme d'un mouton....
C'est pour vous témoigner, mon cousin Adrian,
Que, quoi qu'ose du monde alléguer la malice,
Mener paître un troupeau, c'est un noble exercice....
Croyez-moi, mon cousin, laissez là vos aunages ;
Venez avecque nous régler nos pâturages ;
Amenez femme, enfants ; vous vivrez en repos ;
Elle sera bergère, ils seront bergerots ,
Et nous goûterons tous des voluptés parfaites,
Allant danser sous l'orme au son de nos musettes [1].

Molière enfin, qui, dans *Mélicerte,* avait essayé de la pastorale et qui du reste n'y avait guère réussi, Molière, dans *le Malade imaginaire*, se moque fort gaiement de ce genre de pièces. Cléante, l'amant d'Angélique, s'est introduit dans la maison du Malade imaginaire sous le nom et le costume d'un maître de musique. Il imagine, pour faire connaître à

____
[1] Acte I, scène III.

Angélique ses sentiments et apprendre les siens, de lui faire chanter une scène pastorale dans laquelle le berger et la bergère, c'est-à-dire Cléante et Angélique, s'avouent leur amour en présence même du père de la bergère. Ce père veut que sa fille épouse un autre berger que celui qu'elle aime. « Votre père, dit le berger Cléante,

> Votre père à ses vœux veut vous assujettir.

ANGÉLIQUE.

> Plutôt, plutôt mourir
> Que de jamais y consentir.

ARGANT (*le Malade imaginaire*).

« Eh! que dit le père à tout cela?

CLÉANTE.

« Il ne dit rien.

ARGANT.

« Voilà un sot père que ce père-là, de souffrir toutes ces sottises-là sans rien dire!

CLÉANTE, *voulant continuer à chanter.*

> Ah! mon amour...

ARGANT.

« Non! non! en voilà assez. Cette comédie-là est de fort mauvais exemple. Le berger Tircis est un impertinent, et la bergère Philis une impudente de parler de la sorte devant son père [1]. »

Et ne croyez pas que Molière ait voulu discréditer

[1] *Le Malade imaginaire*, acte II, scène VI.

cette critique en la mettant dans la bouche de son Malade imaginaire : Argant n'est fou que pour sa santé, il est sur tout le reste de fort bon sens ; et cela même est un trait curieux d'observation : les maniaques n'extravaguent que sur leur manie.

Nous venons de faire l'histoire rapide de la pastorale dramatique depuis le commencement du dix-septième siècle jusqu'à Corneille et jusqu'à Molière. Pendant quelque temps, la pastorale fut oubliée, et les bergers, réfugiés à l'opéra, n'osèrent plus même figurer que dans les intermèdes et dans les ballets, jusqu'à ce qu'ils reparussent dans la littérature, avec Segrais d'abord, et plus tard avec Mme des Houlières. Mais ils ne prétendirent plus aux honneurs de la scène, et la pastorale se réduisit à l'imitation de l'idylle antique.

Avant de continuer à chercher, sous cette nouvelle forme de la pastorale, l'expression de l'amour ingénu, il me reste à raconter comment, dans la pastorale, la magie se trouve souvent mêlée à l'amour. La magie et les enchantements sont un des lieux communs les plus curieux de la pastorale antique et moderne.

XLVIII.

DE LA MAGIE EN AMOUR.

Le seizième et même le dix-septième siècle croyaient aux effets de la magie en amour. Les amoureux invoquaient les puissances surnaturelles, consultaient les sorcières, achetaient des philtres, portaient les anneaux constellés, faisaient ou faisaient faire des conjurations et des enchantements ; la magie amoureuse enfin était une des parties principales de la magie, et ce n'était pas là moins cultivée, car c'était celle qui était le mieux payée par la prodigalité crédule des amants [1]. Les poëtes et les romanciers introduisaient partout dans leurs ouvrages des sorciers et des magiciens. L'Arioste a son Alcine et le Tasse son Armide. Il y a des magiciennes, mais moins séduisantes que celles du *Roland furieux* ou de la *Jérusalem délivrée*, dans les pastorales ita-

---

[1] Cornelius Agrippa, dans son *Traité de la philosophie occulte*, a soin d'indiquer les différents moyens de se faire aimer des belles. Un des charmes les plus puissants est de s'attacher au bras gauche la peau des intestins d'une hyène : avec cela on est sûr d'être aimé de la première femme qu'on regarde. L'os gauche du crâne de crapaud a aussi une grande force en amour ; mais il faut prendre garde de se tromper : car l'os droit produit l'effet contraire (p. 59).

liennes, espagnoles, anglaises et françaises du seizième et du dix-septième siècle. Partout enfin, à cette époque, la magie est en crédit dans le monde et de mise au théâtre et dans les romans.

Ne nous étonnons pas de cette erreur universelle : l'antiquité croyait à la magie, et de ce côté les études des savants du seizième siècle s'accordaient avec les superstitions populaires. Comment ne pas croire à une science que Virgile et Théocrite avaient chantée, et que l'Église condamnait, non comme fausse, mais comme diabolique?

La poésie antique est pleine des prodiges de la magie. Médée sauve Jason des périls de la Colchide à l'aide de la magie, et c'est la magie qu'elle invoque encore plus tard pour fixer le cœur de son amant. Mais en vain, aux enchantements qu'elle a apportés de Colchos, elle joint le pouvoir des herbes de cette Thessalie qui était dans l'antiquité la patrie naturelle du sortilége [1] : Médée sait se faire obéir des enfers, le cœur de Jason lui résiste. Curieuse épreuve de l'impuissance de la magie contre la passion, et qui pourtant n'avait pas guéri les amants malheureux ou jaloux de la manie d'invoquer les sorcières thessaliennes.

Fontenelle, dans son *Histoire des Oracles* [2], dit gaiement que la Béotie était un bon pays pour les oracles, parce qu'il y avait beaucoup de sots et beau-

----

[1] . . . . Ibi plurima surgunt
Vim factura Deis; et terris hospita Colchis,
Legit in Hæmoniis, quas non advexerat, herbas.

(*Lucain*, liv. VI, 440.)

[2] Chapitre 12.

coup de cavernes. La Thessalie, avec ses montagnes
escarpées, ses vallées étroites, ses cavernes, ses rochers, avec la grossièreté ou la paresse d'esprit que la
Grèce moqueuse attribuait aux habitants de ce pays,
la Thessalie était faite aussi pour être la patrie des
superstitions. Ajoutez à cela la mystérieuse antiquité de ses souvenirs et l'étrange bizarrerie de ses
fables. Figurez-vous un pays entrecoupé de hautes
montagnes et de vallées étroites. En travers de ces
vallées, çà et là d'énormes pointes de rochers, d'in-
formes et colossales pyramides s'approchent les unes
des autres sans se toucher, et laissent entre elles
d'étroits sentiers où le voyageur ne voit du ciel que
ce qu'il en a au-dessus de la tête [1]. Quand les vallées
s'élargissent, alors, au sommet des montagnes qui
bordent l'horizon, s'aperçoivent des constructions
gigantesques et bizarres, des remparts formés de
blocs de rochers ajustés l'un sur l'autre avec une
force et une adresse singulières [2]. Ces pyramides autrefois étaient des îlots, quand la Thessalie était un
lac; ces remparts étaient les villes placées au bord
du lac et habitées par les Titans. Les Lapithes ou
Hercule ont d'une main puissante rompu la barrière
de rochers qui, entre l'Olympe et l'Ossa, séparait
de la mer le lac Thessalien, et les eaux s'écoulant
avec impétuosité, au lieu d'un lac, il n'y a plus eu
qu'une vallée, où sont descendus peu à peu les habitants de la montagne, habitants merveilleux eux-
mêmes; car les uns sont nés des cailloux que jetaient

[1] Voir Pouqueville, *Voyage en Grèce*, t III, liv. ix, ch. 9.
[2] Les murs cyclopéens.

derrière eux Deucalion et Pyrrha, et les autres, d'une forme étrange, moitié hommes et moitié chevaux, sont nés du commerce d'Ixion avec une nuée qui avait pris la forme de Junon. Le sang de ces centaures, encore envenimé des passions du Titan qui fut leur père, est un philtre propre, dit-on, à ranimer l'amour; aussi Déjanire en imprégna la robe qu'elle envoyait à Hercule, et ce sang fut un venin qui dévora le héros.

C'est en Thessalie que les Titans ont combattu les dieux et entassé l'Ossa sur le Pélion pour escalader le ciel. La foudre de Jupiter a renversé les Titans et les montagnes; mais les montagnes ont gardé l'empreinte du feu qui les a bouleversées, et, au fond de leurs entrailles, bouillonnent les métaux sous le marteau de ces Titans eux-mêmes, qui, dans le feu qui les a vaincus, ont trouvé l'instrument d'un art nouveau. Sous leurs mains, le fer se forge en armes meurtrières; l'or et l'argent sortent des ténèbres souterraines pour exciter l'avarice des mortels. Cependant les serpents rampent dans le limon que les eaux ont laissé au fond de la vallée. Pour tuer Pithon, le plus horrible de tous, il ne faut rien moins que les flèches du dieu du jour, du dieu qui purifie la terre. Grâce à la victoire d'Apollon, la vallée du Pénée commence à prendre la grâce et la beauté qui ont fait sa gloire; les nymphes aiment à s'y promener, et entre elles Daphné, dont Apollon sollicita l'amour comme le plus doux prix du service que son arc avait rendu à ces beaux lieux. Daphné s'enfuit devant le dieu, et, se précipitant dans les eaux du Pénée, elle devint ce laurier-rose, dont la fleur charmante et douc...

dont la feuille élégante et svelte semble un souvenir ou une image de la nymphe aimée par Apollon. Ici, en effet, tout est fable, métamorphose, enchantement ; et les abeilles même qui bourdonnent et butinent sur les pentes de l'Olympe et de l'Ossa sont les abeilles qu'Aristée a fait éclore autrefois de la chair des génisses immolées aux mânes d'Orphée [1].

Avec ces traditions merveilleuses, les unes bizarres et sombres, les autres gracieuses et élégantes, comment la Thessalie ne serait-elle pas la patrie des magiciennes? Elle a des mineurs et des forgerons, professions qui, dans les sociétés barbares, ont toujours paru tenir de la magie. Ses centaures ont dompté le cheval et montré l'empire de l'homme sur la nature. Podalire et Machaon, fils d'Esculape, étaient nés en Thessalie, et la médecine parait aisément une science surnaturelle. De là la renommée des sorcières thessaliennes ; de là, quand un jeune homme arrivait en Thessalie, la curiosité, mêlée de frayeur, qu'il ressentait aussitôt et qu'Apulée a si bien dépeinte dans le Lucius de son roman : « Quoi ! se disait Lucius, me voilà donc en Thessalie, dans cette terre classique des sortiléges, et célèbre, à ce titre, dans l'univers entier ! » —Et il allait et venait, regardant de tous côtés, croyant partout à des enchantements et à des métamorphoses imprévues. Les pierres lui semblaient des hommes pétrifiés ; les oiseaux, des hommes que la magie avait doués d'ailes rapides ; les arbres, des hommes encore, couverts tout à coup de feuillage. « Je croyais que les statues

____
[1] Virgile, *Géorgiques*, liv. IV.

et les images allaient marcher, les murailles parler,
les bœufs et les autres animaux du même genre pré-
dire l'avenir, et que du ciel même, du centre du
soleil, allait retentir quelque voix miraculeuse[1]. »

Le merveilleux, quand on l'attend de si bon cœur,
ne manque guère de venir. Le Lucius d'Apulée se
trouve donc bientôt jeté, grâce à son goût pour la
magie, dans un labyrinthe d'aventures bizarres. Du
reste, la curiosité seule, et non l'amour, pousse Lucius vers les cérémonies magiques. Mais, où Lucius
cherche le merveilleux, le plus grand nombre cherchait le plaisir, et les philtres amoureux étaient la
meilleure marchandise des sorcières thessaliennes.
Avec ces enchantements, les vieillards deviennent
ardents et aimables[2]. Ne parlez pas des obstacles
de l'âge ou de la figure ; ne parlez ni du devoir, ni
de la vertu : la magie surmonte tout ; quelques
paroles suffisent pour changer Caton en Adonis,
Lucrèce en Aspasie. Aussi y a-t-il un amant qui
veuille endormir un jaloux, il va trouver la sorcière, qui compose pour lui une chanson magique, capable d'assoupir les surveillants les plus
attentifs. « Redites trois fois cette chanson, écrit
Tibulle à Délie, et, après l'avoir dite, jetez aussi
trois fois votre salive sur le seuil de votre chambre :
ce charme rendra votre mari incrédule aux rapports
de ses espions ; il n'en croirait pas même ses propres yeux, s'il me voyait près de vous. Mais prenez

---

[1] Liv. II, au commencement.

[2] . . . . Flammisque severi
Illicitis arsere senes. . . . . «
(Lucain, liv. VI, 448.)

garde, Délie, le charme n'a d'effet qu'en ma faveur : avec un autre amant, votre mari verrait tout ; la sorcière ne le rend aveugle que pour moi. [1] »

Ailleurs, dans Lucien, c'est une courtisane qui a perdu son amant et qui demande à la magie de le lui rendre : « Enseigne-moi, dit Mélisse à Bacchis, enseigne-moi une de ces femmes de Thessalie qui, par leurs enchantements, savent ramener les amants qui s'éloignent. Charinus veut me quitter ; voilà cinq jours que je ne l'ai vu. » Bacchis alors, pour consoler Mélisse, lui raconte qu'elle avait perdu Phanias, son amant ; elle a consulté une magicienne qui, par ses sortiléges, le lui a rendu et a fait que Phanias, qui s'était laissé séduire à la beauté de Péhbis, la déteste aujourd'hui autant qu'il l'aimait naguère. « Et quel prix prend-elle ? dit Mélisse impatiente. — Presque rien, répond Bacchis : un pain et un drachme. Mais il faut lui remettre quelque chose qui ait appartenu à l'homme qu'elle doit ramener par ses enchantements. — J'ai encore les sandales de Charinus. — Il faudra les suspendre à un pain, et au-dessous la sorcière fera des fumigations, jettera du sel dans le feu et prononcera quelques paroles. Pour moi, l'effet a été prompt : Phanias est aussitôt revenu ; et, de plus, la magicienne m'a enseigné ce que je devais faire pour n'avoir plus à craindre les artifices de Phébis. Elle

[1] Ter cane, ter dictis despue carminibus.
Ille nihil poterit de nobis credere cuiquam,
Non sibi, si in molli viderit ipse toro.
Tu tamen abstineas aliis : nam cetera cernet
Omnia ; de me uno sentiet ipse nihil.

(Tibulle, liv. I, élégie II.)

m'a dit de la suivre quand je la rencontrerais, d'observer ses traces, de mettre mon pied droit sur l'empreinte de son pied gauche, et mon pied gauche sur l'empreinte de son pied droit, en répétant : *Je marche sur toi et je te surmonte.* Je l'ai fait, et cela m'a heureusement réussi. — Cours, s'écrie Mélisse à son esclave, cours, va me chercher la magicienne, du pain, de la verveine et tout ce qu'il faut pour l'enchantement qui doit me rendre Charinus [1] ! »

Voilà quel était, à Athènes et à Rome, le métier des Thessaliennes et l'empire qu'elles exerçaient sur la crédulité des amants. En vain Ovide, qui était un esprit fort et ne croyait guère à la magie, disait-il dans son *Art d'aimer* : « Non, toutes les herbes de Médée et toutes les chansons magiques des Marses [2] ne raniment pas l'amour, une fois qu'il s'est éteint..... Gardez-vous des philtres amoureux : ils égarent l'âme, ils inspirent la folie plutôt que la tendresse. Pour être aimé, sachez plaire : voilà la meilleure magie [3]. » Ces conseils sentent le dédain de l'homme du monde pour les vieilles femmes qui faisaient le métier de sorcières : aussi ces conseils ne plaisaient-ils qu'aux amants heureux. Au moindre chagrin d'amour, les plus belles dames de Rome s'en

---

[1] Lucien, *Dialogue des courtisanes.*

[2] Le pays des Marses était en Italie pour les sortiléges ce que la Thessalie était en Grèce.

[3]
> Non faciunt ut vivat amor Medeides herbæ,
>> Mixtaque cum magicis nænia Marsa sonis.
>
> . . . .
>
> Philtra nocent animis, vimque furoris habent.
> Sit procul omne nefas. Ut ameris, amabilis esto.
>> (Ovide, *Art d'aimer,* liv. II, v. 101-108.)

allaient, dans les rues obscures et sales du mont Aventin, consulter quelque sorcière vieille et laide; car la vieillesse, la laideur et la misère semblaient le cortége ordinaire de la sorcellerie. Aussi la poésie ne se servait plus des sorcières que comme d'épouvantails, et non plus comme d'héroïnes. Je ne sais quelle terreur mêlée de dégoût s'attachait à leurs amours. En vain Canidie, dans Horace, essaye, par ses affreux enchantements, de rappeler son amant; « en vain l'enfant qu'elle a ravi meurt dans des supplices horribles, qui dessèchent sa moelle et son foie, et en font, pour les philtres de Canidie, un terrible et puissant ingrédient; en vain elle a cueilli les plantes que Médée seule a connues avant elle : son amant dort sur le lit même qu'elle a humecté de liqueurs infernales, il dort oubliant toutes les femmes et surtout Canidie[1].» Quel affront pour la magie! Et c'est peu pour Horace d'avoir fait de Canidie un objet d'horreur : il en fait un objet de risée, quand il lui demande un pardon ironique en la priant, aujourd'hui qu'il a cinquante ans passés, de ne plus lui ôter, par la force de ses enchantements, la fraîcheur du teint et l'épaisseur de la chevelure[2].

Entre Médée et Circé, qui furent sorcières aussi, mais qui furent belles et qui furent aimées, quoique trop peu de temps, et la Canidie d'Horace, qui est

[1] Canidia, brevibus implicata viperis. .

(Épodes, v.)

[2] Dedi satis superque pœnarum tibi ;...
Fugit juventas, et verecundus color
Reliquit ossa pelle amicta lurida ;
Tuis capillus albus est odoribus.

(Épodes, xvii)

à la fois odieuse et ridicule en ses amours, ia magicienne de Théocrite est la seule qui sache nous
intéresser, parce qu'elle est amante encore plus que
magicienne, si même elle est magicienne. Elle ne
fait d'enchantements, en effet, que pour rappeler son amant qui l'a quittée. Voilà douze grands
jours que Delphis n'est venu voir Simèthe; il ne
s'inquiète pas si elle est morte ou si elle vit encore. Comment voulez-vous que Simèthe n'ait pas
recours aux enchantements, aux philtres, à la magie? Comment voulez-vous qu'elle ne demande pas
à l'oiseau de Vénus de lui ramener son amant? Mais
elle n'est pas la magicienne redoutable qui sait se
faire obéir du ciel et de l'enfer; elle n'est qu'une
femme crédule et passionnée. Aussi, si les enchantements de ce soir ne réussissent pas, elle ira demain à la palestre de Timagète pour voir Delphis,
pour lui reprocher tout le mal qu'il lui fait. C'est
ainsi que Simèthe mêle sans cesse à ses enchantements l'expression de sa passion, et c'est par là
qu'elle nous touche[1].

Dans Virgile, qui a imité Théocrite, il y a aussi une
amante délaissée qui a recours aux enchantements;
mais Virgile ne montre dans son églogue que les enchantements : il oublie l'amour. C'est une scène de
magie au lieu d'une scène de passion. L'appareil de
la sorcellerie amoureuse, les bandelettes, les ver-
veines, l'encens, l'argile qui durcit, la cire qui fond,
le bitume qui brûle les feuilles du laurier[2], m'inté-

---

[1] Théocr., idylle II.

[2]   . . . . . Molli cinge hæc altaria vitta,
    Verbenasque adole pingues et mascula tura,

ressent beaucoup moins qu'un cri de passion. Dans Théocrite, au contraire, la passion est toujours à côté de la magie : à chaque enchantement, Simèthe attache le nom de Delphis, nom chéri qu'elle aime à répéter, comme le charme qui l'a entraînée et qui devrait rappeler l'ingrat. « Ainsi que se fond cette cire consacrée à la déesse, ainsi puisse Delphis fondre encore d'amour pour moi! Ainsi que tourne ce globe de cuivre consacré à Vénus, ainsi puisse Delphis revenir à ma porte! » Ces enchantements qui doivent servir son amour, l'occupent moins que son amour même, et souvent elle oublie et le globe de cuivre, et les philtres, et les feuilles de laurier, pour ne songer qu'à sa passion, à son abandon, à cette nuit paisible et qui serait si douce si Delphis l'aimait, à cette mer calme et silencieuse, à ces vents qui se taisent. « Hélas! il n'y a que ma passion qui ne se tait pas dans mon cœur! » Bientôt l'esclave qui l'aidait dans son sacrifice magique, s'éloigne; elle est seule. Croyez-vous qu'elle va encore s'occuper des enchantements commencés? Non; elle aime mieux s'entretenir de son amour, de ses commencements si doux et si charmants. C'était aux fêtes de Diane : ses amies et ses compagnes d'enfance la prièrent de venir avec elles; elle céda à leurs instances, elle partit. Au milieu du chemin, elle rencontra Delphis et Eudamippus, tous deux jeunes et

. . . .
Limus ut hic durescit, et hæc ut cera liquescit
Uno eodemque igni. . . . .
• • • . Fragiles incende bitumine lauros.

(Églogue VIII.)

beaux, à la barbe blonde et la poitrine encore étincelante de l'huile de la palestre. « Je le vis, je brûlai,
je me sentis atteinte dans l'âme[1]; je ne vis plus la
cérémonie; je ne sais même pas comment je revins
à la maison. Un mal ardent me consumait, et je
restai couchée pendant dix jours et dix nuits. »

Voilà l'amour de Simèthe pour Delphis. Ce n'est
point l'amour pudique et délicat que peuvent ressentir les vierges chrétiennes, qu'elles se reprochent
et qu'elles étouffent; ce n'est pas l'amour ingénieux
et raffiné qui, dans les sociétés modernes, arrive par
la conversation et s'échauffe par la coquetterie : c'est
un amour soudain et violent, qui s'empare de l'âme
tout entière. Les modernes n'ont pas su ou n'ont pas
osé peindre cet amour terrible, irrésistible, qui accable
du même coup l'âme et le corps, et dont la guérison
semble du ressort de la médecine plutôt que du ressort
de la morale. Cet amour effréné touche de trop près
au péché et au vice pour que la littérature ait voulu
le représenter. Ce n'est pas que nous ne trouvions
aussi dans les romans et dans les drames modernes
des amours soudains, imprévus, irrésistibles; mais
la métaphysique s'en mêle. Ce sont des âmes, dit-on,
qui s'étaient connues dans un monde meilleur, et
qui se reconnaissent dans celui-ci; ce sont des

---

[1] Ut vidi, ut perii, ut me malus abstulit error!

(Virgile, églogue VIII.)

Virgile a mis ce vers, qui traduit si bien le vers grec, non dans la
partie de son églogue où Alphésibée raconte comment une bergère
cherche à rappeler Daphnis par ses enchantements, mais dans la partie
où Damon chante son amour pour Nisa qui l'a trahi pour Mopsus. Cela
montre bien qu'il n'a pas voulu lutter avec Théocrite, et qu'il a à dessein
détourné la comparaison.

cœurs prédestinés l'un à l'autre. Quand les ordres du ciel, dit Corneille expliquant cette théorie sentimentale dans *la Suite du Menteur*,

> Quand les ordres du ciel nous ont faits l'un pour l'autre,
> Lise, c'est un accord bientôt fait que le nôtre.
> Sa main entre les cœurs, par un secret pouvoir,
> Sème l'intelligence avant que de se voir ;
> Il prépare si bien l'amant et la maîtresse
> Que leur âme, au seul nom, s'émeut et s'intéresse.
> On s'estime, on se cherche, on s'aime en un moment ;
> Tout ce qu'on s'entredit persuade aisément,
> Et, sans s'inquiéter de mille peurs frivoles,
> La foi semble courir au devant des paroles ;
> La langue en peu de mots en explique beaucoup ;
> Les yeux plus éloquents font tout voir tout d'un coup,
> Et, de quoi qu'à l'envi tous les deux nous instruisent,
> Le cœur en entend plus que tous les deux n'en disent [1].

Une princesse qui avait l'âme fière et l'esprit faux, qui voulut toute sa vie épouser un grand homme et qui finit par épouser un faux héros, la grande Mademoiselle, la cousine germaine de Louis XIV, aimait à répéter ces vers de *la Suite du Menteur*, quand, à quarante-trois ans, elle s'éprit d'amour pour Lauzun et se tourna vers le roman, ne pouvant pas, par quelque mariage royal, entrer dans l'histoire. « Il

---

[1] *La Suite du Menteur*, acte IV, scène 1. — Dans *Rodogune*, nous trouvons la même doctrine pour expliquer les amours soudains et imprévus :

> Il est des nœuds secrets, il est des sympathies,
> Dont par le doux rapport les âmes assorties
> S'attachent l'une à l'autre et se laissent piquer
> Par ces je ne sais quoi qu'on ne peut expliquer.
>
> (Acte I, scène v.)

me semblait, dit-elle dans ses *Mémoires* [1], que rien ne convenait mieux à mon état que ces vers, qui ont un sens moral, lorsqu'on les regarde du côté de Dieu, et qui en ont un galant pour ceux qui sont capables de s'en occuper. » C'était le sens moral que prenait la princesse, parce qu'alors la dévotion se mêlait à tous les autres sentiments, mais surtout parce que le sens moral ne contrariait pas sa passion.

Cette sympathie particulière que les héros et les héroïnes de la pastorale et de la comédie moderne ressentent tout à coup les uns pour les autres, ces reconnaissances merveilleuses de deux âmes qui s'aiment soudainement, tout cela ressemble de très-près à la fièvre d'amour que ressent tout à coup Simèthe à l'aspect de Delphis. Ce que l'antiquité expliquait par l'invincible ascendant de Vénus, et ce que les poëtes modernes ont expliqué par le mystère de je ne sais quelle prédestination amoureuse, est au fond la même chose. Les excuses ont changé par scrupule ; l'instinct est le même, et la métaphysique est venue, au lieu de la mythologie, se placer à côté de la passion pour l'autoriser et pour l'excuser, non pour la gêner ou pour la régler.

L'auteur qui, parmi les modernes, a représenté le plus hardiment ce genre d'amour soudain et irrésistible que peignait volontiers la poésie ancienne, c'est l'abbé Prévost dans l'histoire de Manon Lescaut. Le chevalier des Grieux est pris par la beauté de Manon Lescaut, comme Simèthe par la beauté de Delphis. Il n'y a point là de métaphysique sentimentale, point

<hr>

[1] Édition Michaud, p. 410.

de réflexions sur les *ordres du ciel*, qui ont fait l'un pour l'autre le chevalier des Grieux et Manon Lescaut. L'*accord* cependant n'est pas fait moins promptement pour cela. Je me hâte de dire qu'il ne s'agit pas ici d'un amour grossier ou d'une bonne fortune. L'amour que le chevalier des Grieux prend pour Manon Lescaut et que Manon Lescaut prend pour lui est un amour que je ne puis pas appeler ingénu, parce que la naïveté y manque; mais c'est un amour irrésistible et que rien ne peut affaiblir ni détruire, ni les traverses de la fortune, ni même, chose étrange, les infidélités de Manon Lescaut, qui, par un singulier mélange, a le cœur fidèle et le caractère léger. C'est avec son cœur qu'elle aime des Grieux, et c'est avec son caractère qu'elle le trahit. Mais voyons la première rencontre de Manon Lescaut et du chevalier des Grieux :

« J'étais à Amiens avec un de mes amis, dit le chevalier des Grieux, et, voyant arriver le coche d'Arras, nous le suivîmes jusqu'à l'hôtellerie où ces voitures descendent; nous n'avions pas d'autre motif que la curiosité. Il en sortit quelques femmes qui se retirèrent aussitôt; mais il en resta une fort jeune, qui s'arrêta seule dans la cour, pendant qu'un homme d'un âge avancé, qui paraissait lui servir de conducteur, s'empressait pour faire tirer son équipage des paniers. Elle me parut si charmante que moi, qui n'avais jamais pensé à la différence des sexes, ni regardé une femme avec un peu d'attention, moi, dis-je, dont tout le monde admirait la sagesse et la retenue, je me trouvai enflammé tout d'un coup jusqu'au transport. J'avais le défaut d'être excessivement timide et facile à déconcerter ; mais, loin d'être arrêté alors par cette faiblesse, je m'avançai vers la maîtresse de mon cœur. »

Quelle différence de cadre entre le tableau antique et le tableau moderne ! Mais c'est le même sujet. Nous ne sommes plus ici aux fêtes solennelles de Diane, il n'y a point de bois sacré, point de procession de jeunes canéphores, point de beaux jeunes gens le corps étincelant de l'huile de la palestre. Le coche d'Arras, une hôtellerie d'Amiens, une jeune fille qui attend dans la cour, voilà le lieu et les circonstances de la scène. Mais la beauté de Manon Lescaut enflamme le chevalier des Grieux jusqu'au transport, comme la beauté de Delphis jette Simèthe dans une fièvre d'amour. Ne dédaignons pas, d'ailleurs, dans l'abbé Prévost ces détails familiers et prosaïques. C'est à dessein qu'il a fait ses personnages un peu vulgaires et qu'il n'a guère donné d'éclat à leur rencontre : il a voulu montrer que, pourvu que la passion soit vraie et sincère, peu importe quels sont ceux qui la ressentent ; et c'est pour cela qu'il a pris une fille d'humeur légère, qui manque sans y penser à ses serments, qui trahit l'amour même qu'elle ressent, et qui pourtant nous intéresse, parce que l'amour qu'elle a pour des Grieux est vrai et sincère. Des Grieux lui-même, au lieu de nous intéresser par son irrésistible attachement, nous rebuterait par l'indignité de l'objet de sa passion, si Manon Lescaut n'était pas sincère en son amour. Dites que des Grieux est faible jusqu'à la lâcheté, jusqu'au ridicule : je suis de votre avis ; mais quoi ! il aime et il est aimé. Je ne connais pas de roman où l'amour soit, pour ainsi dire, plus réduit à lui-même. La condition des personnages est obscure; leur vie est misérable et pleine d'expédients honteux; leur caractère est presque méprisable; des Grieux manque de fermeté, et Manon manque d'honneur et d'honnêteté. Mais ils s'aiment sincèrement et ardemment : cela rachète tout; et, quand Manon et des Grieux s'enfuient dans les solitudes de l'Amérique pour échapper à une dernière persécution de la fortune, quand Manon expire de fatigue et de faiblesse, nous pleurons sur elle, toute coupable qu'elle ait pu être, parce qu'au *moment qu'elle expire, elle donne encore des marques d'amour* à son amant, parce qu'elle meurt, comme elle a vécu, dans la sincérité de sa passion, et que cette fidélité suprême de son cœur, que la mort vient consacrer, l'absout à nos yeux de ses fautes, comme elle absout aussi des Grieux de sa passion.

Je reviens à la magie, dont je ne me suis presque point écarté : car l'amour soudain et irrésistible que le chevalier des Grieux a pour Manon ressemble trait pour trait à un enchantement. Trouvant la magie dans l'églogue antique, la pastorale moderne n'a eu garde de négliger cette ressource, qui était aussi fort en usage dans les romans de chevalerie auxquels succédait la pastorale. Aussi n'y a-t-il presque point de pastorale romanesque ou dramatique qui n'ait ses magiciens et ses sorcières. Dans l'*Arcadie* de Sannazar, le vieux berger Enareto est un magicien secourable qui sait toute sorte de secrets utiles aux bergers : il sait guérir les troupeaux malades, les bergers eux-mêmes; il guérit aussi de l'amour. Un jour qu'il dormait au milieu de son troupeau, deux dragons vinrent lui lécher les oreilles : il s'en alla épouvanté; mais, quand parut le jour et que les oiseaux se mirent à chanter, il fut étonné de comprendre leur langage, et ces oiseaux s'entretenaient de secrets merveilleux dont Enareto fit son profit. C'est ainsi qu'il apprit la vertu et la propriété de tous les fleuves, de toutes les sources et de tous les lacs du monde. C'est ainsi qu'il apprit aussi qu'en buvant le sang d'un certain animal (Enareto n'en dit pas le nom), on acquiert l'intelligence du langage des plantes, et, si l'on se trouve sur une montagne, au lever du jour, quand, humides de rosée, les plantes s'ouvrent aux premiers rayons du soleil et remercient le ciel des propriétés qu'il leur a données, alors on apprend toutes ces propriétés merveilleuses, et heureux sont les bergers qui les connaissent! De là la science et la puissance du vieil Enareto. Mais la magie et les magiciens ne sont pas toujours aussi secourables; ils reprennent souvent leur rôle ordinaire, qui est de nuire à ceux qui les invoquent. Les sorciers, en effet, tiennent des démons et aiment à faire le mal. Il est vrai qu'en parlant ainsi, nous faisons, entre la magie et la sorcellerie, entre les magiciens et les sorciers, une confusion impardonnable. Il y a des démons de divers degrés : les uns, tout à fait pervers et méchants; les autres, qui ne sont que capricieux et fantasques. Les sorciers relèvent des plus méchants démons; les magiciens, des moins mauvais. Il y a plus : dans *la Grande Pastorelle*, le magicien Ismène, expliquant la hiérarchie des démons et les divers degrés de la science magique, semble dire qu'il y a des magiciens à qui Dieu soumet les démons : ceux-là sont les bons magiciens. Mais ce qu'enseigne surtout Ismène, c'est qu'il est défendu aux démons de prendre la figure humaine, et la raison qu'il en donne est curieuse et même belle :

> Nul ne saurait prendre humaine figure,
> De défauts veuve et parfaite en nature.
> Ils en ont bien un semblant usité ;
> Mais il y a défectuosité :
> Au lieu de doigts, l'un de griffe s'écorte [1] ;
> Au lieu d'orteils, l'autre des ongles porte ;
> Au lieu de poils, des crins injurieux.....
> Bref, qui d'entr'eux en homme se transforme,
> Pour notre bien, défaut de quelque forme ;
> Car le parfait de ce mystère saint
> Est réservé au seul fils du Dieu craint,
> Qui, pour avoir pris l'humaine nature,
> Défend au diable une chose si pure.....
> Ainsi le Verbe, ayant pris chair, s'oppose
> Qu'un autre esprit fasse la même chose.

L'usage de la magie dura au théâtre jusqu'à Rotrou et même jusqu'à Corneille. Dans *la Bague de l'oubli*, de Rotrou, les personnages, selon qu'ils mettent ou qu'ils ôtent la bague qui fait le titre et le sujet de la pièce, perdent ou retrouvent la raison ; et **de** là mille incidents, tantôt comiques, tantôt tragiques, sans qu'il y ait jamais grand intérêt [2], car on ne s'intéresse guère aux effets de la magie, qui res-

---

[1] S'accompagne, *si scorta* en italien.

[2] Legrand, auteur et comédien, a imité, dans son *Roi de Cocagne*, représenté en 1718, quelques scènes de la *Bague de l'oubli.*

semblent plus à ceux d'une maladie qu'à ceux d'une passion. La passion seule, c'est-à-dire le sentiment d'une âme libre pour le bien comme pour le mal, a droit de nous intéresser; et, s'il y a plus d'intérêt dans *l'Innocente Infidélité*, autre pièce de Rotrou, fondée aussi sur la magie, cela tient à ce que la magie y sert d'occasion au développement des passions et des caractères. Félismond, roi d'Épire, après avoir aimé Hermante, l'abandonne et épouse Parthénie. Hermante, furieuse, invoque la magie, et, grâce à une bague magique qu'elle porte au doigt, elle reprend son ascendant sur le cœur de Félismond; elle le décide même à faire tuer Parthénie, et Félismond, ivre d'amour et d'un amour dont la violence surnaturelle l'étonne, au moment même qu'il y cède, Félismond ordonne à Évandre, un de ses serviteurs, d'aller précipiter Parthénie dans la mer :

> Que ce fatal hymen soit maudit mille fois,

dit Félismond parlant du lien qui l'unit à Parthénie et qui le sépare d'Hermante;

> J'en abhorre le joug, j'en déteste les lois ;
> Toute religion et toute crainte est vaine ;
> Toi seule es mon épouse et toi seule es ma reine.

Heureusement Évandre, en serviteur fidèle, se garde bien d'exécuter l'ordre cruel qu'il a reçu. Il conduit Parthénie dans un château, où il la cache à tous les yeux. C'est là que vit Parthénie, toujours fidèle et toujours dévouée à l'époux qui la persécute. Le caractère de Parthénie rappelle, par sa patience et par sa tendresse, le personnage de Grisélidis : elle ne se permet pas un murmure contre Félismond,

elle l'aime malgré ses injustices, malgré ses infidélités; elle lui pardonne tout, même de ne pas
l'aimer :

> Un si puissant instinct me porte à le chérir,

dit-elle,

> Que, si je lui déplais, il m'est doux de mourir.....
> Ne délibérons pas : ma mort est équitable,
> Et, si je lui déplais, je suis assez coupable.
> Je quitterai le jour sans peine et sans ennui,
> Et la mort me plaira, puisqu'elle vient de lui.
> . . . .
> J'ai déjà trop vécu, puisque je l'importune.

Que d'amour et quelle tristesse amère, quoique
résignée, dans ce dernier vers! Ce n'est pas ici une
patience chrétienne, qui offre à Dieu ses souffrances :
c'est une épouse à la fois passionnée et dévouée, qui
aime et qui consent à n'être pas aimée. Avant tout,
que Félismond soit heureux, dût-il être coupable;
qu'il n'ait pas un chagrin, pas une peine; et même,
si Félismond, reconnaissant plus tard son injustice,
doit pleurer la faute qu'il a commise, Parthénie,
qui préfère à tout le bonheur de Félismond, s'écrie·

> Je crains son repentir, s'il le doit affliger.

Ce pieux et délicat dévouement mérite d'être ré-
compensé. Le fidèle serviteur de Félismond, Évandre,
arrache à Hermante la bague enchantée qui fait sa
puissance, et Félismond cesse aussitôt de l'aimer.
Alors il pleure Parthénie : car Évandre, pour mieux
éprouver son repentir, lui laisse croire qu'il a exécuté
son ordre, et c'est au moment seulement où Félis-

mond, désespéré, veut se tuer sur le catafalque élevé à Parthénie, qu'Évandre fait paraître la reine et la rend à l'amour de Félismond.

Dans *l'Innocente Infidélité*, comme on le voit, la magie est la sujet de la pièce ; mais ce sont les passions des personnages, c'est surtout le caractère de Parthénie qui fait l'intérêt. C'est déjà un commencement de décadence pour la magie, puisqu'elle n'a plus qu'un rôle secondaire. Dans *l'Illusion comique* de Corneille, la décadence est encore plus marquée. La magie, en effet, n'y sert plus que de cadre, et nous ne savons même pas bien, au commencement de la pièce, si Alcandre est, oui ou non, un magicien : on nous le donne en effet pour un homme

> Qui lit dans les pensées,
> Qui connaît l'avenir et les choses passées.
> Rien n'est secret pour lui dans tout cet univers,
> Et pour lui nos destins sont des livres ouverts.

Mais l'art d'Alcandre se borne à montrer à Pridamant le fils qu'il cherche, jouant avec une troupe nomade, tantôt la comédie, tantôt la tragédie ; et, quand au dernier acte, le pauvre père, voyant son fils poignardé par un rival, veut courir à son secours, Alcandre le retient, puis, faisant relever le rideau, lui montre l'assassin et l'assassiné,

> Le traître, le trahi, le mort et le vivant,
> Se trouvant, à la fin, amis comme devant.

Le prétendu enchantement n'a été qu'une représentation théâtrale, et la magie n'est qu'une *illusion comique*. Si la comédie désormais peut faire ce que faisait la magie, la comédie peut se passer de la magie. Aussi, après *l'Illusion comique,* nous ne voyons plus la magie employée au théâtre. Quand il y a encore des magiciens au théâtre, ce sont des amants ou des charlatans qui, sous le nom de magiciens, abusent de la crédulité des pères ou de la sottise des badauds. Les trompeurs remplacent les sorciers, et les dupes remplacent les possédés.

XLIX.

DES AMANTS MALHEUREUX.
ROMÉO ET JULIETTE. — PYRAME ET THISBÉ.
HAGBART ET SYÈNE.

Je viens de parler de ces prédestinations amoureuses qui font que deux âmes s'attachent l'une à
l'autre sans qu'aucun obstacle puisse les séparer.
Souvent même la mort unit ces amants qu'un sentiment irrésistible a entraînés l'un vers l'autre, et qui
se consolent de mourir en songeant qu'ils périssent
ensemble. Ces amours, scellés et consacrés par la
mort, n'appartiennent pas à la pastorale : ils sont de
la tragédie et de l'épopée; mais ils tiennent de l'a-
mour ingénu par leur origine, par la soudaineté de
leur naissance et par ce qu'il y a d'involontaire et
d'instinctif dans leurs mouvements. Je prendrai trois
exemples de ces amours ingénus qui deviennent tragiques sans pour cela changer de nature : Roméo et
Juliette dans la tragédie de Shakspeare et dans la
nouvelle italienne de Luigi da Porto, Pyrame et
Thisbé dans Ovide, Hagbart et Syène dans les chro-
niques septentrionales de Grammaticus Saxo.

Le Roméo de Luigi da Porto était venu au bal
masqué que donnait Antonio Capelleto, malgré la
haine qui divisait les Capelleti et les Montecchi. « Il

portait un habit de femme, et, comme il avait ôté son masque, ainsi que tous ceux qui assistaient au bal, tous les yeux étaient dirigés sur lui, tant pour admirer sa beauté que pour en faire comparaison avec celle des dames. Outre cela, il excitait une curiosité particulière, car chacun s'étonnait de ce qu'un Montecchio était venu au bal d'un Capelleto et surtout à un bal de nuit. Sa présence produisit donc de l'impression sur tout le monde, mais particulièrement sur la fille unique de messire Antonio, le maître de la maison. Cette demoiselle était très-belle ; sa tournure était élégante et ses manières pleines de grâce. En voyant le jeune homme, elle fut tellement frappée de sa beauté que, dès le premier regard que ces deux jeunes gens se lancèrent, la jeune fille s'aperçut qu'elle n'était plus à elle-même [1]. »

Voilà l'amour antique, tel que nous l'avons vu dans Théocrite, c'est-à-dire soudain et irrésistible. Cet amour, qui est une maladie et un malheur, quand il n'est pas payé de retour ou quand il s'attache à un objet indigne, a, au contraire, un charme singulier, quand il est ressenti aussi naïvement par l'amante que par l'amant. Tel est l'amour de Roméo et de Juliette. Selon le goût et la coutume antiques, c'est Juliette qui prévient Roméo et qui lui témoigne la première l'affection qu'elle a pour lui : « Soyez le bienvenu auprès de moi, monsieur Roméo, lui dit-elle quand la danse les rapproche. — Le jeune homme, qui s'était déjà peut-être aperçu de l'intérêt

<hr>

[1] Traduction de la nouvelle de Luigi da Porto, par M. Delécluze, p. 14 et 15, 1827.

qu'on prenait à lui, témoigna cependant quelque
étonnement de ce discours et demanda : Comment
suis-je le bienvenu ? — Oui, le très-bien venu auprès
de moi, reprit-elle, parce qu'au moins vous me ré-
chauffez la main gauche, tandis que Marcuccio me
glace la droite [1]. Roméo prit alors un peu de hardiesse
et dit : Si je réchauffe votre main dans la mienne,
vous enflammez mon cœur avec vos yeux.

« La demoiselle, après avoir laissé échapper un
petit sourire et craignant d'être vue ou que l'on n'entendit ce qui venait d'être dit, ajouta : Je vous jure
sur ma foi, Roméo, qu'il n'y a pas ici une dame dont
la beauté me paraisse égale à la vôtre. — Quel que
soit mon mérite, Mademoiselle, répondit le jeune
homme, je serai toujours, si cela ne vous déplaît pas,
votre fidèle serviteur. — La fête terminée, Roméo re-
tourna chez lui, et là il résolut de se laisser aller à
l'amour que lui inspirait Juliette, bien qu'il sût qu'elle
descendait d'une famille ennemie de la sienne, et
que, d'ailleurs, il ne fût pas encore bien certain
qu'elle partageât ses sentiments. De son côté, la demoiselle ne pensa guère à autre chose qu'à Roméo ;
aussi, après avoir bien réfléchi, bien soupiré, elle
s'affermit dans l'idée qu'elle ne serait vraiment heureuse que si elle pouvait l'obtenir pour époux [2]. »

Pourquoi, dans la poésie antique et dans la nouvelle italienne, qui ici se rapproche tout à fait de la
poésie antique, pourquoi les femmes aiment-elles

---

[1] Le cavalier de droite, Marcuccio, était connu pour avoir les mains
aussi froides au mois de juillet qu'au mois de janvier.

[2] Même traduction, p. 17, 18, 19 et 20.

avant d'être aimées? pourquoi ressentent-elles la passion avant de l'inspirer? et pourquoi, dans la poésie et dans le roman modernes, est-ce le contraire? Didon aime Énée avant que nous sachions si elle est aimée, et même on peut douter qu'elle l'ait jamais été. Médée aime Jason avant aussi d'être aimée par Jason [1]. Est-ce que les héroïnes de l'amour antique ressentaient moins la pudeur que les héroïnes de l'amour moderne? ou bien, est-ce que les poëtes et les romanciers modernes sont plus polis et plus réservés dans la peinture qu'ils font des sentiments de la femme? Les mœurs de l'antiquité peuvent expliquer pourquoi, dans la poésie antique, la femme manque de cette réserve de sentiments, et surtout de paroles, qui est sa règle dans les temps modernes. Renfermées dans le gynécée et ne se mêlant jamais à la société des hommes, qui eux-mêmes trouvaient de quoi aimer ailleurs, il fallait que les femmes, quand l'amour s'emparait de leur cœur, fissent elles-mêmes l'aveu de leur passion; il fallait qu'elles révélassent elles-mêmes leur secret, sous peine de le laisser toujours ignorer. On a souvent remarqué que les princesses, quand elles aiment quelqu'un qui n'est pas de leur rang, sont forcées de faire les premiers aveux, parce que personne n'oserait les leur faire. Les femmes de l'antiquité sont renfermées dans le gynécée comme les princesses dans leur rang, et, quand elles aiment,

---

[1] Concipit interea validos Æetias ignes;
Et luctata diu, postquam ratione furorem
Vincere non poterat : Frustra, Medea, repugnas..

(*Métam.* d'Ovide, liv. VII.)

il faut aussi qu'elles le disent, car personne n'oserait venir le leur demander. Moins la femme est libre par les lois ou par les mœurs, plus elle le devient par la passion, quand elle s'y livre. Aussi les femmes à qui leur passion a fait une histoire dans l'antiquité ont été forcées d'oublier, du même coup, les premières et les dernières bienséances de leur sexe. Pour être aimées, elles ont été forcées de dire qu'elles aimaient ; et de là l'habitude qu'a prise la poésie antique de montrer ses héroïnes faisant les premiers aveux d'amour.

Dans Shakspeare, qui est tout à fait un moderne, Roméo aime Juliette et le lui dit le premier. Peu importe qu'il le lui dise avec l'affectation de la galanterie à la mode : la galanterie ne suppose pas toujours l'amour ; mais elle ne l'exclut pas toujours non plus [1]. Dans *Roméo et Juliette*, le langage des deux amants tombe souvent dans l'amphigouri ; mais ils sentent avec naïveté ce qu'ils expriment avec affectation. Ils relèvent de leur temps pour la parole ; mais ils ne relèvent que d'eux-mêmes et de leur âme pour les sentiments. A prendre ce qu'ils disent, c'est une idylle de bal et de salon ; à prendre ce qu'ils ressentent, c'est la peinture la plus gracieuse à la fois et la plus vive de l'amour ingénu.

---

[1] Roméo s'approchant de Juliette : « Si avec mon indigne main je profane cette sainte châsse, que ma douce pénitence soit celle-ci : mes lèvres, deux pèlerins rouges de honte, sont prêtes à adoucir ce rude attouchement avec un tendre baiser. » — Juliette répond dans le même style : « Bon pèlerin, vous faites injure à votre main, qui a montré, par son action, une véritable dévotion ; car les saints ont des mains que celles des pèlerins touchent, et mettre la main dans la main est le saint baiser des pèlerins. »

C'est même sous cette forme que les deux héros sont restés gravés dans notre imagination. Partout où deux âmes jeunes et pures s'éprennent d'amour l'une pour l'autre, si elles ont quelque goût et quelque culture d'esprit, elles pensent à Roméo et à Juliette; si elles sont sans études et sans lettres, elles font mieux que d'y penser, elles les rénouvellent. Je lisais dernièrement, dans un roman anglais [1], l'histoire d'une jeune fille qui se prend d'amour pour un gentilhomme français. Comment Gertrude Lifford s'avoue-t-elle l'amour qu'elle a pour Adrien d'Arberg? « Elle prit le livre de Luigi da Porto, le roman de Roméo et Juliette, courut s'asseoir sous les grands arbres du parc, et, quand elle lut ce beau salut, ce cri admirable de l'amour à la première vue : *Benedetto sia la vostra venuta qui presso me, messer Romeo!* elle laissa tomber le volume sur ses genoux. »

Quoique la Juliette de Shakspeare ne parle pas la première à Roméo, elle n'en est pas moins subitement frappée d'amour comme les héroïnes antiques, et, quand elle est seule, le secret de son amour lui échappe, non dans un monologue, non dans une confidence à sa nourrice, mais dans une scène charmante, où Juliette dit tout sans avoir l'air de rien dire. Le bal est fini; tous les cavaliers sortent; Juliette et sa nourrice sont à la fenêtre.

JULIETTE. — « Viens ici, nourrice. Quel est ce gentilhomme?

---

[1] *Lady Bird*, par lady Georgiana Fullerton, roman charmant et touchant, tout à fait digne d'*Hélène Midleton*, le premier roman de l'auteur.

La nourrice. — « C'est le fils et l'héritier du vieux Tibério.

Juliette. — « Et celui-là qui sort de la porte?

La nourrice. — « C'est, je crois, le jeune Pétrucchio.

Juliette. — « Quel est l'autre qui vient après, celui qui n'a pas voulu danser?

La nourrice. — « Je ne le connais pas.

Juliette. — « Va vite pour savoir son nom. (*A part.*) S'il est marié, mon tombeau sera mon lit de noces.

La nourrice, *revenant.* — « Il s'appelle Roméo : c'est un Montaigu, le fils unique de notre grand ennemi.

Juliette. — « Mon unique amour est donc né de ma haine unique. Je l'ai vu trop tôt sans le connaître, ou je l'ai connu trop tard. Étrange naissance de mon amour, puisque je dois aimer un ennemi détesté!

La nourrice. — « Qu'est-ce que vous dites? qu'est-ce que vous dites?

Juliette. — « Un vers que j'ai appris de quelqu'un avec qui je viens de danser. »

Laissons, encore un coup, de côté les concetti qui sont de la mode et qui ne peuvent pas gâter le fond des sentiments, quel aveu ou plutôt quel serment d'amour Juliette se fait à elle-même! comme nous comprenons bien que désormais, entre Roméo et elle, c'est à la vie et à la mort! Cet amour simple et irrésistible ne peut plus finir désormais que par l'union des deux amants ou par leur mort commune. Il semble même qu'ils veuillent nous familiariser d'avance avec le dénoûment. Voyez, dans la scène des adieux, quand Juliette retient encore Roméo, et que, malgré l'orient qui se colore, malgré la mort qui menace Roméo et Juliette elle-même, s'ils sont trouvés ensemble, elle lui dit qu'il n'est pas encore jour; voyez ce que répond Roméo :

« Qu'on m'arrête, qu'on me mette à mort, je suis content! Si tu le veux ainsi, je dirai : ce je ne sais quoi de grisâtre n'est pas l'œil du matin; ce n'est que le pâle reflet du front de Cynthie; non, ce n'est pas l'alouette, dont la voix bat la voûte du ciel si haut sur nos têtes. J'ai plus envie de demeurer ici que d'en partir. Viens donc, ô mort! tu seras la bienvenue. Juliette le veut ainsi. Qu'en dis-tu, ma chère âme? causons, il n'est pas jour.

JULIETTE. — « C'est le jour, c'est le jour! pars d'ici, va-t'en, fuis! C'est bien l'alouette qui chante si faux, poussant des sons durs et discords [1].

[1] Je mets en note les jeux de mots que Juliette fait ensuite.

« Il y en a qui disent que l'alouette fait de douces *séparations* (terme « de musique comme *un point d'orgue*); mais il n'en est pas de même « de celle-ci : car elle nous sépare. On prétend aussi que l'alouette et le « vilain crapaud ont changé d'yeux. Oh! que je voudrais aussi qu'ils eus- « sent changé de voix, puisque cette voix (celle de l'alouette) nous ar- « rache des bras l'un de l'autre, te chassant d'ici dès le petit jour avec un « *hunts-up* » (autre jeu de mots sur *hunts-up*, qui signifie *cri de ré- veil* pour les chasseurs et *chanson* pour les nouveaux mariés).

M. Delécluze, de la traduction duquel je me suis servi dans les cita- tations qu'on a lues, fait, sur le style de Shakspeare, une observation ingénieuse et juste. « Désirant donner, autant que cela est possible dans « une traduction, une idée de la phraséologie de Shakspeare, j'ai, dit « M. Delécluze, traduit littéralement. Ses interprètes tombent ordinaire- « ment dans une grande faute : ils substituent presque toujours le sens « positif au sens figuré de ses phrases, ce qui les rend habituellement

Roméo. — « Adieu ! adieu ! un baiser ! je vais descendre. '

Juliette. — « Ainsi donc, tu t'en vas, mon amour, mon seigneur, mon ami ! Il me faut de tes nouvelles à chaque heure de chaque jour ; car dans une minute il y a plusieurs jours. Oh ! à ce compte, qu'il va s'écouler d'années avant que je revoie mon Roméo !

Roméo. — « Adieu ! je ne négligerai aucune occasion, mon amour, de te faire connaître ma tendresse.

Juliette. — « Penses-tu que nous nous reverrons encore ?

Roméo. — « Je n'en doute pas, et tous les chagrins de ce moment serviront de sujet aux douces conversations que nous aurons un jour ensemble.

Juliette. — « Oh Dieu ! j'ai une âme qui pressent le malheur. Maintenant que je te vois là-bas, tu me fais l'effet d'un mort dans la tombe. Ou mes yeux me trompent, ou tu es bien pâle.

Roméo. — « Et toi aussi, mon amour, tu me parais de même. »

Il y a dans ces adieux un peu de mélancolie septentrionale, un peu de ce goût de la mort que j'ai signalé dans la littérature anglaise '; mais ces tristes pressentiments, qui nous préparent à la catastrophe, sont en même temps les gages de l'amour ardent et immuable qui fait la destinée de Roméo et de Juliette, et qui les attache l'un à l'autre pour vivre ou pour mourir.

« plates et inintelligibles. Les jeux de mots sur les baisers, sur les pèlerins et sur l'alouette, ne sont certainement pas de bon goût; mais enfin l'auteur, avec tout cela, arrive à son but. »

' 1er vol. du *Cours de Littérature dramatique.*

Cette scène des adieux, dans *Roméo et Juliette,*
finit l'idylle et commence la tragédie. Il nous semble
naturel, après tout, ayant vu de quel amour s'aimaient Roméo et Juliette, qu'ils meurent sur la
tombe l'un de l'autre, victimes, comme Pyrame et
Thisbé, d'une fatale erreur. Qui de nous pourrait se
résigner à voir Roméo survivre à Juliette, ou Juliette
à Roméo? Non qu'il n'y ait dans le monde beaucoup
d'amants voulant vivre et mourir ensemble, qui vivent et meurent étrangers l'un à l'autre : l'expérience de la vie nous enseigne l'instabilité de l'a-
mour plutôt que sa constance; mais dans la poésie
nous ne cherchons pas l'expérience, nous cherchons
l'idéal, et ce qui répond à notre idéal de l'amour,
c'est la vie et la mort communes de Roméo et Juliette, de Pyrame et Thisbé, de tous ces amants enfin
que le sort a unis dans la mort pour les consoler de
ne pouvoir être unis dans la vie.

Il y a, dans ces aventures d'amour, deux moment,
où éclate surtout la tendresse des amants : le moment où leur amour commence et le moment où, près
de mourir ensemble, ils l'expriment une dernière fois.
Nous avons vu, dans le *Roméo et Juliette* de Luigi
da Porto et de Shakspeare, les commencements de
l'amour et combien ils ont de grâce et de soudaineté. Voyons maintenant, non plus dans *Roméo et Juliette,* mais dans les autres histoires du même genre,
le dernier moment de cet amour, combien il est touchant et comment l'amertume de perdre la vie, si
belle aux jeunes gens et aux amoureux, s'adoucit par
l'idée de ne point survivre l'un à l'autre. Dans la
langue des amoureux, après ce mot : *Nous vivrons*

ensemble, il n'y en a pas de plus doux et de plus en
usage que cet autre : *Nous mourrons ensemble*. L'idée
d'union est si nécessaire à l'amour que, lorsqu'il ne
peut pas placer cette idée dans la vie, il la place,
faute de mieux, dans la mort, protestant ainsi toujours contre l'idée de la séparation.

L'histoire de Pyrame et de Thisbé est une des plus
touchantes aventures d'amour que l'antiquité nous
ait conservées. Ovide, qui est le premier et le seul
qui l'ait racontée, ne vise pas en général à l'émotion :
c'est un conteur ingénieux et charmant, qui, par la
nature même de son poëme, s'attache aux choses plutôt qu'aux sentiments, à la curiosité du récit plutôt
qu'à la peinture du cœur humain. Cependant, dans son
histoire de Pyrame et Thisbé, comme il rencontrait
naturellement l'émotion, il ne l'a point dédaignée.
Les maisons du père de Pyrame et du père de Thisbé
se touchaient, dit le poëte, et de plus, soit faveur
de l'amour, soit effet du temps, le mur était fendu :

> Fente étroite, il est vrai, cachée à tous les yeux,
> Hors à nos deux amants, et qui pour leur usage,
> Secrète comme elle est, n'en vaut que davantage.
> C'est par là qu'ils causaient, par là que chaque jour
> Passaient les doux propos et les serments d'amour;
> Là que se rencontraient leurs brûlantes haleines,
> Seul adoucissement qui consolât leurs peines.
> Mur jaloux, maudit mur, disaient-ils quelquefois,
> Qui ne laisse passer que le son de la voix,
> Qui gêne nos plaisirs! Coûtait-il davantage
> D'ouvrir à nos amours un plus libre passage?
> Ou, si c'est trop vouloir, au moins pour ce baiser
> Tu devrais consentir à le laisser passer [1].

[1] Voici les vers d'Ovide :

Pyrame et Thisbé nous intéressent moins par leurs amours que Roméo et Juliette, parce qu'Ovide, selon l'habitude qu'il a, dans ses *Métamorphoses*, de s'attacher aux récits plus qu'aux sentiments, ne s'est point inquiété de nous peindre ces amours; cependant ils ne sont pas moins dévoués l'un à l'autre. Aussitôt que Pyrame croit que Thisbé a péri victime de la lionne, il est décidé à mourir : « Cette nuit, s'écrie-t-il, nous verra mourir tous deux. Hélas! c'était toi, Thisbé, qui méritais de vivre! c'est moi qui suis coupable, c'est moi qui ai causé ta mort, moi qui t'ai fait venir la nuit dans ces lieux pleins d'effroi et qui n'y suis pas arrivé le premier pour te protéger et te défendre!.... » Alors il prend le voile de Thisbé et le porte sous l'arbre qu'ils avaient marqué pour leur rendez-vous. Il baise l'arbre, il baise le voile de son amante. « Maintenant, voile cher et sacré, sois teint aussi de mon sang! » Et il plonge son épée dans son sein..... Cependant Thisbé, trem-

Id vitium nulli per secula longa notatum,
(Quid non sentit amor?) primi sensistis amantes
Et voci fecistis iter; tutæque per illud
Murmure blanditiæ minimo transire solebant.
Sæpe ut constiterant, hinc Thisbe, Pyramus illinc;
Inque vicem fuerat captatus anhelitus oris;
« Invide, dicebant, paries, quid amantibus obstas?
Quantum erat, ut sineres nos toto corpore jungi!
Aut hoc si nimium, vel ad oscula danda pateres!
Nec sumus ingrati : tibi nos debere fatemur,
Quod datus est verbis ad amicas transitus aures. »
Talia diversa nequicquam sede locuti,
Sub noctem dixere : Vale; partique dedere
Oscula quisque suæ, non pervenientia contra.

(Métamorphoses, liv. IV.)

blante encore et craignant de faire attendre son
amant, revient au rendez-vous ; elle cherche le jeune
homme des yeux et de la pensée, et brûle de lui
raconter tous les périls qu'elle a évités. Elle arrive...
elle voit un corps ensanglanté qui palpite à terre ;
elle recule elle pâlit, elle tressaille ; mais bientôt,
reconnaissant son amant...., « Pyrame, s'écrie-t-
elle, quel coup t'a ravi à mon amour ? Pyrame, réponds-moi ! C'est moi, c'est Thisbé que tu aimes,
c'est moi qui t'appelles ! entends-moi, tourne-toi
vers moi ! » Au nom de Thisbé, Pyrame leva ses
yeux déjà appesantis par la mort, la vit et les re-
ferma pour toujours.

Thisbé aperçut alors son voile que tenaient encore
les mains glacées de Pyrame, le fourreau vide et l'é-
pée sanglante : elle comprit tout. « Ah ! malheureux,
dit-elle, l'amour que tu avais pour moi t'a fait périr. Va, mon bras sera aussi courageux que le tien,
et mon amour ne craindra pas la mort plus que n'a
fait le tien. Je te suivrai dans le tombeau, et je serai
à la fois la cause et la compagne de ta mort. Hélas !
il n'y avait que la mort qui pût nous séparer, et la
mort même ne nous séparera pas. »

Nous laissons volontiers de côté, pour Ovide
comme pour Shakspeare, les affectations et les raffinements de langage ; nous nous attachons seulement
au fond, qui est aussi touchant dans *Pyrame et
Thisbé* que dans *Roméo et Juliette*, car la ressemblance entre les deux histoires est frappante : deux
amants enlevés l'un à l'autre au moment où ils vont
se réunir ; la plus douce des joies troublée et détruite
par le plus affreux malheur ; et enfin ce qui, dans les

deux histoires, adoucit l'émotion, la consolation qu'ont les deux amants de mourir ensemble. La mort qui pouvait seule les séparer ne les sépare même pas :

> . . . . . Quique a me morte revelli,
> Heu ! sola poteras, poteris nec morte revelli[1].

Dans le Tasse, quand Olinde et Sophronie sont attachés sur le même bûcher, l'idée de mourir avec Sophronie adoucit aussi la mort pour Olinde : « Le destin, dit Olinde, nous réunit dans la mort, cruellement, mais je le remercie ; et, puisque tu devais mourir, je suis heureux d'être le compagnon de ta mort, ne le pouvant être de ta vie. Je pleure sur toi, mais non sur moi, puisque je meurs à tes côtés. » Partout et toujours, l'idée de mourir ensemble est la grande tentation de l'amour malheureux, ou sa consolation. Les plus cultivés se rencontrent dans ce sentiment avec les plus grossiers, les plus civilisés avec les plus barbares, Roméo et Juliette, Olinde et Sophronie, avec Hagbart et Syène, deux héros de l'amour en Scandinavie, dont les mœurs sont rudes et sauvages, mais dont le cœur ressent, comme les plus élégants, tout ce que l'amour a de délicat et de dévoué.

Hagbart (Hebert) avait épousé secrètement la belle Syène, fille de Sigar[2] ; mais, comme Sigar était irrité contre lui à cause de la mort de ses deux fils, Hagbart n'osait pas entrer dans le palais. Cependant il résolut de pénétrer jusqu'à la belle Syène ; il prit des

---

[1] Ovide, *Ibid.*

[2] OEhlenschlager a fait une tragédie sur ce sujet ; mais je suis le récit du vieux chroniqueur du Nord, Grammaticus Saxo.

vêtements de femme, et, se faisant passer pour une
des amazones que le roi de Suède Hacon avait à
sa cour, il dit qu'il apportait un message au roi
Sigar. La nuit venue, il se retira dans les apparte-
ments destinés aux femmes de la suite de Syène, et
les servantes vinrent lui laver les pieds : Pourquoi
avez-vous, lui demandèrent-elles, les jambes si ve-
lues et les mains si rudes?—Comment vous étonnez-
vous, répondit-il, de voir la plante de mes pieds si
endurcie, moi qui cours tantôt dans les forêts et tantôt sur le sable de la mer? Ces mains habituées à
manier des épées sanglantes ne peuvent point avoir
la douceur des vôtres, qui ne connaissent que la fatigue du fuseau.

Syène avait reconnu son époux ; elle confirma ses
paroles : Des mains habituées aux armes doivent
être endurcies. L'amazone du roi Hacon n'est pas
une servante destinée aux ouvrages de la maison :
c'est une guerrière qui lance les traits et manie la
hache. — Sous prétexte de faire honneur à l'ambas-
sadrice du roi de Suède, Syène la fit rester dans son
appartement. Amie, disait Hagbart, si ton père
me surprend et me tue, oublieras-tu la foi de nos
amours après ma mort? —Et Syène lui disait : Ami,
je te le jure, je mourrai avec toi, si tu meurs. Moi,
abandonner jamais celui que j'ai jugé digne de mon
amour et qui a eu mes premières tendresses !

Ces paroles augmentaient le bonheur d'Hagbart;
mais les servantes avaient trahi son secret : les sa-
tellites de Sigar accourent; il se défend et en tue
plusieurs sur le seuil de la porte de Syène; enfin
il est forcé de céder au nombre. On le mène

devant l'assemblée du peuple : il est condamné à mourir.

Hagbart était sur la potence. Il eut soif : Qu'on lui donne à boire dans ce vase de corne, dit la reine en le menaçant. C'était un breuvage amer : Bois, disait-elle, insolent Hagbart ; bois, c'est la dernière fois que tes lèvres toucheront une coupe ; c'est ton breuvage de mort, tu vas tomber dans les enfers, et ton corps restera attaché au gibet.

Le jeune homme prit la coupe d'une main ferme. Ma main, dit-il, saura bien tenir la coupe sans trembler, cette main, reine, qui a tué tes deux fils. Ah ! je ne descends pas sans vengeance chez les morts. J'ai envoyé tes fils m'y annoncer. Va, malheureuse mère qui n'as plus d'enfants, ta colère me fait pitié ; car il n'y a ni heure, ni moment, pas même celui de ma mort, qui te rendra ce que tu as perdu !

En disant ces mots, il jeta la coupe, dont la liqueur rejaillit sur le visage de la reine.

Cependant Syène demandait à ses femmes si elles voulaient partager son sort : elles répondirent qu'elles feraient tout ce que voudrait leur maîtresse. Alors Syène leur dit en versant des larmes qu'elle était résolue à ne pas survivre à la mort de celui qu'elle avait aimé ; puis, elle ordonna à une de ses femmes de monter sur la tour et de regarder si Hagbart ne faisait pas quelque signal. En même temps, elle fait entasser du bois sec dans le palais et préparer des voiles en forme de lacets pour s'étrangler. Les femmes suspendent ces lacets à des poutres, prêtes, au signal donné, à monter sur des bancs, à passer leur tête dans le nœud, à repousser le banc

qui les soutenait et à se pendre avec leur maîtresse.
En attendant, Syène fait servir des coupes pleines de
vin, afin de chasser par l'ivresse l'effroi de la mort ;
toutes burent le vin de leurs coupes, Syène ex-
ceptée.

Gardes, dit Hagbart, suspendez, je vous prie, mon
manteau de guerre à cet arbre devant moi ; laissez-le
flotter au vent : cette vue m'adoucira la mort. Les
gardes y consentent et suspendent le manteau d'Hagbart. La femme qui était en sentinelle au haut de la
tour avertit Syène. C'est le signal, mes filles, s'écrie
Syène. Aussitôt le feu est mis au palais, et toutes, re-
poussant le banc qui les soutenait, se pendent avec
leur maîtresse.

Hagbart vit la flamme s'élever du palais ; elle
montait du côté de la chambre de Syène, de cette
chambre qui lui était connue. Ma maîtresse m'est
fidèle ! s'écria-t-il. Hâtez-vous donc, gardes ! Lancez-
moi dans les airs ! faites-moi flotter comme mon
manteau ! O Syène ! il m'est doux de mourir avec
toi ! Je vois, je vois la flamme ! J'entends l'incendie
qui pétille ; cette flamme révèle notre union. Tu me
l'avais promis, et tu m'as été fidèle : tu m'as accompagné dans la vie et dans la mort. Qui peut nous
séparer désormais ? Syène, tu n'auras jamais été
qu'à moi, et nous ne nous quitterons plus !

Le bourreau se hâta, et Hagbart périt ; mais sa
mémoire et celle de Syène se sont conservées, et
leurs noms sont invoqués dans le Nord par les jeunes
gens et par les jeunes filles qui s'aiment d'un amour
ferme et sincère.

Pourquoi cette mort paraît-elle plus douloureuse, sinon plus touchante, que l'aventure d'Olinde et de Sophronie? Je plains les deux amants du Tasse; mais enfin ils meurent ensemble, ils se parlent, ils se consolent. Je compatis à la douleur d'Olinde, qui regrette de ne pas pouvoir exhaler son âme sur les lèvres de Sophronie; mais il le lui dit, et c'est déjà un grand adoucissement à ses peines. Hagbart et Syène ne meurent pas ensemble, leurs derniers regards ne se rencontrent pas. Un manteau suspendu et qui flotte dans les airs, la flamme qui s'élève du côté de cette chambre qui leur est si connue, voilà la seule communication, voilà le seul entretien entre les deux amants à leur dernier soupir; mais ce muet entretien touche plus que des paroles. Comme Syène attend ce signal suprême, qui doit lui dire la mort de son amant! Montez à la tour, dit-elle; regardez! — Je vois un manteau de guerre qui flotte aux branches d'un arbre. — C'est la mort d'Hagbart! Et aussitôt commence le terrible suicide de Syène et de ses femmes. La flamme se répand, court dans la chambre, dévore le lit nuptial et cherche à se faire jour au dehors. Cependant Hagbart attend, l'œil fixe, immobile. La flamme! la flamme! quand brillera la flamme du bûcher de sa maîtresse? mourra-t-il donc seul? Encore un instant, par grâce, par pitié, laissez-moi voir encore le ciel! je n'y vois point la lumière que j'attends! un seul instant, je vous en supplie! — Et les bourreaux se disaient sans doute : Voilà donc le brave Hagbart! comme il tremble! comme il supplie! Voilà de nos guerriers, intrépides dans le combat, pâles et blêmes devant nous! —

Tout à coup la flamme étincelle comme un flambeau d'byménée, et Hagbart se livre aux bourreaux. Il est impatient de mourir: il a vu au ciel la lumière qu'il attendait.

DE LA PASTORALE DANS SEGRAIS, MADAME DES HOULIÈRES ET FONTENELLE.

———

Bannie du théâtre à mesure que la tragédie et la comédie se perfectionnaient sous la main de Corneille et de Molière, la pastorale reprit sa forme ancienne et redevint l'idylle antique; mais elle ne reprit pas la diversité charmante qu'elle avait dans Théocrite surtout, et elle resta seulement consacrée à l'amour.

Segrais, qui regrettait la variété et la simplicité antiques, aurait bien voulu être moins galant et plus champêtre; mais quoi! il fallait plaire aux dames et aux gens de la cour: « Je leur ai fait, dit-il, un sacrifice volontaire de mes propres sentiments, car j'avoue que, de moi-même, je me porterais plus volontiers à une entière imitation de l'antiquité. »

Vivant à la cour de la grande Mademoiselle, dans une société qui tenait beaucoup de la politesse et des raffinements de l'hôtel de Rambouillet, il faut savoir gré à Segrais de n'avoir pas plus cédé qu'il ne l'a fait à l'ascendant de la galanterie moderne. Deux choses, outre son bon sens, l'ont défendu de

la contagion : son amour de l'antiquité et son admiration pour Malherbe. Imitateur des anciens, il se
rapproche, autant qu'il peut, de cette heureuse ingénuité qui fait la grâce de la poésie antique, et il
devient simple à force d'imiter Théocrite et Virgile.
En même temps, Segrais est un poëte de l'école de
Malherbe, auquel il avait voué une sorte de culte et
consacré une statue dans la maison qu'il habitait à
Caen. Sa poésie a la *vraie cadence* française, celle
que *Malherbe fit sentir le premier*; et non-seulement
il a la cadence française, mais il a le goût français,
et il dédaigne fort « le brillant des fausses pointes et
des fausses figures, » comme il le dit encore dans sa
préface, c'est-à-dire le clinquant de la pastorale italienne ou espagnole.

La cour de la grande Mademoiselle doit avoir son
coin dans l'histoire de la littérature au commencement du règne de Louis XIV. Mademoiselle avait le
goût du grand et de l'honnête; mais elle n'avait pas
l'esprit juste, et c'est là ce qui lui fit prendre, dans
la Fronde, l'aventure pour l'histoire; dans Lauzun,
le capitan et le roué pour le héros; enfin, la galanterie
pastorale de l'*Astrée* pour l'amour ingénu de l'âge
d'or. Ce côté des opinions de la grande Mademoiselle est moins connu que la part qu'elle prit à la
Fronde; mais il n'est pas moins curieux.

L'*Astrée* était un des romans dont le souvenir revenait le plus fréquemment dans les conversations
de la petite cour de Saint-Fargeau [1], telles que nous
les trouvons dans les prologues et dans les épilogues

---

des *Nouvelles* de Segrais [1], et je ne m'en plaindrais
pas, puisque j'aime fort l'*Astrée*, si ce que la princesse
Aurélie et ses dames aimaient dans l'*Astrée* n'était pas
précisément ce qu'il y a de faux, c'est-à-dire la bergerie
factice et sentimentale. Elles adorent les bergers du
Lignon : « Eh, laquelle de nous, dit assez gaiement
Sillerite, a jamais lu l'*Astrée*, qui n'ait été toute
prête d'acheter un troupeau, de prendre une houlette et de s'aller établir en forêts [2] ? » Gélonide, il est
vrai, trouve qu'il n'y a pas de plus beau printemps
que celui qu'on voit « dans les beaux jardins des Tui-
leries ou du Luxembourg [3] ; » parce que, dans ces
beaux jardins, « on gémit, on soupire d'amour, tout
comme dans les champs pour le moins. » Mais ne
nous y trompons pas : la vie champêtre que vante
Sillerite, ce n'est pas la vie des chaumières, c'est la
vie de château, et du château de Saint-Fargeau,
c'est-à-dire de la cour de la plus riche princesse de
l'Europe. « Maintenons-nous, dit Sillerite en finissant, dans un état si heureux le plus longtemps qu'il
nous sera possible, ou du moins conservons-en l'idée
tant que nous vivrons, et confessons toutes que qui
voudrait s'établir une vie parfaitement heureuse, il lui
faudrait être à la campagne, comme nous y sommes,
détaché de toute ambition, libre de toutes inquiétudes et dans une société comme la nôtre [4]. »

---

[1] Je ne veux pas examiner ici en détail les *Nouvelles* de Segrais. Je
parlerai de la plus intéressante, intitulée *Floridon*, quand, à propos du
Bajazet de Racine, j'étudierai la manière dont l'amour oriental a été
représenté au dix-septième siècle, au dix huitième et de nos jours.

[2] *Nouvelles* de Segrais, tome II, p. 326.

[3] Page 311.

[4] Page 327.

Cette vie de château, qui suffit aux goûts champêtres de Sillerite, ne suffisait pas à l'imagination ardente de la princesse Aurélie ou plutôt de Mademoiselle. Elle rêvait un plan d'association champêtre, une académie pastorale : « Je voudrais,— écrit-elle à Mme de Motteville, qui était une des femmes les plus spirituelles et les plus sensées de cette petite cour, — je voudrais qu'on allât garder les troupeaux de moutons dans nos belles prairies, qu'on eût des houlettes et des capelines, qu'on dînât sur l'herbe verte de mets rustiques et convenables aux bergers, et qu'on imitât quelquefois ce qu'on a lu dans l'*Astrée*, sans toutefois faire l'amour, car cela ne me plaît point, en quelque habit que ce soit. Lorsqu'on serait revêtu de celui de berger, je ne désapprouverais pas qu'on tirât les vaches, ni que l'on fît des fromages et des gâteaux, puisqu'il faut manger et que je ne prétends pas que le plan de notre vie soit fabuleux, comme il est en ces romans où l'on observe un jeûne perpétuel et une si sévère abstinence. Je voudrais, au contraire, qu'on pût n'avoir rien de mortel que le manger. » Mme de Motteville, en personne de cour, commence, dans sa réponse, par louer beaucoup la vie pastorale que la princesse veut mener; mais elle remarque gaiement que, dans cette vie pastorale, la princesse « a introduit des calèches et des carrosses, et qu'elle ne veut garder les brebis que par divertissement [1]. » Mme de Motteville ne souhaite pas tant de magnificence : elle ne veut qu'une petite cabane avec le seul nécessaire. Ce né-

----

[1] *Ibid.*, page 168.

cessaire, il est vrai, est loin d'être celui des véritables bergers, car elle désire que chaque cabane ait un cabinet rempli de livres.

Il y a un point surtout où Mme de Motteville diffère de Mademoiselle : « C'est avec grande raison, lui dit-elle, que vous avez banni la galanterie du commerce de vos bergers, pour y établir seulement le plaisir de la conversation, qui est assurément le seul estimable parmi les honnêtes gens ; mais j'ai grand'peur que cette loi si sage et si nécessaire ne fût mal observée, et, comme en cela vous seriez contrainte d'y apporter du remède, je pense qu'enfin vous vous trouveriez obligée de permettre cette erreur si commune, qu'une vieille coutume a rendue légitime et qui s'appelle mariage [1]. » Ce point du mariage choque Mademoiselle, et elle dit tout net à Mme de Motteville qu'elle devrait être honteuse d'avoir proposé cette loi tyrannique du mariage : « Car ce qui a donné la supériorité aux hommes a été le mariage, et ce qui nous a fait nommer le sexe fragile a été cette dépendance où le sexe masculin nous a assujetties, souvent contre notre volonté et par des raisons de famille dont nous avons été les victimes. Enfin tirons-nous de l'esclavage ; qu'il y ait un coin du monde où l'on puisse dire que les femmes sont maîtresses d'elles-mêmes et qu'elles n'ont pas tous les défauts qu'on leur attribue, et célébrons-nous dans les siècles à venir par une vie qui nous fasse vivre éternellement [2]. »

Mademoiselle, comme on le voit, vise à l'indépen-

---

[1] *Ibid.*, p. 165.
[2] Page 174.

dance des femmes et veut abolir le mariage, qui a toujours pour ennemies, parmi les femmes, celles qui s'en privent et celles qui s'en passent. Mademoiselle, dans sa bergerie romanesque, permet tout au plus la galanterie honnête, la *galanterie générale et sans objet*[1]. A cette galanterie, qui ne sera pas sans danger, quoiqu'on la veuille sans objet, Mme de Motteville persiste à préférer le mariage, qu'elle défend de la façon la plus piquante contre la pruderie romanesque de Mademoiselle : « Vous voulez des hommes, lui dit-elle, dans votre État, et vous ne voulez pas vous souvenir que leur corruption pourra se commuquer à celles de notre sexe qui ne seront pas aussi fortes que vous. C'est pourquoi j'avais proposé le mariage comme un remède nécessaire... J'avais cru qu'il était de votre prudence d'obéir aux inconvénients qui pourraient arriver à vos sujets, dont la vertu ne peut pas être égale en tous[2]... » Mme de Motteville, en personne judicieuse, craint surtout cette galanterie honnête que Mademoiselle voulait conserver : « Comme je compte toujours, dit-elle, sur ce qui se pratique ordinairement, plutôt que sur ce qu'il est presque impossible de faire, et que vous avez à commander à des hommes et non pas à des anges, je vous dis encore une fois qu'il est fort à propos de permettre le mariage; car, si vous ne le faites, il arrivera indubitablement que vos bergers abuseront de la permission que vous leur donnez : de l'esprit galant ils iront à la galanterie, et, sans y

---

[1] *Ibid.*, page 172.
[2] Page 179.

penser, vous bannirez l'amour légitime pour introduire parmi eux le criminel [1]. »

· Cette controverse, qui date de 1660 et dont Molière pourrait s'être inspiré dans la conversation entre Henriette et Armande, au commencement des *Femmes savantes* [2], est curieuse, à mon avis. D'abord elle indique la vogue que la pastorale romanesque avait encore dans le monde; ensuite la réfutation spirituelle et sensée que Mme de Motteville fait de cette bergerie imaginaire et de ses institutions chimériques, montre l'ascendant que le bon goût et le bon sens prenaient peu à peu dans le monde, pour passer de là dans la littérature.

Segrais est un de ces défenseurs du bon sens et du bon goût dans la petite cour de Mademoiselle; et, pendant que la princesse faisait des plans de bergerie ou racontait, dans son petit roman de l'*Ile invisible,* les aventures de je ne sais quel prince de la maison de France se déguisant en berger pour aimer une simple bergère, Segrais faisait des églogues pleines d'imitations antiques, où il mêlait le moins qu'il pouvait l'afféterie de l'amour moderne. Ce n'est pas du premier coup cependant que Segrais se mit à aimer la simplicité de l'églogue antique. Son premier poëme, intitulé *Athis,* est une sorte de roman pastoral qui se sent beaucoup de l'*Astrée ;* il avoue même dans la préface « qu'il a pris les noms de nymphes et de bergers à la manière de l'*Astrée,* donnant à entendre par celui de nymphes les princesses

---

[1] Page 185.

[2] 1672.

et les dames d'éminente condition, comme par celui
de bergers les gentilshommes ou les personnes pri-
vées. » Le sujet d'*Athis* est l'amour que le berger
Athis a pour la nymphe Isis, qui d'abord s'indigne
qu'un simple berger ose l'aimer, puis en vient elle-
même à l'aimer et lui donne un rendez-vous dans
la forêt d'Ardennes. En venant à ce rendez-vous,
Athis est blessé mortellement par un rival et changé
en pin. Isis, à son tour, expire de douleur sur le
corps de son berger et subit la même métamorphose.
Mais les aventures des deux amants, toutes tristes
qu'elles sont, inspirent peu d'intérêt. Ce n'est ni une
églogue naïve et simple, ni une métamorphose spirituellement racontée comme celles d'Ovide. Ce qui
fait le mérite d'*Athis,* ce sont quelques vers qui
montrent que Segrais a la principale qualité du
poëte bucolique : il aime la nature et sait la décrire :

> Les oiseaux s'éveillaient; mais leur charmante voix
> Laissait encor dormir le silence des bois.

Il sait aussi déjà prêter à l'amour une expression
gracieuse et simple, conforme au ton de l'idylle :
Hélas! dit Athis à son troupeau, quand il s'éloigne
désespéré des premiers refus de la nymphe,

> Hélas! je vous expose à la fureur des loups;
> Mais, sans soins pour moi-même, en puis-je avoir pour vous?

A peine Athis parti, Isis le regrette. Elle revient
aux bords de l'Orne, — car nous sommes en Norman-
die, dans les environs de Caen, c'est-à-dire dans la
patrie de Segrais, dans les lieux chers à son enfance, — et elle contemple la cabane d'Athis, bâtie

sur l'autre bord du fleuve. Elle sait bien qu'Athis
n'y est pas ;

> Mais, tout absent qu'il est, elle l'y cherche encor.....
> Ridicule chimère, erreur qu'on peut blâmer,
> Mais erreur excusable à qui sait bien aimer !

Ces vers annonçaient les églogues qui surpassent
l'*Athis*, et dans lesquelles Segrais, chantant toujours
l'amour, puisque c'était la mode de son temps,
donne du moins à cet amour un ton ingénu et
vrai, emprunté à l'imitation de la poésie antique.
N'ai-je point, dit Tircis à Climène[1],

> N'ai-je point quelque agneau dont vous ayez désir?
> Vous l'aurez aussitôt : vous n'avez qu'à choisir ;
>
> . . . .
>
> Sous ces feuillages verts venez, venez m'entendre ;
> Si ma chanson vous plait, je vous la veux apprendre,
> Que n'eût pas fait Iris pour en apprendre autant,
> Iris que j'abandonne, Iris que j'aimais tant?
>
> . . . .
>
> Si vous vouliez venir, ô miracle des belles !
> Je vous enseignerais un nid de tourterelles.
> Je vous les veux donner pour gage de ma foi,
> Car on dit qu'elles sont fidèles comme moi.
>
> . . . .
>
> Climène, il ne faut pas mépriser nos bocages ;
> Les dieux ont autrefois aimé nos pâturages,
> Et leurs divines mains, aux rivages des eaux,
> Ont porté la houlette et conduit les troupeaux.
> L'aimable déité qu'on adore en Cythère,

[1] Églogue Ire.

> Du berger Adonis se faisait la bergère ;
> Hélène aima Pâris, et Pâris fut berger,
> Et berger, on le vit les déesses juger.
> Quiconque sait aimer peut devenir aimable.

Ces vers heureux, dont le tour facile et doux ne se retrouve plus peut-être dans notre poésie que chez La Fontaine, ces vers charmaient en même temps les savants qui avaient du goût [1] et les esprits délicats qui avaient résisté au raffinement. Parmi les savants qui étaient hommes de goût et qui aimaient les idylles de Segrais, il faut compter Ménage [2], qui fit aussi des idylles. Nous nous tromperions fort de prendre Ménage pour un savant enfermé dans son cabinet et dans ses livres. Il savait beaucoup de grec et écrivait aisément en cette langue, de même qu'en latin ; mais c'était aussi, pour prendre un instant le langage du dix-septième siècle, un bel esprit et un *honnête homme*, c'est-à-dire un homme de bonne compagnie. Il faisait force vers galants en français et en italien. Il fut sensible à la beauté et à la grâce de Mme de Sévigné, et il la loue dans ses idylles :

> Aimable Sevigny [3], dont les charmes puissants
> Captivent la raison et maîtrisent les sens,
> Mais de qui la vertu sur le visage peinte
> Imprime aux plus hardis le respect et la crainte.

Il aima aussi peut-être Mme Scarron, depuis Mme de Maintenon, et il fit pour elle des vers italiens

---

[1] Voir la lettre de M. Ogier dans les œuvres de Segrais, t. III, p. 57.

[2] Voir, dans les *Poemata varia* de Ménage, édit. de 1680, ses vers latins sur les idylles de Segrais :

> Myrtea, pastores, tenero date serta poetæ....

[3] Ménage écrit toujours Sevigny.

pleins d'une grâce piquante et noble, qui répondent
fort bien à l'idée que Mme Scarron avait su donner
d'elle dans le monde, c'est-à-dire d'une femme spirituelle, aimable et honnête, et qui contrastent sin-
gulièrement avec l'idée fausse que la postérité s'est
faite de Mme de Maintenon, c'est-à-dire d'une prude
impérieuse et froide [1]. Cela peut suffire à la réputation de Ménage, comme homme du monde et
comme homme de goût, d'avoir aimé les deux femmes les plus remarquables du dix-septième siècle
par leur esprit, Mme de Sévigné et Mme de Maintenon.

Grand habitué de l'hôtel de Rambouillet, ami et
admirateur de Mlle de Scudéry, qui était la directrice
du monde lettré, galant et honnête de la Régence
d'Anne d'Autriche, Ménage a sa place dans l'histoire
littéraire du temps. Ses idylles, quoique fort infé-
rieures à celles de Segrais et discréditées d'avance
auprès de nous par les éloges de Trissotin dans les
Femmes savantes [2], ses idylles méritent quelque attention. La naïveté naturelle y manque; mais il a
souvent une naïveté heureusement imitée ou traduite
des anciens. Voyez ces vers, dont la pensée vient de
l'antiquité, et dont la forme est gracieuse et élégante:

> Les loups vivent d'agneaux, les abeilles de fleurs,
> Les herbes de rosée et l'amour de douleurs [3].

---

[1] Capriccio amoroso alla signora Francesca d'Aubigné, moglie del
signor Paolo Scarrone :

> Chi può mirarvi
> E non amarvi?   (*Ibid.*, p. 300.)

[2]   Nous avons vu de vous des églogues d'un style
> Qui passe en doux attraits Théocrite et Virgile.

[3] *Ibid.*, p. 164.

Quoique amoureux, Ménage sait pourtant à merveille ce qu'il y a de vrai dans les chagrins et les joies de l'amour, et c'est là ce qui me rassure sur sa tristesse dans ses élégies. Il a trop d'expérience pour avoir de violentes passions; il s'en tient volontiers à la galanterie :

> Dans l'empire amoureux,

dit-il,

> Il n'est point de sujet tout à fait malheureux,
> Et, comme les plaisirs n'y sont point sans supplices,
> Les plus cruels tourments n'y sont point sans délices[1].

Il croit, comme le monde élégant et un peu affecté de l'hôtel de Rambouillet, et comme tous les personnages du *Cyrus* et de la *Clélie*, qu'un honnête homme doit être galant et même amoureux, dans la jeunesse et jusque dans le commencement de l'âge mûr. Il faut, selon Ménage, qui semble ici commenter l'*Art d'aimer* d'Ovide, il faut aimer quand on est jeune, afin de n'être point exposé à aimer quand on est vieux. Telle est la doctrine qu'il prêche gaîment à Chapelain, en retour du conseil que Chapelain lui avait adressé de renoncer à l'amour; car Ménage était *un coquet*, — c'était le nom que lui donnait Mlle de Scudéry[2], — et il raille la sévérité de Chapelain, lui prédisant qu'il aimera étant

---

[1] *Ibid.*, page 217.

[2]
> Et vous aussi, Sapho, l'ornement de notre âge,
> Vous m'appelez *Coquet*, pensant me faire outrage.
> O d'un esprit divin étrange aveuglement!
> Hélas! je voudrais l'être et n'être pas amant.

({*Ibid.*, p. 270. *Réponse à mademoiselle de Scudéry.*})

vieux, en punition de n'avoir pas aimé étant jeune.
L'amour, lui dit-il en vers fort bien faits,

> Est un commun tribut qu'avant la sépulture
> Tôt ou tard, jeune ou vieux, on doit à la nature.
> Il n'est point de mortel qui ne sente, à son tor,
> Et le dard de la mort et les traits de l'amour.
> Aussi, puisque ton cœur, dans l'avril de ton âge,
> N'a point subi le joug de l'amoureux servage,
> Amour, n'en doute point, dans une autre saison
> De ses traits enflammés blessera ta raison.
> Nous verrons Chapelain, dans sa froide vieillesse,
> Prosterné tous les jours aux pieds d'une maîtresse,
> Souffrir indignement ses plus rudes mépris ;
> Nous verrons ce Caton peindre ses cheveux gris,
> Lire des madrigaux avecque des lunettes,
> D'une tremblante voix débiter des fleurettes,
> Réciter des rondeaux, chanter des triolets
> Et d'une main ridée écrire des poulets [1].

Il manque encore un trait au portrait que je viens
de faire de Ménage, et je me reprocherais de ne point
l'y ajouter. Ménage fut fidèle à Fouquet dans sa disgrâce, et, dix-sept ans après cette disgrâce, il suppliait
encore Louis XIV, en beaux vers latins, en faveur du
prisonnier [2] : rare exemple de reconnaissance dans
un homme du monde, que ce souvenir envers un ami
et un bienfaiteur, dix-sept ans après sa chute.

---

[1] *Ibid.*, p. 218.

[2]
> Post hyemes septem decimus jam volvitur annus,
> Res non visa tuis, maxime, temporibus,
> Ex quo, more feræ, conclusus carcere cœco,
> Et procul a notis et procul a patria,
> Morte magis miseram ducit sine conjuge viam,
> Pervigil, infirmo copore Fulketius.

Il n'y a pas toujours beaucoup de naïveté champêtre dans Ménage, ni même dans Segrais, quoique
ce dernier en ait mis plus que ne lui en demandait
son temps. Il y en a encore moins dans Mme des
Houlières, qui a, je ne sais pourquoi, la réputation
d'un poëte bucolique. Il n'y a rien, selon moi, de si
peu champêtre que les poésies de Mme des Houlières.
Elle parle souvent, il est vrai, dans ses vers, de
bergers et de bergères; mais c'est un pur jargon
de ruelle ou de boudoir. A la galanterie noble et
recherchée de la *Clélie* et de *Cyrus*, avait succédé
une galanterie plus légère, plus frivole, toujours
lettrée et prétentieuse, dont Mme de La Suze, Pellisson [1] et Mme des Houlières sont l'expression; et,
comme pour faire opposition et affront à ces deux
genres de galanterie dont l'esprit faisait le fond, je ne
sais quel libertinage cynique et railleur était venu,
vers les dernières années du dix-septième siècle, en-
vahir le monde. Mme des Houlières s'en plaignait
avec la juste et aimable colère d'une vieille femme de
bonne compagnie, qui n'a plus de prétention pour
elle-même, mais qui ne se résigne pas pour les autres

> Cœlestes miseris et læsi parcere gaudent;
> Parce pater misero, læsus et ipse, reo.
> Eripere eximium hoc noli mihi, maxime, factum,
> Versibus æternis qui tua facta cano.
> Te fortem tot bella virum, tot prælia gesta,
> Tot valida monstrant oppida capta manu :
> Dulce decus regum, populis gratissima virtus
> Clementem bonitas te, Lodoice, probet.
>
> (*Ibid.*, p. 122.)

[1] Voir le recueil intitulé : *Pièces galantes de madame la comtesse
de La Suze et de M. Pellisson*, 3 vol. in-12.

à voir l'affectation de la brutalité remplacer la politesse et la galanterie du bon temps. La jeunesse de 1685, pour fuir l'afféterie, tombait dans la grossièreté :

> Causer une heure avec des femmes,
> Leur présenter la main, parler de leurs attrai
> Entre les jeunes gens sont des crimes infâmes
> Qu'ils ne se pardonnent jamais.

Chose curieuse! je cherchais dans Mme des **Houlières** un poëte bucolique, et j'y trouve un moraliste pénétrant, judicieux, parfois même un peu triste, malgré le badinage qu'elle cherche toujours. Elle connaissait le monde, le jugeait et savait donner à ses jugements un tour piquant et vif. Ces vers si souvent cités, les deux derniers surtout, et devenus proverbes, sont de Mme des Houlières :

> Quelque puissant qu'on soit, en richesse, en crédit,
> Quelque mauvais succès qu'ait tout ce qu'on écrit,
> Nul n'est content de sa fortune, .
> Ni mécontent de son esprit.

Mme des Houlières ne s'en tient pas à ces observations générales. De même qu'en 1685 elle censurait la brutalité préméditée des *beaux* de la jeune cour, elle adresse en 1692, au père de La Chaise, une épître fort piquante contre l'hypocrisie et la fausse dévotion de la vieille cour. Et n'allons pas croire, avec les préjugés de nos jours, que cette épître, adressée au père de La Chaise, soit une satire contre lui : il n'en est rien. Le père de La Chaise était gentilhomme et tolérait beaucoup de choses du monde. Il déplaisait même parfois, de ce côté, à

Mme de Maintenon [1]. Le père de La Chaise n'aimait pas l'apparat de la dévotion, encore moins la grimace, et c'était lui faire sa cour que de railler la dévotion fausse ou empressée. Mme des Houlières le fait d'une façon piquante, et les vers que je vais citer sont un petit tableau d'intérieur qu'on peut mettre à côté du grand portrait de Tartufe. Elle suppose qu'un des docteurs de la dévotion à la mode vient la prêcher : Apprenez, me disait-il, que, lorsqu'on n'a plus le mérite d'être belle,

> Il faut, pour acquérir une nouvelle estime,
>   Se faire un mérite nouveau ;
> Que c'est ne vivre plus que de vivre inutile ;
>   Qu'il faut, dans quelque rang qu'on soit,
> Que, jusqu'au dernier jour, une personne habile,
>   Tienne au monde par quelque endroit.
> Vous ne répondez point ! d'où vient votre silence ?
> Il vient, lui dis-je alors exprès pour découvrir
> Où tendait cette belle et sage remontrance,
>   De ce qu'en moi-même je pense
> Quel mérite nouveau je pourrais acquérir.
>   Je n'en vois point, tant je suis sotte !
> Abus ! s'écria-t-il. Hé, devenez dévote ;
> Ne le devient-on pas à la ville, à la cour ?

Une fois sur ce chapitre et rassurée sans doute par le caractère sacré de celui à qui elle adresse son épître, Mme des Houlières attaque librement les faux dévots :

> Fâche-t-on un dévot, c'est Dieu qu'on fâche en lui.
> . . . .

---

[1] Voir les lettres de madame de Maintenon.

> On peut impunément, pour l'intérêt du ciel,
> Être dur, se venger, faire des injustices.
> Tout n'est pour les dévots que péché véniel.

Il y a, au commencement de cette épître, des vers sur la nécessité de tenir toujours au monde par quelque endroit, qui m'amènent naturellement à dire un mot sur l'état que Mme des Houlières avait dans le monde.

Son mari, M. des Houlières, s'était attaché, pendant la Fronde, à la fortune du prince de Condé, et il passa avec lui chez les Espagnols. Il y avait, vers 1655, à Bruxelles, pendant le séjour du prince de Condé et sous le gouvernement de don Juan d'Autriche, fils naturel de Philippe IV, une cour moitié espagnole et moitié française, fort brillante et fort occupée de plaisirs pendant les intervalles de la guerre. C'est dans cette cour que parut Mme des Houlières, et qu'elle s'y fit distinguer par sa beauté et par son esprit. Mais la mauvaise fortune, qui semble de bonne heure s'être attachée à Mme des Houlières, vint gâter ces beaux commencements. Un des meilleurs moyens d'être femme du monde et jolie femme, sans périls et sans embarras, c'est d'être riche; encore ce moyen ne réussit-il pas à tout le monde. Mme des Houlières était pauvre et le fut toute sa vie. L'exil avait ruiné son mari. Les Espagnols avaient beaucoup promis aux officiers français qui avaient suivi le prince de Condé; mais ils ne tenaient pas leurs promesses. Mme des Houlières réclama avec la vivacité d'une femme et la mauvaise humeur d'une émigrée. Le gouvernement espagnol la fit arrêter et la mit dans un château fort,

d'où son mari la tira par un coup de main hardi ;
puis ils repassèrent en France. C'était un roman.
Les romans n'enrichissent pas ceux qui en sont les
héros, et Mme des Houlières resta pauvre toute sa
vie. Dans le monde de la cour, où vivait Mme des Houlières, l'esprit et la beauté ne suffisent pas pour
donner l'égalité, et on sent que cette égalité manque à Mme des Houlières. Elle a une attitude gê-
née et dépendante, cachée sous un air de badinage. Elle ne badine pas seulement pour s'amuser :
elle badine pour réussir, pour obtenir par ses
amis une pension du roi. De là aussi ce fond de
tristesse qui lui venait de ses maladies, mais qui lui
venait surtout du chagrin de son mauvais sort. Elle
savait tous les inconvénients attachés au rôle de
femme de lettres ou de femme bel esprit[1]. Elle avait
aussi compris de bonne heure que le rôle de jolie
femme ne suffit pas longtemps. La beauté n'est pas
éternelle, disait-elle dans une épître à une femme
qui n'avait jamais songé qu'à plaire par son visage
et qui se désolait de vieillir,

> Et nous nous préparons un fâcheux avenir
>> Quand nous ne comptons que sur elle.
>> On ne sait plus que devenir,
>> Lorsque l'on n'a su qu'être belle.

Mais, quoiqu'elle vît mieux que personne le vide
de ce rôle de femme d'esprit et de jolie femme, elle
était forcée d'en garder les dehors et le langage,
car c'était sur ce pied-là qu'elle était dans le monde.

---

[1] Voir une épître à une jeune femme pour la détourner de faire des
vers. — Édit. de 1754, 1er vol., p. 105.

Aussi, quoique femme honnête, quoique âgée, elle conserve toujours le langage de la galanterie, parle de ses bergers, de ses amants, et chante l'amour en vers de toutes façons, odes, églogues, ballades, madrigaux.

Voilà le secret de cette galanterie d'étiquette dont les innombrables soupirs sont venus jusqu'à nous, sous toutes les formes de la versification. C'était une fiction dont Mme des Houlières garda l'usage jusqu'à la fin de ses jours, plaisantant à travers ses tristesses et ses souffrances, et faisant de petits vers en dépit de ses chagrins de mère de famille. Il y a pour moi, depuis que j'ai lu les œuvres de Mme des Houlières avec attention, il y a en elle deux personnes, celle que le monde et la mode avaient faite poëte, et celle qui était mère de famille et pauvre. La seconde me touche bien plus que la première, quand je l'entends s'écrier dans une ode à Dieu :

> Par mille et mille vœux ardents
> Ma famille tremblante en tous lieux t'importune ;
> Elle a, contre une triste et cruelle fortune,
> Besoin de mon secours encor pour quelque temps.
> Dans la crainte où me met l'état où je la laisse,
> Je te demande à vivre ; exauce ma tendresse !
> Si je ne puis par moi mériter ta bonté,
> A tes lois ma famille est soumise et fidèle.
> Ah ! Seigneur, par pitié pour elle,
> A ce coupable corps redonne la santé !

Je suis plus ému par ces accents de la tendresse et de la douleur maternelles, que par les plaintes et les langueurs amoureuses de toutes les Climènes et de toutes les Iris qui figurent dans ses églogues et dans ses idylles.

Il faut bien pourtant en venir à ces *églogues* et à ces *idylles* qui ont fait à Mme des Houlières une réputation de poëte bucolique; mais nous sommes déjà sûrs de n'y rien trouver de champêtre, connaissant sa vie et celle de son temps. Ses églogues, en effet, sont des églogues de salon, et ses idylles sont de petits poëmes philosophiques qui procèdent tous de la même pensée. Cette pensée est, chose curieuse, empruntée à la philosophie de Gassendi, que Mme des Houlières avait étudiée dans sa jeunesse. Partout, soit qu'elle chante les moutons de la prairie, les fleurs du jardin ou le ruisseau de la vallée, elle vante la supériorité de l'instinct sur la raison, de la nature sur la société. Ce lieu commun revient dans toutes ses idylles :

> Hélas ! petits moutons, que vous êtes heureux !
> Vous paissez dans nos champs, sans soucis, sans alarmes,
>   Aussitôt aimés qu'amoureux.
> On ne vous force point à répandre des larmes ;
> Vous ne formez jamais d'inutiles désirs ;
> Dans vos tranquilles cœurs l'amour suit sa nature ;
> Sans ressentir ses maux, vous avez ses plaisirs.
>
> . . . .
>
> Paissez, paissez, moutons, sans règle et sans science.
>   Malgré la pompeuse apparence,
> Vous êtes plus heureux et plus sages que nous.

Ce parallèle perpétuel que Mme des Houlières fait entre l'homme et les animaux ou les êtres inanimés, donnant toujours la préférence aux seconds sur le premier, non-seulement a l'inconvénient de devenir

monotone, mais il nuit à l'essor poétique que Mme des
Houlières semblerait parfois vouloir prendre. Il y a
chez elle ce que j'appellerais volontiers le commencement d'un poëte à la fois descriptif et philosophique, quelque chose de ce que sera plus tard, au
plus haut degré de la poésie, M. de Lamartine dans
les *Méditations* et les *Harmonies*. Mais le cadre que
s'est fait Mme des Houlières restreint ou cache le tableau commencé, et la méditation sérieuse et grave
finit par une antithèse puérile. Voyez, par exemple,
le commencement de l'idylle intitulée *le Ruisseau* :

> Ruisseau, nous paraissons avoir un même sort :
> D'un cours précipité nous allons l'un et l'autre,
>   Nous à la mer, vous à la mort.
> Mais, hélas ! que d'ailleurs je vois peu de rapport
>   Entre votre course et la nôtre !
> Vous vous abandonnez sans remords, sans terreur,
>   A votre pente naturelle ;
> Point de loi parmi vous ne la rend criminelle.

Que dites-vous de cette pointe sur la pente de l'onde
qui n'est jamais criminelle ? Comme la grave et
poétique mélancolie des premiers vers disparaît dans
cette mesquine antithèse ! Puis vient le faux badinage, qui est aussi chez Mme des Houlières un défaut
de convention :

> Ruisseau, que vous êtes heureux !
> Il n'est point parmi vous de ruisseaux infidèles.

Ce n'est qu'à la fin de l'idylle que le poëte reprend
le ton grave du commencement :

> Courez, ruisseau, courez ! fuyez-nous, reportez
> Vos ondes dans le sein des mers dont vous sortez,

> Tandis que, pour remplir la dure destinée
> Où nous sommes assujettis,
> Nous irons reporter la vie infortunée
> Que le hasard nous a donnée,
> Dans le sein du néant dont nous sommes sortis.

Ces vers que, pour la pensée, on croirait de Chaulieu ou de Voltaire, et qui sentent le disciple de Gassendi, ont une gravité mélancolique qui contraste
avec l'affectation et la recherche du reste de la pièce.
La vie de Mme des Houlières explique ce fond de
mélancolie.

Dans Mme des Houlières, l'idylle et l'églogue ne
servent jamais à chanter la vie et les plaisirs des
champs : c'est tantôt un cadre aux réflexions philosophiques de l'auteur, tantôt une peinture des amours
du beau monde, ou bien encore une allégorie comme
dans son idylle *à ses enfants*, où elle les recommande à la protection du roi [1]. Fontenelle, qui fit ses

---

[1] Je cite ici ces vers si souvent cités, et qui méritent de l'être à cause
de leur émotion vraie et de leur grâce facile et simple :

> Dans ces prés fleuris,
> Qu'arrose la Seine,
> Cherchez qui vous mène,
> Mes chères brebis.
> J'ai fait, pour vous rendre
> Le destin plus doux,
> Ce qu'on peut attendre
> D'une amitié tendre ;
> Mais son long courroux
> Détruit, empoisonne,
> Tous mes soins pour vous,
> Et vous abandonne
> Aux fureurs des loups.
> Seriez-vous leur proie,

églogues en même temps que Mme des Houlières
faisait les siennes, se piqua de revenir au village :

Aimable troupeau,
Vous, de ce hameau,
L'honneur et la joie,
Vous qui, gras et beau,
Me donniez sans cesse
Sur l'herbette épaisse
Un plaisir nouveau?
Que je vous regrette!
Mais il faut céder;
Sans chien, sans houlette,
Puis-je vous garder?
L'injuste fortune
Me les a ravis.
En vain j'importune
Le ciel par mes cris :
Il rit de mes craintes,
Et, sourd à mes plaintes,
Houlette, ni chien,
Il ne me rend rien.
Puissiez-vous, contentes
Et sans mon secours,
Passer d'heureux jours,
Brebis innocentes,
Brebis, mes amours!
Que Pan vous défende?
Hélas! il le sait :
Je ne lui demande
Que ce seul bienfait.
Oui, brebis chéries,
Qu'avec tant de soin
J'ai toujours nourries,
Je prends à témoin
Ces bois, ces prairies,
Que, si les fureurs
Du Dieu des pasteurs
Vous gardent d'outrages

mais il fit des villageois à sa guise, et il est curieux de
voir, dans son *Discours sur la nature de l'églogue* [1],
l'idée que Fontenelle se fait de la vie champêtre.
Esprit plus critique que poétique, Fontenelle aimait
à se rendre un compte exact de son imagination, et
il explique avec beaucoup de finesse comment il a
inventé ses bergers. L'églogue pour lui est un poëme
qui doit être consacré à l'amour ; et, « si l'on pouvait, dit-il, placer ailleurs qu'à la campagne la scène
de cette vie tranquille et occupée seulement par l'a-
mour, de sorte qu'il n'y entrât ni chèvres ni brebis,

Et vous font avoir
Du matin au soir
De gras pâturages,
J'en conserverai,
Tant que je vivrai,
La douce mémoire ;
Et que mes chansons,
En mille façons,
Porteront sa gloire,
Du rivage heureux
Où, vif et pompeux,
L'astre qui mesure
Les nuits et les jours,
Commençant son cours,
Rend à la nature
Toute sa parure ;
Jusqu'en ces climats,
Où sans doute las
D'éclairer le monde,
Il va chez Thétis
Rallumer dans l'onde
Ses feux amortis.

(Même édit., t. II, p. 44.)

[1] *Poésies pastorales de M. de Fontenelle.* — Paris, 1688, in-12

je ne crois pas que cela en fût plus mal : les chèvres et les brebis ne servent de rien [1]. » Ainsi, dans
l'églogue telle que la conçoit Fontenelle, la campagne n'est que l'accessoire. Si la vie des villes et
des salons était tranquille et douce comme celle
de la campagne, Fontenelle placerait volontiers
la scène de l'églogue dans les salons. Aussi bien les
bergers qu'il invente sont tout à fait des bergers de
salon : « Il faut, dit-il, qu'ils aient de l'esprit, et de
l'esprit fin et galant ; ils ne plairaient pas sans cela.
Il faut qu'ils n'en aient que jusqu'à un certain point ;
autrement ce ne seraient plus des bergers [2]. » Et,
pour nous donner une idée juste du mélange de finesse et de simplicité qu'il demande à l'églogue, « il
en va, dit-il, ce me semble, des églogues comme des
habits que l'on prend dans des ballets pour représenter des paysans. Ils sont d'étoffes beaucoup plus
belles que ceux des paysans véritables ; ils sont même
ornés de rubans et de points, et on les taille seulement en habits de paysans [3]. »

Le berger ou le paysan d'opéra, voilà donc pour
Fontenelle l'idéal de la simplicité champêtre. Quant
à moi, si les bergers doivent avoir l'esprit des salons,
si le spectacle et la pratique de la vie champêtre ne
sont dans l'églogue qu'un accessoire inutile, je n'hé-
siterais pas à mettre tout à fait l'églogue dans les salons et à la dépouiller de son vieux cadre [4]. L'amour
ingénu, en effet, peut se rencontrer dans les salons

---

[1] Page 167.
[2] Page 199.
[3] Page 216.

Quelques-unes des épîtres de madame de Girardin sont tout à fait des comme dans les champs. Est-ce, par exemple, une idylle des salons ou des champs que l'églogue de Fontenelle intitulée : *Ismène ?* La naïveté y est si fine et si apprêtée qu'assurément le salon seul, et le salon lettré, peut parler un pareil langage :

Sur la fin d'un beau jour, aux bords d'une fontaine,
Corylas sans témoins entretenait Ismène.
Elle aimait en secret, et souvent Corylas
Se plaignait des rigueurs qu'on ne lui marquait pas.
Soyez content de moi, lui disait la bergère ;
Tout ce qui vient de vous est en droit de me plaire ;
J'aime avec passio˜ les airs que vous chantez,
J'aime à garder le˜ fleurs que vous me présentez.
Si vous avez écrit mon nom sur quelque hêtre,
Aux traits de votre main j'aime à vous reconnaître.
Pourriez-vous bien encor ne pas vous croire heureux ?
Mais n'ayons point d'amour : il est trop dangereux.

Je veux bien vous promettre une amitié plus tendre
Que ne serait l'amour que vous pourriez prétendre.
Nous passerons les jours dans nos doux entretiens ;
Vos troupeaux me seront aussi chers que les miens ;
Si de vos fruits pour moi vous cueillez les prémices,
Vous aurez de ces fleurs dont je fais mes délices.
Notre amitié peut-être aura l'air amoureux ;
Mais n'ayons point d'amour : il est trop dangereux.

Dieux, disait le berger, quelle est ma récompense !
Vous ne me marquerez aucune préférence ;

idylles de salon et sont pleines de charme. J'examinerai quelques-unes de ces épîtres ou élégies dans le chapitre de la pastorale et de l'amour ingénu au dix-neuvième siècle.

Avec cette amitié dont vous flattez mes maux,
Vous vous plairez encore aux chants de mes rivaux.
Je ne connais que trop votre humeur complaisante :
Vous aurez avec eux la douceur qui m'enchante,
Et ces vifs agréments, et ces souris flatteurs
Que devraient ignorer tous les autres pasteurs.
Ah ! plutôt mille fois... — Non, non, répondait-elle,
Ismène à vos yeux seuls voudra paraitre belle.
Ces légers agréments que vous m'avez trouvés,
Ces obligeants souris vous seront réservés.
Je n'écouterai point sans contrainte et sans peine
Les chants de vos rivaux, fussent-ils pleins d'Ismène ;
Vous serez satisfait de mes rigueurs pour eux ;
Mais n'ayons point d'amour : il est trop dangereux.

J'ai cité quelques-uns des couplets de cette églogue, parce qu'elle est la meilleure de celles de Fontenelle et qu'elle montre le genre de naïveté coquette qu'il prête à la pastorale. Lamothe, qui a fait aussi des églogues et qui se glorifiait d'être le disciple de Fontenelle, Lamothe a mis en idylle la poétique qu'il fait de l'églogue, et, n'en pouvant pas donner l'exemple, il en a donné le précepte. Le berger Mœris loue l'état pastoral :

Connais bien la nature,

dit-il au berger Amyntas ;

                        apprends que les humains
Naquirent tous bergers en sortant de ses mains.....
Tel est encor le peuple en ces lieux retiré,
Et les autres mortels ont tous dégénéré.
Il est, dans cet état où nul soin ne nous presse,
Deux arts que la nature a cultivés sans cesse,
Les amours et le chant, enfants des doux loisirs

Et pères, à leur tour, des tranquilles plaisirs.
Ces deux arts si charmants, notre unique science,
Avaient, pour s'avancer, besoin d'expérience ;
Tous deux se sont accrus, et nos bergers contents
Chantent mieux, aiment mieux que dans les premiers tems....
Hasarde en tes bergers quelques réflexions :
Elles naissent souvent du sein des passions.

Nous voilà assurément bien loin de la simplicité champêtre, et le berger Amyntas, à qui s'adresse toute cette leçon sur l'églogue et la vie pastorale, la résume d'une manière qui n'est guère plus champêtre que la leçon elle-même :

Je sais donc à présent,

dit-il à Mœris,

    pourquoi tes vers m'enchantent.
Hélas ! que j'ai perdu de l'avoir ignoré !
Le goût le plus sensible est le goût éclairé.

Je crois bien avec Lamothe qu'il faut avoir l'esprit cultivé pour avoir le goût sensible, — car c'est là ce que veut exprimer Lamothe dans son vers amphibologique et mal tourné ; mais, que l'idée soit juste ou non, elle n'est certes point de mise dans l'églogue [1].

Voilà la poétique de l'églogue à la fin du dix-septième siècle. La poésie pastorale ou bucolique est devenue toute mondaine, et il n'y reste plus rien de la campagne ; mais ce que je reproche à Mme des Houlières et à Fontenelle, c'est bien moins d'avoir rompu avec les champs, pour le fond, sinon pour la

____

[1] Œuvres de Lamothe, t. III.

forme, que d'avoir substitué la galanterie à l'amour, le raffinement littéraire à l'expression de la tendresse sincère. Qu'ils ne fassent pas de vrais bergers, j'y consens, puisqu'il n'en est pas, même dans l'*Astrée*; mais qu'ils fassent de vrais amoureux, au lieu de faire des causeurs galants et prétentieux.

NOTES

—

NOTE

DU CHAPITRE XXXVIII, PAGE 26.

Je mets ici le nom, la date et quelques vers de différents poëtes de la fin du quinzième siècle qui attaquent et défendent les femmes.

Guillaume Alexis, moine de Lyre, abbaye de l'ordre de Saint-Benoît dans le diocèse d'Évreux, et qui vivait encore en 1500, a fait un poëme intitulé : *le Blason des fausses amours*. C'est tout à fait un disciple de Jean de Meung et qui emploie contre les femmes la sévérité de l'école théologique et la moquerie de l'école libertine. Voici quelques-uns de ses vers :

> Plus sentiront (les femmes)
> Qu'aymez seront
> Pour leur beauté,
> Plus jureront
> Qu'ils garderont
> Fidélité ;
> Mais c'est traité
> Sans sûreté,
> Car autant à tous en diront.

Il leur fait un crime de ce qu'elles aiment à gouverner, et se récrie sur les désordres où elles engagent ceux qu'elles dominent :

> Femme désire
> Et toujours tire
> D'estre maîtresse ;
> Tout veult conduire,
> Tout faire et dire,

Jamais ne cesse;....

Quand elle sent

Que l'on consent

D'estre asservy,

Fort bien s'y prent....

Lors le bény [1]

Gist endormy,

Qui ne voit, ne ouit, ne entend;

Car il est du tout esbahy

Parce qu'il s'est asubjecty;

Mais encore en est-il content.

Il les accuse aussi d'être peu sensibles aux bonnes qualités, et de s'attacher beaucoup plus à la fortune qu'au mérite :

Soit un amant

Frais et plaisant

Et diligent ;....

Soit plus prudent

Que Buridant,

Parlant aussi beau qu'un rommant [2];

S'il n'a de l'or et de l'argent,

Et ne cognoist son entregent,

On lui dit à Dieu vous comment [3].

(Extrait de la *Bibliothèque française* de l'abbé Goujet, t. X, p. 112 et suiv.)

Matheolus, tel est le nom d'une satire violente contre les femmes, composée dans le quatorzième siècle par un poëte inconnu. Au milieu du quinzième siècle, Martin Franc répondit à cette satire dans son *Champion des Dames*, long poëme plein de bonnes intentions, fort ennuyeux, que les dames pouvaient estimer, mais qu'elles devaient avoir de la peine à lire. Martin Franc proclame hautement la prééminence des femmes sur les hommes, et il conseille

---

[1] Le benoit, le bonhomme.

[2] Roman.

[3] Je vous recommande à Dieu.

aux hommes de se laisser gouverner par leurs femmes :
c'est le vrai moyen d'être heureux en ménage :

> Et saches que qui entreprend
> De soi laisser tout gouverner
> A sa femme, bien lui en prend
> Et ne peut malement finer [1].

L'Amant entrant dans la forêt de tristesse, autre plaidoyer en vers en faveur des dames (1459), n'est guère plus
amusant que le *Champion des Dames*. *Le Rebous de Matheolus*, qui est de la fin du quinzième siècle, est encore
une réponse *ex professo* aux blasphèmes de *Matheolus :*

> De femmes sommes tous venus,

dit l'auteur,

> Autant les gros que les menus.
> Pourquoi celui qui en dit blasme
> Doit être réputé infasme.

Au commencement du dix-neuvième siècle, Legouvé,
dans son *Mérite des Femmes*, a exprimé la même pensée :

> Reviens de ton erreur, toi qui veux les flétrir :
> Sache les respecter autant que les chérir,
> Et, si la voix du sang n'est point une chimère,
> Tombe aux pieds de ce sexe à qui tu dois ta mère !

Je puis citer encore *le Chevalier aux Dames*, qui est du
même temps et de la même école, je veux dire de l'école
chevaleresque qui défend la cause des femmes.

L'école de l'amour frivole et moqueur maintenait hardiment la tradition satirique du roman de la *Rose* à côté de
ces honnêtes, mais fades apologies de la vertu des dames.
Coquillart, dans ses *Droits nouveaux*, est souvent licencieux ; souvent aussi il est gai et piquant, quand il parle
des femmes :

---

[1] Et ne peut pas mal réussir.

Une simple huissière ou clergesse
Aujourd'hui se présumera
Autant et plus qu'une duchesse;
Une simple bourgeoise aura
Rubis, diamants et joyaux,
Et Dieu sait si elle parlera
Gravement en termes nouveaux,
Afin d'étonner pauvres veaux [1];
Elles ne couchent d'autres dés [2]
Que d'évêques ou de cardinaux,
Archidiacres ou abbés....

(*Poésies* de Coquillart, p. 26-27, édit. Coustellier.)

Enfin Octavien de Saint-Gelais, père de Mellin de Saint-Gelais et l'un des précurseurs de Marot, Octavien de Saint-Gelais, au commencement du seizième siècle, n'est guère plus respectueux que Coquillart quand il parle des femmes. Il tient peu de compte de la fidélité en amour :

Pour être loyal à sa dame,
Savez-vous ce qu'il en advient?
De joyeux dolent on devient,
Car point n'est de loyale femme.

Êtes-vous quitté, gardez-vous de courir après votre dame et de la demander à qui vous l'a prise. Quant à Saint-Gelais, en pareille aventure, voici comme il agit :

Bonnes gens, j'ai perdu ma dame.
Qui la trouvera, sur mon âme,
Combien qu'elle soit belle et bonne,
De très-bon cœur je la lui donne.

Coquillart était chanoine de Reims, et Saint-Gelais fut évêque d'Angoulême. C'est un nouveau témoignage de l'origine moitié ecclésiastique et moitié mondaine de la médisance contre les femmes.

[1] Les novices, les badauds.
[2] Elles ne parlent d'autre chose.

NOTE

DU CHAPITRE XXXIX, PAGE 44.

« De tout temps, écrivait le grave La Noue, il y a eu des hommes diligents d'écrire et de mettre en lumière des choses vaines. Les vieux romans dont nous voyons encore les fragments, à savoir de *Lancelot du Lac*, de *Perceforest*, de *Tristan*, *Giron le Courtois* et autres, font foi de cette vanité antique. On s'en est repu l'espace de plus de cinq cents ans, jusqu'à ce que, notre langage étant devenu plus orné et nos esprits plus frétillants, il a fallu inventer quelque nouveauté pour les égayer. Voilà comment les livres d'Amadis sont venus en évidence parmi nous en ce dernier siècle. Mais, pour en parler au vrai, l'Espagne les a engendrés et la France les a seulement revêtus de plus beaux habillements. Sous le règne du roi Henri II, ils ont eu leur principale vogue, et crois que, si quelqu'un les eût voulu alors blâmer, on lui eut craché au visage ; d'autant qu'ils servaient de pédagogue, de jouet et d'entretien à beaucoup de personnes. » (La Noue, *Discours politiques et militaires*, 6ᵉ discours.)

NOTE

DU CHAPITRE XLVII, PAGE 303.

Voici quelques dates et quelques titres de pièces qui établissent la généalogie de la pastorale dramatique française, et le commerce qu'elle a eu avec les pastorales italienne, espagnole et anglaise :

L'Arcadie de Sannazar est traduite, en 1544, par Jean Martin.

La *Diane* de Montemayor date d'avant 1561. La traduction de Colin, est de 1578.

La suite de la *Diane*, par Gil Polo, est de 1564, et la traduction, par Chapuys, de 1582.

Dès 1566, nous trouvons en France une pastorale dramatique : *Les Ombres*, par Filleul.

L'Arcadie de Sydney date d'avant 1588. La traduction française, par Beaudoin, est de 1624 seulement.

L'Aminta du Tasse et le *Pastor Fido* de Guarini sont traduits avant la fin du seizième siècle; mais je ne puis pas indiquer la date des premières traductions.

1592. *Diéromène*, de Roland Brisset, imitée du *Pentimento amoroso* de Luigi Grotto, pastorale célèbre en Italie.

1606. *Alphée*, première pastorale de Hardy.

1610. *Alcée*, de Hardy.

1610 Le premier volume de l'*Astrée*.

1612. *La grande pastorale* de Chrétien des Croix; imitation de la *Diane* de Montemayor.

1613. *Félismène*, de Hardy, tirée de la *Diane* de Montemayor.

1614. *Corine*, de Hardy.

1618. *L'Amour victorieux*, du même.

1619. Les *Bergeries* de Racan.

1621. La *Sylvie*, de Mairet.

1623. Le *Triomphe d'Amour*, de Hardy.

1625. *L'Amaranthe*, de Gombaud.

1625. La *Sylvanire*, de Mairet.

1629. La *Philis de Scyros*, traduite de l'italien du comte Bonarelli della Rovere.

1630. Les *Amours d'Astrée et de Céladon*, imité de l'*Astrée*.

1630. *L'Inconstance d'Hylas*, tiré de l'*Astrée*.

1631. *L'Aminta*, traduit par Rességuier.

1638. *Lisidor* ou *la Cour bergère*, par Maréchal. — C'est le sujet de l'*Arcadie* de Sydney.

Le Tasse, Guarini, George de Montemayor, Sydney, *l'Astrée* défrayent, comme on le voit, la plus grande partie des pastorales dramatiques du commencement du dix-septième siècle.

TABLE